VISITATIO ORGANORUM

Maarten Albert Vente

VISITATIO ORGANORUM

FEESTBUNDEL VOOR
MAARTEN ALBERT VENTE

AANGEBODEN TER GELEGENHEID VAN
ZIJN 65e VERJAARDAG

ONDER REDACTIE VAN
ALBERT DUNNING

DEEL I

FRITS KNUF 1980 BUREN (GLD.),
THE NETHERLANDS

Distributors in U.S.A.:
Pendragon Press,
162 W. 13th St.,
New York,
N.Y. 10011

Deze uitgave kwam tot stand dankzij de steun van:

Prins Bernhard Fonds, Amsterdam
Fentener van Vlissingen Fonds, Utrecht
K.F. Hein-Stichting, Utrecht
Vereniging voor Nederlandse Muziekgeschiedenis

786.6
V 831
v. 1

ISBN 90 6027 405 9 (vol. I) (genaaid)   81-7567
ISBN 90 6027 406 7 (vol. I) (gebonden)
ISBN 90 6027 401 6 (set) (genaaid)
ISBN 90 6027 402 4 (set) (gebonden)
Printed in The Netherlands

INHOUD

Voorwoord, door Albert DUNNING   VII
Een gelukwens ten geleide, door Eduard REESER   IX
Bibliografie van de geschriften van Maarten Albert Vente   XI
Activiteiten op orgelbouwkundig gebied van Maarten Albert Vente   XIX

Ramón Gonzalez DE AMEZUA, Essai de perspective historique pour la facture d'orgues en Espagne actuellement   1

Myroslaw ANTONOWYTSCH, Einige Bemerkungen über die Orgel in Osteuropa im siebzehnten Jahrhundert   11

Jan VAN BIEZEN, Het 17de eeuwse orgel in de St. Jan Baptist of Grote Kerk te Wijk bij Duurstede   17

James BOERINGER, Justice Triumphant: the Organs of Chelsea Old Church, London   37

Jan BOOGAARTS, De orgels in de parochiekerk van St. Elisabeth te Grave   51

Rudolf BRUHIN, Historische Kapellenorgeln im Oberwallis   67

Franz Gerhard BULLMANN, Hardenberg, Zelter und Orgelbauer Buchholz   99

Fenner DOUGLASS, Cavaillé-Coll on Electricity in Organ Building   103

Lucas VAN DIJCK, 's-Hertogenbosch, orgelstad in de 16e eeuw   117

Jean-Pierre FELIX, Le sort des orgues dans la province de Brabant (Belgique) suite aux suppressions de couvents par Joseph II (1783-1789)   131

Dirk Andries FLENTROP, De Orgels in de kathedraal van Mexico-City   189

Marius FLOTHUIS, Eine alte Geschichte (compositie)   247

Arend Jan GIERVELD, De Bouw van een orgel voor de Remonstrantse Kerk te Amsterdam (1718-1724)   253

Pierre J. HARDOUIN, Qu'il est difficile d'être sûr des descriptions d'orgues anciennes   271

Frank Ll. HARRISON, Faburden Compositions in Early Tudor Organ Music   287

Hans VAN DER HARST, De ombouw van het orgel in de kathedraal van Sint Jan te 's-Hertogenbosch   331

Jan HUISMAN, Die Orgel im übertragenen Sprachgebrauch und in der   343
        Namengebung

Friedrich JAKOB, Der Hausorgel in der Schweiz   363

Albert DE KLERK, Variaties over de sequentia *Laudes Organi* (compositie)   379

Hans KLOTZ, Die nordfranzösische Registrierkunst im letzten Drittel des
        17. Jahrhunderts und die Orgeldisposition Gottfried Silber-
        manns von 1710 für die Leipziger Paulinerkirche   387

Egon KRAUSS, Orgeln der Renaissancezeit in Tirol   399

Henri LEGROS, Le tempérament des orgues en France aux 17ème et
        18ème siècles   419

Doron NAGAN, A German Organ Tablature Manuscript at The Hague
        Gemeentemuseum   439

Hans van NIEUWKOOP, Het Zeemans-orgel in de Hervormde Kerk te
        Voorschoten   457

Gert OOST, Improvisation oder die Kunst der Bearbeitung in der ersten
        Hälfte des achtzehnten Jahrhunderts   469

Barbara OWEN, The Evidence for *Trompes* in the Sixteenth Century
        English Organ   489

José QUITIN, Autour des orgues de la Collégiale Saint-Martin, à Liège
        (1360-1600). Simples notes d'archives   499

Rudolf RASCH, Henricus Liberti, organist van de Onze-Lieve-Vrouwe-
        Kerk te Antwerpen (1628-1669)   507

Rudolf REUTER, Die Orgeln des Klosters Grafschaft   519

Marc SCHAEFER, L'orgue du jubé de la cathédrale de Strasbourg (1660-
        1681)   537

Herman STRATEGIER, Preamel e Ricercare (compositie)   551

Axel UNNERBÄCK, Ein Laie als Orgeldenkmalpfleger   557

Christiaan Cornelis VLAM, Rond de boedelbeschrijving van de organis-
        ten Jacob Wilhelm Lustig (1706-1796) en Juriaan Spruyt
        (1701-1779)   577

Onno B. WIERSMA, Het orgel in de Buitenkerk te Kampen   587

Peter WILLIAMS, How did the Organ become a Church Instrument?
        Questions towards an Understanding of Benedictine and
        Carolingian Cultures   603

Voorwoord

Visitatio Organorum, of zoals Andreas Werckmeister nu bijna 200 jaar geleden zei: de "Orgel-Probe", "wie und welcher Gestalt man die Orgel-Wercke von den Orgelmachern annehmen, probiren, untersuchen und den Kirchen liefern könne und solle" of – volgens de tweede uitgave van dit beroemde geschrift – "was bey Veredüngniß eines neuen und alten Wercks, so da zu renoviren vorfallen möchte, nothwendig in acht zu nehmen sey...".

De orgels uit Werckmeisters tijden zijn aan een *renovatio* en daarmee aan een hernieuwde *visitatio* toe. Op datgene, wat daarbij "in acht nemen is" richtte zich het levenswerk van Maarten Albert Vente: het onderzoek, behoud en herstel van in de eerste plaats het historische orgel, vooral het Nederlandse. In een werkzaam leven als wetenschapsman volbracht Maarten Vente in de afgelopen veertig jaar een prestatie, die respect afdwingt: de bibliografie van zijn geschriften en de lijst van zijn activiteiten op orgelbouwkundig gebied, zoals die hier afgedrukt zijn, spreken voor zich. Daarnaast wist hij als academisch leraar een schare van leerlingen in de zin van een selecte Vente-school aan zich te binden.

In de persoon van Maarten Vente doemt het profiel van de man op, die – naar oud gebruik in de wetenschap – een zg. "Festschrift" waard is. Deze overweging was voor mij de aanleiding het initiatief tot en de redactie van deze feestbundel op mij te nemen. In de thematische binding van deze bundel aan het orgel – zijn geschiedenis, bouw, spel en literatuur – moge tegelijk jubilaris en diens studieobject zinvol gehuldigd worden.

De voorbereiding van deze tegen alle redelijke verwachting in wel zeer volumineus uitgevallen feestbundel is op zichzelf een feest geweest: graag dank ik al degenen, die daartoe op de meest collegiale wijze bijgedragen hebben. Een onontbeerlijke schakel tussen uitgeverij en redacteur was Franca van Alebeek. Voorts dank ik Marjan Dirken, Ellen von Holtz en Jop de Ruiter voor hun assistentie.

Rijksuniversiteit Utrecht, 1980   Albert Dunning

Een gelukwens ten geleide

De levensloop van Maarten Albert Vente is een leerzaam voorbeeld van datgene wat iemand kan bereiken die zich al vroeg heeft voorgenomen om van zijn hobby zijn beroep te maken. Want terwijl Vente – die op 7 juni 1915 te Nieuwerkerk a/d IJssel is geboren – aan de Utrechtse universiteit geschiedenis studeerde, begon hij reeds als twintigjarige over orgels te publiceren, niet alleen in Nederlandse dagbladen en periodieken, maar ook in buitenlandse vaktijdschriften (*The Organ, Der Organist*). Na zijn doctoraal examen was hij voor zijn levensonderhoud voorlopig op het leraarschap in de geschiedenis aangewezen (Leeuwarden, Zwolle, Utrecht), maar daarnaast werkte hij aan een dissertatie die hem op het vakgebied der muziekwetenschappen bracht: *Bouwstoffen tot de geschiedenis van het Nederlandse orgel in de 16e eeuw*, waarop hij in 1942 bij A. Smijers te Utrecht promoveerde.

Dat hij dit onderwerp kon entameren was niet alleen een uitvloeisel van zijn intense belangstelling voor 'de koningin der instrumenten', maar ook van zijn gedegen opleiding tot historicus, die hem als geschoold paleograaf de toegang had verschaft tot het voor vele musicologen ontoegankelijke rijk der archivalia. Toch zou het nog jaren duren alvorens hij zich uitsluitend aan de orgelgeschiedenis en aan de orgelbouw kon gaan wijden: eerst in 1958 kon hij het leraarschap vaarwel zeggen en de functie van wetenschappelijk hoofdambtenaar aan het Instituut voor Muziekwetenschap te Utrecht aanvaarden. Hierdoor werd het voor het eerst mogelijk, de orgelkunde als verplicht onderdeel in de studie der muziekwetenschap te Utrecht op te nemen. Door toedoen van Vente werd het Instituut gaandeweg verrijkt met een als uniek te beschouwen collectie iconogarfisch materiaal op het gebied van de orgelgeschiedenis, waarin de bijzondere betekenis van Nederland als 'orgelland' alomvattend is gedocumenteerd. In 1965 werd Vente tot lector in de instrumentenkunde, speciaal de orgelkunde, benoemd, welk ambt onlangs in een persoonlijk ordinariaat werd omgezet.

Wat Vente voor de orgelgeschiedenis van Noord- en Zuid-Nederland heeft verricht, daarover spreekt de indrukwekkende bibliografie die in dit boek is opgenomen, duidelijke taal. Uit alles wat hij publiceert blijkt steeds weer een grondige kennis van zaken, voortgekomen uit minutieus en vaak baanbrekend onderzoek, een filologisch volstrekt betrouwbare weergave van de historische bronnen en een sober taalgebruik, dat vrij is van overtolligheden zonder in dorre opsomming te vervallen.

Maar het zijn niet louter archivalia, waarmee Vente zich heeft beziggehouden. Ook bij de orgelbouw is hij nauw betrokken geraakt, als adviseur bij restauraties en bij het ontwerpen van nieuwe orgels, en dat niet alleen in Nederland, maar ook in het buitenland (Spanje, Portugal). Ook op dit gebied heeft Vente zich een internationale faam verworven, wat weer heeft geleid tot eervolle opdrachten in organisatorisch verband.

Met dit alles zou een arbeidzaam leven reeds dubbel en dwars gevuld kunnen zijn. Maar Vente heeft gedurende de laatste twintig jaren bovendien het beheerschap van het Instituut voor Muziekwetenschap op zijn schouders gehad – een tijdlang ook nog dat van de afdeling Theaterwetenschap en van het Cantoraat – en als iemand weet wat dat zeggen wil, dan is het schrijver dezes, die een groot deel van deze periode met hem heeft samengewerkt. Mede aan Ventes doortastend en toch ook behoedzaam beleid heeft het Instituut zijn laatste twee fraaie behuizingen (van 1960 tot 1970 aan de Rijnkade, sindsdien op de Drift) te danken, de geleidelijke uitbreiding van de bibliotheek en de instrumentenverzameling en een soepele organisatie, die aan staf en studenten een aangenaam werkklimaat verschaft. Daarvoor zijn behalve organisatorische eigenschappen ook andere kwaliteiten nodig: wijsheid en integriteit. Vente, die als voorbeeldig huisvader zijn kinderen alle mogelijkheden heeft gegeven om zich ieder op eigen wijze te ontplooien, heeft als beheerder van het instituut op even liberale wijze op het doen en laten van de onderling zo zeer verschillende 'bewoners' alleen maar 'een wakend oog' behoeven te slaan, zonder zich op de voorgrond te plaatsen, maar eveneens zonder zijn principiële levensopvattingen te verloochenen, ook als zij in botsing dreigden te komen mt tendenties die naar zijn overtuiging afbreuk zouden doen aan de goede menselijke verhoudingen. Dat hij bereid is voor die opvattingen persoonlijke offers te brengen, lert ons zijn houding tijdens de Duitse bezetting, toen hij als leraar ostentatief wegliep onder een toespraak van zijn rector waarin toegeeflijkheid jegens de bezetter werd bepleit; hij heeft dit vaderlandslievend gedrag toen met een maandenlange gevangenisstraf in Scheveningen moeten bekopen.

Nu Maarten Vente de vijfenzestig-jarige leeftijd heeft bereikt, is dit een gerede aanleiding hem als geleerde te huldigen. Maar daarenboven kan hij aanspraak maken op de erkentelijkheid van de zeer velen die nooit tevergeefd een beroep hebben gedaan op zijn kennis en op zijn hulpvaardigheid. Zij allen wensen hem toe dat hij nog lang in staat moge zijn tot vruchtbaar werk; zijn vrienden kunnen zich dan verheugen op nog menig goed en geanimeerd gesprek met een gastheer, die hun niet alleen in de wereld van het orgel, maar ook in die van de wijn de juiste weg kan wijzen.

BILTHOVEN, JUNI 1980 EDUARD REESER

Bibliografie van de geschriften van Maarten Albert Vente

MONOGRAFIEËN

DE GESCHIEDENIS VAN OMMEN, 1831-1940. Zwolle, 1941.

BOUWSTOFFEN TOT DE GESCHIEDENIS VAN HET NEDERLANDSE ORGEL IN DE 16de EEUW. Proefschrift R.U. Utrecht. Amsterdam, 1942.

HANDBOEK VOOR DE KERKORGANIST. Goes [1948]. *Schets der geschiedenis van het orgel in de Nederlanden*, p. 129-169. *De organen van het orgel*, p. 193-211. *Orgeldisposities*, p. 212-222.

DIE BRABANTER ORGEL. Zur Geschichte der Orgelkunst in Belgien und Holland im Zeitalter der Gotik und Renaissance. Amsterdam, 1958, 1963^2.

NEDERLANDSE ORGELPRACHT. Haarlem, 1961. *Bijdragen tot de geschiedenis van het vroegere grote orgel in de St. Bavo en zijn bespelers tot 1650*, p. 1-34.

OMMEGANG DOOR UTRECHTS MUZIKAAL VERLEDEN. Openbare les uitgesproken bij de officiële aanvaarding van het ambt van lector in de instrumentenkunde, in het bijzonder de orgelkunde, aan de Rijksuniversiteit te Utrecht, 20 oktober 1965.

LUISTER VAN HET ORGEL. Catalogus van de tentoonstelling, Arnhem, Gemeentemuseum. Arnhem, 1968.

VIJF EEUWEN ZWOLSE ORGELS, 1441-1971. Een terugblik naar aanleiding van het 250-jarig bestaan van het Schnitgerorgel in de St. Michaëls- of Grote Kerk te Zwolle. Biblioteca organologica, vol. 49. Amsterdam, 1971.

ORGELS EN ORGANISTEN VAN DE DOM TE UTRECHT VAN DE 14e EEUW TOT HEDEN. Utrecht, 1975.

ASPECTEN VAN DE DELFTSE MUZIEKGESCHIEDENIS TOT 1572. De stad Delft, cultuur en maatschappij tot 1572. Uitgave Museum Het Prinsenhof te Delft, 1980, p.157-162.

DE RESTAURATIE VAN DE GROTE OF ST. JANSKERK TE GOUDA 1964 1980. Gouda 1980. *Het Moreau-orgel*. ter perse.

THE SOURCES FOR THE HISTORY OF THE ORGAN. Introduction to James Boeringer's edition of the Sperling Note Books. Ter perse, 1980.

BRONNENPUBLIKATIES

PROEVE VAN EEN REPERTORIUM VAN DE ARCHIVALIA BETREKKING HEBBENDE OP
HET NEDERLANDSE ORGEL EN ZIJN MAKERS TOT OMSTREEKS 1630. Koninklijke
Academie van België, Klasse der schone kunsten, Verhandelingen, Boek X.
Brussel, 1956.

De Illustre Lieve Vrouwe Broederschap te 's-Hertogenbosch. In: Tijdschrift V.N.M.
XIX, 1963, p. 32-43 en p. 163-172.

Sweelinckiana. In: Tijdschrift V.N.M. XIX, 1963, p. 186-191.

De boedel van Philip Jansz van Velsen, organist en klokkenist te Haarlem (1562-1625).
In: Tijdschrift V.N.M. XIX, 1963, p. 200-202.

BOUWSTENEN VOOR EEN GESCHIEDENIS DER MUZIEK IN DE NEDERLANDEN.
Documenta et Archivalia ad historiam musicae neerlandicae. Onder
redactie van C.C. Vlam en M.A. Vente (delen 1 en 2) en van M.A. Vente (deel
3). M.A. Vente verzamelde en bewerkte de volgende documenten over de
muziek en haar beoefenaars.

Deel 1. Amsterdam, 1965.

Abcoude, Affligem, Alkmaar, Amersfoort, Amsterdam, Breda, Brielle,
Brussel, Cachtem, Culemborg, Delft, Etten, Gouda, Grave, 's-Gravenhage,
Haarlem, Harderwijk, Hasselt (Ov.), Hoogkeppel, Kampen, Leiden, Maas-
tricht, Monnickendam, Montfoort, Ootmarsum, Oudewater, Rhenen,
Steenbergen, Utrecht, Weert, Zwolle.

Deel 2. Amsterdam 1971.

Amersfoort, Antwerpen, Bergen op Zoom, Breda, Delft, Edam, Eupen,
Gouda, 's-Gravenhage, Honselaarsdijk, Leeuwarden, Leuven, Maasland,
Meer, Rotterdam, Utrecht, Velp (bij Grave), Vlissingen, Workum; van
Blankenburg, Bosch, Cool(s), van Dort, Dusart, van Eyck, Fremy, Garrels,
van Gelder, Gerrit Petersz, van Glabbeeck, Govert Bartholomeusz, Gijsbert
Melchiorsz, van Hagen, Hagerbeer, Hartung, van der Heyden, Hinsz,
Hollander, Jaspar Jansz, Kist, Lamorette, Lochtenberg, van Loon, van
Marle, van Meeuwen, Molaron, Moreau, Niehoff, Nieuwenhuysen, van
Noort, van Schendel, Steevens, de Swart, Uutenbogaert, Valbeek, Valk, de
Vois, Wyborch.

Deel 3. Ter perse, 1980.

Delft, Haarlem, Utrecht.

BIJDRAGEN IN PERIODIEKEN EN COURANTEN

Het kerkorgel. In: Op den Uitkijk, jrg. 11, nr. 11, 1935, p. 516-519.

Some Dutch Organs. I: The Organ in the Church of St. Jan at Gouda. In: The Organ, vol. XVI, 1936, p. 43-46.

Vom Orgelbau in den Niederlanden. In: Der Organist, Organ der reformierten Organisten-Verbände der Schweiz, Jhrg. 14, Nr. 4, p. 40-43; Nr. 5, p. 52-53.

Het Utrechtsche Domorgel. In: Nieuwe Utrechtsche Courant, 19 september 1936.

Some Dutch Organs. II: The Organs at the Church of St. Laurens at Rotterdam. In: The Organ, vol. XVI, 1937, p. 175-180.

The Schitger Organ in the Groote or St. Laurenskerk at Alkmaar. In: The Organ, vol. XVII, 1937, p. 100-106.

Het Haarlemsche orgel. In: De Stuwdam, 27 maart 1937.

Het orgel in de St. Janskerk te Gouda. In: De Stuwdam, 24 april 1937.

Het orgel in de Domkerk te Utrecht. In: De Stuwdam, 15 mei 1937.

Het hoofdorgel in de Groote Kerk te Alkmaar. In: De Stuwdam, 21 augustus 1937.

Het orgel in de Klaaskerk te Utrecht. In: Nieuwe Utrechtsche Courant, 16 oktober 1937.

Het orgel in de Groote Kerk te Arnhem. In: De Stuwdam, 23 oktober 1937.

Het orgel in de Sint-Joriskerk te Amersfoort. In: Nieuwe Utrechtsche Courant, 4 december 1937.

De orgels in de Groote Kerken te Maassluis en Purmerend. In: De Stuwdam, 23 december 1937.

The Organ in the Great (or St. Eusebius) Church at Arnhem. In: The Organ, vol. XVIII, 1938, p. 26-31.

Het orgel in de Tuindorpkerk te Utrecht. In: Nieuwe Utrechtsche Courant, 26 februari 1938.

Het orgel in de Jacobikerk te Utrecht. In: Nieuwe Utrechtsche Courant, 1938.

Het orgel in de Groote Kerk te Maassluis. In: De Standaard, 20 juni 1938.

Het orgel in de Nicolaikerk te Utrecht. In: Nieuwe Utrechtsche Courant, 10 augustus 1938.

Het orgel in de Groote Kerk te Dordrecht. In: De Standaard, 26 september 1938.

Het orgel in de Luthersche Kerk te Utrecht. In: Nieuwe Utrechtsche Courant, 11 oktober 1938.

Improvisaties op het orgel. In: Utrechtsch Dagblad, 17 oktober 1938.

De orgelgeschiedenis van de Buurkerk [te Utrecht]. In: Utrechtsch Nieuwsblad, 18 november 1938.

Het herstelde Domorgel. In: Utrechtsch Nieuwsblad, 6 december 1938.

Het gerestaureerde orgel in de Groote Kerk te Maassluis. In: De Standaard, 19 december 1938.

Het orgel in de Jacobikerk [te Utrecht]. In: Utrechtsch Nieuwsblad, 28 december 1938.

Organs in Utrecht, Holland. In: The Organ, vol. XIX, 1939, p. 23-28.

De Utrechtsche orgelmakersschool in de 16e eeuw. In: Jaarboekje van 'Oud-Utrecht', 1939, p. 112-118.

Eine Orgel der Gebrüder Wagner in Holland (Arnheim). In: Musik und Kirche, Jhrg. 11, 1939, p. 142-145.

Het bewogen bestaan van het orgel der Jacobikerk [te Utrecht]. In: Utrechtsch Nieuwsblad, 7 januari 1939.

De orgelgeschiedenis der Geertekerk [te Utrecht]. In: Utrechtsch Nieuwsblad, 1 februari 1939.

Het orgel in de Bovenkerk te Kampen. In: Kamper Nieuwsblad, 2 februari 1939.

Op zoek naar merkwaardige orgels in Utrechts omstreken. In: Utrechtsch Nieuwsblad, 14 maart 1939.

Het orgel in de Oude Kerk te Amsterdam. In: De Stuwdam, 18 maart 1939.

Op orgelexcursie door Utrechts omstreken [Maarssen, Breukelen, Loenen]. In: Utrechtsch Nieuwsblad, 23 maart 1939.

Improvisaties op het orgel van Leeuwardens Groote Kerk. In: De Rotterdammer, 25 april 1939.

Orgelimprovisaties. In: Hervormd Nederland, 27 april 1939.

Improvisaties op het orgel. In: Hervormd Nederland, 11 mei 1939.

De orgelgeschiedenis van de St. Joriskerk te Amersfoort. In: Amersfoortsch Dagblad, 27 mei 1939.

Het orgel in de Groote Kerk te Dordrecht. In: Nieuwe Rotterdamsche Courant, 31 mei 1939.

Het orgel in 'De Duif' te Amsterdam. In: De Tijd, 16 november 1939.

Het orgel in de St. Jan te Gouda. In: De Standaard, 22 mei 1940.

Het orgel in de Grote of St. Michielskerk te Zwolle. In: Verslagen en Mededeelingen Overijsselsch Regt en Geschiedenis, 60e stuk, 1945, p. 91-109.

Figuren uit Vlaanderens orgelhistorie.

1 *Meester Jan van Lier.* In: De Schalmei, maart 1946, p. 2-4.
2 *Het geslacht Van den Eeckhoute.* In: De Schalmei, mei 1946, p. 2-5.
3 *Het geslacht Langhedul.* In: De Schalmei, juli 1946, p. 2-5 en 14; september 1946, p. 2-7.
4 *Pieter en Louis Isorée.* In: De Schalmei, november 1946, p. 12-14.
5 *Het geslacht Brebos.* In: De Schalmei, januari 1947, p. 3-7.
5 *Adriaen Pietersz uit Delft.* In: De Schalmei, mei 1947, p. 50-52.
7 *Wie is meester Jan van Lier?* In: De Schalmei, november 1947, p. 123-125.
8 *De geslachten Buus en Van der Keere.* In: De Schalmei, 1949, p. 2-5.
9 *Het geslacht Waghers.* In: De Schalmei, 1949, p. 73-75 en 88.
10 *IJsbrandt Claesz uit Breda.* In: De Schalmei, 1949, p. 122-124.

De Nederlandse orgelbouw in de 15e eeuw. In: De Schalmei, januari 1947, p. 8-11.

De invloed van de Vlaamse orgelbouwers op de Franse. In: De Schalmei, januari 1948, p. 6-8; maart 1948, p. 43-45; mei 1948, p. 56-58.

L'influence des Flamands sur les Français en matière de construction d'orgues. In:

L'Orgue, no. 48, juillet-septembre 1948, p. 78-83; no. 49, octobre-décembre 1948, p. 110-115.

Het Bach-orgel. In: De Schalmei, 1950, p. 75-77.

Iets over Deventer orgels, in het bijzonder over die van de Grote Kerk en de Bergkerk. In: Verslagen en Mededeelingen Overijsselsch Regt en Geschiedenis, 65e stuk, 1950, p. 112-137.

My View on Organ building today. In: Organ Institute Quaterly, vol. 2, nr. 3, summer 1952, p. 5-9.

Oude orgels in [Belgisch] Limburg. In: Limburg, jrg. XXXI, 1952, p. 21-28 en 45-53; XXXII, 1953, p. 74-82.

Oude orgels in [Belgisch] Limburg. In: De Praestant, jrg. I, 1952, p. 28-29, 50-51 en 72-75.

Het ontstaan van het Haarlemse orgel (History of the Haarlem organ). In: Programma-boek Internationaal Orgel Improvisatie Concours Haarlem, juli 1954, p. 20-23.

De orgels van de St. Lambertuskerk te Helmond. In: Brabantia, jrg. 4, 1955, p. 197-222.

Oude orgels in België. In: De Preastant, jrg. V, 1956, p. 88-94.

De 'andere' orgels van de Haarlemse Grote Kerk (The 'other' organs of the Grote Kerk at Haarlem). In: Programmaboek Internationaal Orgel improvisatie concours Haarlem, juli 1956, p. 9-21.

Die Orgel des 16. Jahrhunderts in Nordbrabant und am Niederrhein. In: Beiträge zur Musik im Rhein-Maas-Raum, Beiträge zur rheinischen Musikgeschichte, Heft 19, Köln, 1957, p. 23-28.

Het orgel [te Maassluis] ter memorie van Rudolf Garrels en Govert van Wijn. In: De Bouwrevue, tijdschrift voor bouwwereld en industrie, jrg. 1958, p. 25.

Überblick über die seit 1931 erschienene Literatur zur Geschichte des niederländischen Orgelbaus. In: Acta Musicologica, XXX, 1958, p. 26-51.

Grepen uit Overijssels orgelverleden. In: De Mars, maandblad van en voor Overijssel, jrg. 6, 1958, nr. 9, p. 198-200.

De Vlaamse Nachthoorn. Le Cornet de Flandres. In: De Praestant, jrg. VIII, 1959, p. 89-90.

Een Lierse orgelmaker in de 16e eeuw; Jan Verrijt alias Liere. In: 't Land van Rijen, driemaandelijks cultureel Liers tijdschrift, jrg. 10, 1960, p. 36-48.

Die Orgelbauer am Niederrhein als Wegbereiter für Sweelincks Kunst. In: Musik im niederländisch-niederdeutschen Raum, Beiträge zur rheinischen Musikge-schichte, Heft 36, Köln, 1960, p. 31-36.

Lustrumgeschenk van het U.U.F. [Orgel van de aula der Rijksuniversiteit te Utrecht]. In: Post jucundam juventutem, nr. 32, februari 1961, p. 12-14.

Een Lierse orgelmaker in de 16e eeuw: Jan Verrijt alias Liere. In: De Praestant, jrg. X, 1961, p. 1-7.

Somiere a tiro o somiere a vento? In: L'Organo, Rivista di cultura organaria e organistica, II, 1961, p. 1-24.

Thomas Houben, orgelmaker te Ratingen (omstreeks 1730). In: Festschrift K.G. Fellerer, Beiträge zur rheinischen Musikgeschichte, Heft 52, Köln 1962, p. 260-284.

Mitteilungen über iberische Registrierkunst unter besonderer Berücksichtigung der Orgelwerke des Juan Cabanilles. In: Anuario Musical, vol. XVII, 1962, p. 41-62.

Sweelinck en de traditie. In: Mededelingen van het ministerie van O.K.W., 14 mei 1962, nr. 18 [Sweelinck-nummer], p. 202-205.

Jan Pietersz. Sweelinck, de 'Amsterdamse Orfeus'. In: Nieuwe Rotterdamsche Courant, 8 juni 1962.

Een pelgrimage langs Sweelinck-orgels. In: Programmaboek Internationaal Orgel Improvisatie Concours Haarlem, juli 1962, p. 9.

Maastricht orgelstad. In: Gedenkschrift bij gelegenheid van de restauratie en de inwijding van het Séverin-orgel in de Basiliek van O.L.-Vrouwe te Maastricht, december 1963, p. 28-35.

Vroegere orgels in de Grote Kerk [te Arnhem]. In: Programma Internationale Orgeldagen Rijnstreek te Arnhem, 1964, p. 19-20; 1966, p. 19-20; 1968, p. 12-13.

De familie Brebos, orgelmakers van Lier en Antwerpen. In: 't Land van Rijen, driemaandelijks Cultureel Liers tijdschrift, jrg. 16, 1966, p. 105-113.

Rotterdam – orgelstad. In: Akademiedagen XIX, 1967, p. 48-75.

Aeneas Egbertus Veldcamps, drager van oudhollandse orgeltradities. In: Tijdschrift V.N.M., XX, 1967, p. 249-264.

Het grote orgel van 'de Doelen' [te Rotterdam]. In: Ouverture, jrg. 1, nr. 9, 1967, p. 18-20.

Una polizza d'estimo di Graziadio Antegnati. In: L'Organo, Rivista di cultura organaria e organistica, VI, 1968, No. 2, p. 231-233.

The Family Brebos, Organ builders from Lier en Antwerp. In: Anuario Musical, vol. XXI, 1968, p. 39-44.

Gedanken über Orgelbau und Orgelgeschichte am Niederrhein. In: Studien zur klevischen Musik- und Liturgiegeschichte, Beiträge zur rheinischen Musikgeschichte, Heft 75, Köln, 1968, p. 121-122.

Het orgel in de Grote of O.L.V. Kerk te Breda. In: Het Orgel, jrg. 65, nr. 6, p. 153-155; nr. 9, p. 231-233; nr. 12, p. 341-346.

Het orgel in de Cellebroederskapel te Maastricht. In: Orgelnieuws Fa. L. Verschueren c.v., Heythuysen, 1970, p. 1-3.

Sprokkelingen uit Arnhems orgelhistorie. In: Programma Internationale Orgeldagen Rijnstreek te Arnhem, september 1970, p. 9-12.

Some Aspects of Iberian Organ-building [Einige Aspekte des iberischen Orgelbaus]. In: I.S.O. Information, oktober 1970, p. 287-302.

Kunstenaars zien orgels. In: Spiegel Historiael, maandblad voor geschiedenis en archeologie, jrg. 5, nr. 7-8, 1970, p. 434-438.

Organs for America. In: The Diapason, vol. 62, nr. 10, september 1971, p. 14.

Sweelincks Orgelreisen. In: Tijdschrift V.N.M., XXII, 1971, p. 126-137.

An historian's good Fortune: new Light on Daniel van der Distelen Senior and Junior. In: Harold Gleason eightieth birthday tribute, The Diapason, vol. 63, April 1972, p. 10, 14.

Spaanse en Italiaanse orgelmuziek. In: Programma Holland Festival, juni 1972.

The Renaissance Organ in the Cathedral of Évora [Portugal]. In: Colóquio artes, nr. 13, 1973, p. 62-64.

De restauratie van het orgel in de Dom van Utrecht. In: Het vijf kerken restauratieplan, jrg. 2, nr. 1, 1974, p. 1-8.

Het orgel in de Grote Kerk te Monnickendam, In: Programmaboek Haarlemse Orgelmaand 1951-1975, juli 1975.

De Utrechtse orgeltraditie vóór de gebroeders Bätz. In: Catalogus tentoonstelling Gebroeders Bätz, Centraal Museum, Utrecht, 21 november 1975 – 8 januari 1976, p. 1-5.

Old Organs and modern Fashions. In: The Bicentennial Tracker, The Organ Historical Society, 1976, p. 22-23.

Michiel Claasz van Gronenberch, organist van de Mariakerk te Utrecht (1525-1570). In: Mokumer in de middag, een handreiking voor Dr. Johan van der Werf, oktober 1976, p. 23-25.

Het orgel in de Grote Kerk te Leeuwarden. In: Brochure Leeuwarden, 1978.

Een anti-chronologisch exposé over de orgels van de Nicolaïkerk [te Utrecht]. In: Maandblad van 'Oud-Utrecht', jrg. 52, 1979, p. 85-86.

Muziek te Utrecht voor en na 1579. In: Tijdschrift V.N.M. XXX, 2, 1980.

Zungenregister – 500 Jahre Klangreichtum im Orgelbau. In: Broschüre Firma Carl Giesecke & Sohn, Göttingen, 1980.

Een orgelstrijd in de St. Jacobskerk te Utrecht (1509-1516). In: Jaarboekje van 'Oud-Utrecht' (zal nog verschijnen).

BIJDRAGEN IN ENCYCLOPEDIEËN

Musik in Geschichte und Gegenwart (M.G.G.), Kassel.
   Trefwoorden: Maas(s), deel 8, kol. 1368-1369; Macropedius, deel 8, kol. 1410; Moreau, deel 9, kol. 567-568; Mors, deel 9, kol. 606-609; Niehoff, deel 9, kol. 1511-1513; Orgel, deel 10, 1962, kol. 273-278; Picard, deel 10, kol. 1233-1235; Pieters(z), deel 10, kol. 1266-1267; Rodensteen, deel 11, 1963, kol. 596-597; Séverin, deel 12, 1965, kol. 597-598; Slegel, deel 12, kol. 766-767; Smits, deel 12, kol. 809-810; (de) Swart, deel 12, kol. 1774-1775; Sweelinck, deel 12, kol. 1775-1785 (in samenwerking met anderen); Utrecht, deel 13, 1966, kol. 1187-1193; Verrijt, deel 13, kol. 1514-1515; Vredeman de Vries, deel 14, 1968, kol. 36-37; Witte, deel 14, kol. 741-742.

PUBLIKATIES IN SAMENWERKING MET ANDEREN

Organs in Spain and Portugal. (Samen met Dr. W. Kok.) In: The Organ, vol. XXXIV, 1954-1955, p. 193-199; vol. XXXV, 1955-1956, p. 58-65, 136-142; vol. XXXVI, 1956-1957, p. 155-164 en 203-212; vol. XXXVII, 1957-1958, p. 37-43.

French Organ registrations in the early 16th Century. (Samen met Fenner Douglas.) In: The Musical Quarterly, vol. 51, nr. 4, oktober 1965, p. 614-635.

The Renaissance Organ of Évora Cathedral, Portugal. (Samen met D.A. Flentrop.) In: The Organ Yearbook I, 1970, p. 5-19.

DE ORGELKUNST IN DE NEDERLANDEN VAN DE 16e TOT DE 18e EEUW. (Samen met Flor Peeters.) (Franse uitgave: L'orgue et sa musique aux Pays-Bas; Engelse uitgave: The organ and its music in the Netherlands; Duitse uitgave: Die Orgelkunst in den Niederlanden.) Antwerpen, 1971.

BOEKBESPREKINGEN

Gustav Fock, *Arp Schnitger und seine Schule, ein Beitrag zur Geschichte des Orgelbaues im Nord- und Ostseeküstengebiet*. Kassel 1974. In: Tijdschrift V.N.M., XXV, 1975, p. 68-70.

J.H. Kluiver, *Historische orgels in Zeeland*. (3 delen) Middelburg, 1972-1976. In: Tijdschrift V.N.M., XXVII, 1977, p. 59-61.

Four new Editions of (Quatre nouvelles éditions de; Vier Neuausgaben von) Dom Bedos, L'Art du Facteur d'Orgues. In: I.S.O. Information, August 1979, p. 83-86.

Activiteiten van Maarten Albert Vente op orgelbouwkundig gebied

Deze activiteiten laten zich in twee categorieën onderscheiden:
  a het optreden als adviseur bij de restauratie van een bestaand orgel,
  b het optreden als adviseur bij de bouw van een nieuw orgel.

In het hieronder volgende overzicht worden van categorie *a* alleen de restauraties van monumentale orgels vermeld en van categorie *b* slechts de belangrijkste, uiteraard een subjectieve keuze. Hoewel de objecten soms een lange looptijd hadden, hebben de jaartallen betrekking op de voltooiing van het werk.

CATEGORIE A

(restauratie van monumentale orgels) in alfabetische volgorde

Achlum, Hervormde Kerk   1974
Akkerwoude, Hervormde Kerk   1977
Almelo, Doopsgezinde Kerk   1956
Amersfoort, Lutherse Kerk   1973
Arnhem, Gemeente Museum   1968

Barneveld, Grote Kerk   1955
Berghuizen, Gereformeerde Kerk   1978
De Bilt, Oude Hervormde Kerk   1964
Breda, Grote Kerk   1969 (in samenwerking met J.Hillen)
Brielle, Grote Kerk   1962
Brielle, Kleine Kerk   1955

Coimbra (Portugal), Kapel van de Universiteit   1973
Culemborg, Grote Kerk, 2 orgels   1971

Dalen, Hervormde Kerk   1970
Deinum, Hervormde Kerk   1976
Delft, Nieuwe Kerk   1975
Delft, Oude Kerk   1979

Deventer, Grote Kerk   1977
Deventer, Lutherse Kerk   1979

Edam, Grote Kerk   1980 (in samenwerking met J.Jongepier)
Elburg, Hervormde Kerk   1950
Evora (Portugal), Kathedraal   1967

Gorssel, Hervormde Kerk   1955
Gouda, Grote Kerk   1980 (in samenwerking met A.Keijzer)
's-Gravenhage, Eglise Wallonne   1964
's-Gravenmoer, Hervormde Kerk   1965

Halsteren, Hervormde Kerk   1967
Harderwijk, Grote Kerk   1957
Harlingen, Grote Kerk   1971
Hazerswoude, Gereformeerde Kerk   1971
's-Hertogenbosch, Hervormde Kerk   1966
Heukelum, Hervormde Kerk   1969
Hohenkirchen (Jeverland)   1977
Hoorn, Lutherse Kerk   1956

Kampen, Bovenkerk   1975 (in samenwerking met F.Asma en W.H.Zwart)
Katwijk a.d. Rijn, Hervormde Kerk   1976

Leeuwarden, Grote Kerk   1978 (in samenwerking met Dr.J.van Biezen)
Leiden, Hooglandse Kerk   1980 (in samenwerking met Dr.J.van Biezen)
Leiden, Marekerk   1967

Maastricht, Lutherse Kerk   1965
Maastricht, Cellebroederskapel   1969
Maastricht, Stadhuis   1980
Monnickendam, Hervormde Kerk   1974
Moordrecht, Hervormde Kerk   1963

Naaldwijk, Hervormde Kerk   1975
Nunspeet, kabinetorgel in privé-bezit   1973
Nijmegen, Grote Kerk, kleine orgel   1974

Oene, Hervormde Kerk   1967
Oisterwijk, Hervormde Kerk   1975

Las Piñas (Philippijnen), Bamboe-orgel 1975 (advies gegeven in de werkplaats
     van de orgelbouwer te Bonn a.Rhein)
  Porto (Portugal), Kathedraal, 2 orgels   1971
  Putten, Hervormde Kerk   1974

  Rolde, Hervormde Kerk   1955

  Schayk, Rooms-Katholieke Kerk   1971
  Schermerhorn, Gereformeerde Kerk   1962
  Schiedam, Gemeente Museum   1969
  Sommelsdijk, Hervormde Kerk   1955, 1978
  Sint-Truiden (België), Seminarie   1955
  Spaarndam, Hervormde Kerk   1971
  Steenbergen, Hervormde Kerk   1964
  Stiens, Hervormde Kerk   1975
  Straatsburg, St.Thomas (preadvies)   1962

  Terborg, Hervormde Kerk   1975
  Tubbergen, Hervormde Kerk   1971

  Utrecht, Auditorium van de Rijksuniversiteit   1963
  Utrecht, Dom   1975 (in samenwerking met Dr.J.van Biezen)
  Utrecht, Jacobikerk   1978 (in samenwerking met Dr.J.van Biezen)
  Utrecht, Kerkje van Blauwkapel   1969
  Utrecht, H.Nicolaas/H.Monica   1978 (in samenwerking met J.J.van der
     Harst)
  Utrecht, Oosterkerk   1952
  Utrecht, Nicolaikerk   1978

  Vlaardingen, Grote Kerk   1973 (in samenwerking met J.J.van der Harst)

  Waspik, Hervormde Kerk   1958
  Wolvega, Hervormde Kerk   1970
  Workum, Hervormde Kerk   1980
  Wijk bij Duurstede, Hervormde Kerk   1980 (in samenwerking met Dr.J.van
     Biezen)

  IJlst, Hervormde Kerk   1967

  Zeist, Gebouw van de Protestantenbond   1964
  Zeist, Kerk van de Broedergemeente   1965
  Zutphen, Grote Kerk   1965
  Zwartebroek, Gereformeerde Kerk   1952
  Zwartsluis, Hervormde Kerk   1974

CATEGORIE B

(bouw van nieuwe orgels) in alfabetische volgorde

Arnhem, Stadhuis   1973

Bathmen, huisorgel (privé-bezit)   1953
De Bilt, Nieuwe Hervormde Kerk   1966

Diepenveen, Hervormde Kerk   1968
Dordrecht, Gereformeerde Kerk (Sterrenburg)   1980

Erevan (Armenië, USSR), Komitas Memorial Hall   1979

Geldermalsen, Hervormde Kerk   1969

Hilversum, Kerk van de Protestantenbond   1964
Hilversum, Zuiderbegraafplaats   1967

Lissabon, Gulbenkian Auditorium   1969
Lissabon, Kathedraal   1965
Londen, Austin Friars (Nederlandse Kerk)   1954
Lunteren, Oude Hervormde Kerk   1980

Middelharnis, Hervormde Kerk   1951

Rotterdam, De Doelen   1969
Rotterdam, Grote Kerk (lid ener adviescommissie)
   transeptorgel   1959
   koororgel   1962
   grote orgel   1973

Soest, Zonnegloren   1959

Utrecht, Leeuwenbergkerk   1954
Utrecht, Vredeskerk   1979

Essai de perspective historique pour la facture d'orgues en Espagne actuellement

Ramón Gonzalez de Amezua

Au cours des dernières années, l'orgue espagnol essaie de récuperer son identité. Ces efforts, nobles et d'un mérite certain, ne sauraient fructifier sans bien connaître, et bien compter avec l'histoire séculaire de l'instrument en Espagne. Tant dans notre pays comme dans d'autres pays d'Europe, le jeu des influences croisées a souvent dénaturé la véritable tradition de chaque pays, et il faut bien se dire que, en général, le résultat n'était point fort heureux, sauf les exceptions de rigueur, parfois étonnantes, comme celle du célèbre orgue de Santa Maria de Mahon (Baléares, île de Minorque) où un mélange des écoles allemande, française et espagnole, assaisonné encore d'un subtil équilibre entre le baroque et le romantique, a produit un si bel et attachant instrument.

Le développement de l'orgue, c'est le fait de la culture européenne. A partir du tronc commun, le 'Plenum' sans registres, on peut distinguer – avec les risques que tout classement comporte – quatre esthétiques bien différentes: *1* Nord-Europe, qui a créé le grand orgue avec pédalier, puissant et monumental; *2* Française, avec un pédalier plus court et moins important; nombreux jeux (et claviers) de solo; instrument brillant, aimable, mais aussi solennel; *3* Ibérique, qui multiplie coloris et détails le plus divers, et ajoute le contraste puissant des anches en chamade; et *4* Italienne, orgue recueilli, assez réduit (généralement 1 seul clavier) avec son 'ripieno' décomposé qui permet de subtils mélanges.

Mais le XIXe siècle va mettre fin à cette belle ordonnance avec l'apparition du grand orgue romantique de Cavaillé-Coll et ses émules. Phénomène qu'à notre avis reste spécifiquement français, car les autres écoles ne feront qu'imiter, d'une façon généralement malheureuse, l'outrance d'une expression plutôt due au génie du facteur qu'à une structure musicale bien ordonnée et articulée.

C'est pourquoi on peut trouver partout des orgues baroques fort acceptables et d'un facteur de second ordre, tandis que les orgues romantiques, elles, ont besoin de la main d'un maître de tout premier ordre.

Un épigone bien connu en Espagne, c'est l'orgue 'de l'Empereur' de la Cathédrale de Tolède. Il a été commandé le 23 janvier 1543, selon Pedrell nous dit dans son *Organografia Musical Antigua Española*. Longtemps on a confondu cet instrument avec celui qui existe aujourd'hui, scrupuleusement restauré, construit par Verdalonga aux alentours de 1785. De l'orgue primitif il ne reste vraisemblablement rien; nous savons – d'après le contrat, et d'après le procès-verbal de l'expertise de réception – qu'il avait 1 clavier de 57 notes, où seulement le premier c″ devait faire défaut, tandis que le pédalier ('contras') de 13 notes comportait la totalité des dièzes, ce qui est l'objet d'une sévère critique de l'expert, qui estimait inutile ce clavier complet non seulement pour jouer de la musique de ce temps, mais aussi pour jouer toute la musique que l'on pourrait composer dans les siècles à venir... Peut-être cet orgue a été le premier à être accordé à tempérament égal.

Ce premier 'orgue de l'Empereur' ne montre encore aucun trait spécifique de la future école espagnole; à plus forte raison on pourrait le dire des orgues construites entre 1579 et 1584 par Gilles Brebos et ses fils, dont la composition de registres et jeux, le grand pédalier etc., sont typiques de l'école nordique. Ces orgues ont malheureusement disparu totalement, nous ne savons pas encore à quel instant. Mais, en tout état de cause, en 1704 des orgues entièrement neufs (deux au choeur, deux au transept) sont finis par Pedro de Liborna Echevarria, à leur tour substitués ou très modifiés au cours du XVIIIᵉ siècle (les traces de grandes chamades y témoignent) pour disparaître finalement en 1929, remplacés par des orgues genre Walcker de l'époque.

Nèanmoins, l'influence flamande devait être très remarquée, car dans le devis que le facteur Matheu Tellez accorde avec le Chapitre de la Cathédrale de Lérida (en Catalogne), en 1543 (soit, la même année de la commande de l'orgue de l'Empereur à Tolède) il est convenu que le facteur ajoutera au grand orgue une 'cadireta' (Positif de dos), 'qui sera aussi parfaite que celle recemment installée dans la Cathédrale de Barcelone par les maîtres flamands'.

Mais si l'influence, des 'mestres flamenchs' avait été remarquée, elle n'eût pas de suite, ce qui aurait pu transformer entièrement l'histoire de l'orgue espagnol, ne serait-ce que par l'existence d'un pédalier complet et important.

Que le XVIᵉ siècle était un siècle de tâtonnements nous le montre encore le contrat passé vers en fin du XVIᵉ siècle pour Santa Maria del Mar, aux archives d'Urgel (cité par J.M.Madurell, *Anuario musical*, vol. II, 1947). Cet orgue aura deux claviers: le grand orgue avec 54 touches 'y comprenant les démi-tons nommés bémols'; le positif, seulement 42 notes, il semble donc qu'avec une octave en moins. Il n'y a pas de mention de contras ou pédalier, non plus que des anches (car la 'Gayta' y 'Museta' du positif peuvent être des notes seules, vu qu'elles sont mentionnées séparément des autres jeux). Mais on voit comment ces orgues sont si différents des orgues Brebos, et sont plus près du futur développement de la facture en Espagne.

Sans doute ce sont les XVIIᵉ et XVIIIᵉ siècles qui marqueront l'éclosion pleine de la facture espagnole. Mais, attention, la différence est quand même très importante et l'évolution, justement à la frontière des deux siècles, très marquée. Et, si nous pouvons aujourd'hui connaître et jouer de si nombreux – et magnifiques – orgues du XVIIIᵉ, il reste à peine quelques uns du XVIIᵉ, et encore des dernières années de ce siècle. Suffisants quand même pour illustrer 'de audito' la nombreuse documentation antérieure.

Un orgue bien réprésentatif de la fin XVIIe siècle est celui de la Cathédrale de Ségovie (côté Epître). Facteur: probablement le même Pedro de Liborna Echevarria. Un seul clavier de 45 notes, et 7 contras (tous les dièzes y manquant). Les jeux coupés, comme c'était dépuis longtemps la règle générale. Nous y trouvons: les Principaux 16′, 8′ et 4′. Un Bourdon 8′. Les harmoniques séparés (2⅔′, 2′, 1⅓′, 1⅗′, etc.) en deux séries: 'clara' (taille de Principal) et 'nazarda' (taille de Flûte). Ensuite: Plein jeu, Cymbale, Churumbela (sorte de Sesquialtera), Cornet et Cornet d'écho (on passe de l'un à l'autre au moyen d'une pédale). Plusieurs jeux d'anches intérieurs (avec aussi une Trompette aux contras) et déjà une petite chamade: Régale (basses et dessus), Clairon 4′ (basses), et deux Trompettes 8′ (dessus), ce qui permet quand même, solos et démi-registres à part, un petit tutti cohérent, impossible à jouer–comme ce sera la règle–autrement que seul, la capacité du sommier ne permettant pas autre chose.

De cette même époque sont les orgues construites (1693) en Espagne par Jorge de Sesma, et destinées à la Cathédrale de Mexico. Ces orgues seront modifiées en 1734 par le facteur Joseph Nazarre, établi dans Mexico, capitale de la 'Nouvelle Espagne', qui construira aussi un orgue neuf. Nous y trouvons déjà 3 claviers de 51 notes, avec une esthétique musicale semblable à celle de l'orgue de Segovie mais avec une chamade fort importante, avec des jeux 'nave' – soit placés dans le buffet de la nef latérale – et deux positifs: un de dos et un autre intérieur, le sommier par terre et la sonorité sortant à droite et à gauche de l'organiste à travers de grilles ou des moulures ajourées dans le soubassement du buffet.

Cette disposition typique du grand orgue de Cathédrale est magistralement réussie dans le grand orgue construit environ 20 années plus tard par le facteur madrilène Leonardo Fernandez Davila pour la Cathédrale de Grenade en Espagne. Cet orgue nous montre une disposition spécialement 'stéréophonique' comme nous allons le montrer. Repartis sur 3 claviers complets, et 'contras' d'une octave, nous pouvons dénombrer les suivants 'plans' parfaitement définis:
Principaux, Pleins-jeux, Bourdons, Cornet, et anches intérieures, dans le grand clavier,
Jeux d'écho séparés,
Principal 8′ en montre sur la nef latérale,
Grande chamade sur la nef principale,
Chamade sur la nef latérale,
Régales dans le soubassement, en chamade,
Positif intérieur (Principaux, Mixtures, et anches),
Positif de dos (Principaux, Mixtures, et anches),
Chamade du positif de dos.

Une si grande richesse de sonorités différentes montre, à notre avis, l'épanouissement de l'orgue espagnol, moins soucieux d'imposer de grandes ondes harmonieuses – si nous oublions la puissance des chamades – que de rechercher des plans et des coloris aussi variés que subtils. Remarquons que les accouplements des claviers et les tirasses n'existaient pas encore.

Un autre exemple de cet esprit est bien patent dans l'orgue (de la lignée Echeverria) côté Epître de la Cathédrale de Tolède, au beau milieu du XVIIIe siècle (soit contemporain de celui de Granada). Ses proportions sont moins importantes, mais on y trouve aussi le souci des plans bien distincts: Principal et chamades sur la nef latérale, Régale (Orlos) en – pour ainsi dire – 'brüstwerk-chamade', grande chamade sur la nef principale, et – ce qui est bien curieux – un 'ripieno' composé (baptisé 'repiano' par le facteur) d'une grande beauté et puissance, placé – on pourrait dire – en 'chamade intérieure' très près de l'organiste. Disposition que l'on trouve aussi aux orgues (côté Evangile) de la Cathédrale de Segovie, de la même époque, et vraisemblablement du même facteur. (Ces dernières orgues ayant par malheur subi au XXe siècle une réforme qui a supprimé notamment le positif intérieur pour y substituer un Récit romantique place tout en haut du buffet.)

Mais c'est sur la fin du XVIIIe siècle que l'évolution changera cet esprit de finesse et de grande varieté pour la recherche de la puissance, préfigurant ainsi l'orgue romantique.

Deux exemples frappants sont justement les orgues 'de l'Empereur' et les orgues côté Evangile de la Cathédrale de Tolède déjà mentionnés, du facteur José de Verdalonga; le dernier installé au moment où le XVIIIe siècle s'achève.

Le grand clavier de l'orgue de l'Empereur n'a pas des Mixtures; c'est bien la première fois que cela arrive. Des principaux 16′, 8′ et 4′, un Bourdon 8′, une Trompette intérieure, et pour le reste, une formidable chamade concue pour la puissance et pour l'éclat: non moins de trois Trompettes 8′ (basses et dessus: 54 notes), aux différentes tailles; un Clairon 4′ (basses et dessus); une Trompette 16′ (dessus); et, finalement, Clairons 4′ et 2′ (basses). On voit bien que c'est le 'Tutti' qui s'impose. L'autre clavier n'est plus un positif: il est derrière et presque sur le même niveau; voilà que les plans sonores ne sont plus aussi distincts. Sa composition – cette fois avec un Plein jeu et un Cornet – est encore classique, mais les jeux de détail et les harmoniques 'par le menu' ont disparu. La pédale n'a toujours que 12 notes, mais il y a une tirasse pour le grand clavier. En plus du 16′ et 8′ normal, il y a un 32′ à tuyaux polyphones (deux seulement, chacun sert pour 6 notes) le plus grand (ouvert, 32′ réel) couché juste en dessous de la grande rosace. Et, en plus, deux Bombardes 16′, plus des jeux en chamade aussi: Trompettes 8′, 4′, 2′ et 1′.

On pourrait se dire: quand même c'est un orgue fait pour jouer une on deux fois par an (les jours des grandes processions) – et l'usure nulle de ses claviers en ébène en témoigne – donc sa conception pouvait bien être spéciale. Mais il n'en est rien si, quelques pas plus loin, nous examinons les orgues du choeur, côté Evangile.

C'est un orgue très important pour l'époque: 3 claviers de 56 *notes* et toujours les 12 notes de 'contras', mais cette fois-ci il y a tirasse et accouplements des claviers. Il y a une soixantaine de jeux (coupés en basses et dessus) et pourtant peu de jeux de détail ou d'harmoniques, on cherche aussi la puissance avec des chamades (une sur chaque nef) impressionantes, des jeux ondulants aparaissent (Flûte à fuseau 2 rangs), et le positif est transformé en un véritable Récit expressif, avec une boîte à jalousies mobiles tout comme dans les futures orgues romantiques. Si l'on songe qu'à cette même époque (orgues du Palais Royal de Madrid, facteur Jorge Bosch, 1777) on trouve déjà ces mèmes jalousies, des trompettes harmoniques, et des abrégés métalliques avec une mécanique réglable, on voit comment l'évolution vers l'orgue romantique était parfaitement indiquée, avec une bonne partie du chemin parcouru avec décision.

Mais il est certain que la Révolution française, suivie des guerres de Napoléon, a interrompu cette évolution pacifique, et cela, comme nous verrons, a été particulièrement grave pour l'orgue espagnol.

Nous pouvons étudier 50 années de facture (1750-1800) sans sortir de la Cathédrale de Tolède; en plus des trois grandes orgues décrites il y a six autres petites dans de différentes chapelles. Et on peut ainsi constater ce contraste saisissant, et comprendre la direction prise par la facture espagnole dans les deux temples les plus importants du Royaume: la Cathédrale primatiale, et la Chapelle du Palais Royal, résidence du Roi. Nous remarquerons en passant – nous y reviendrons par la suite – que deux traits restaient figés, imperméables à toute modification: les 'contras' toujours limitées à 12 notes, et les jeux invariablement coupés en basses et dessus, ce qui dans les instruments considérables suppose une grande complication. Deux barrières importantes qui survivront jusqu'au toutes dernières orgues de la décadence du baroque, vers 1850 et aux alentours de ces années.

La guerre de l'indépendance va ouvrir une longue période de troubles, guerres civiles, coups d'état etc. pour l'Espagne; ce n'est qu'en 1880, après la première restauration, qu'une époque assez calme commencera, sécouée il est vrai de temps en temps par des évènements négatifs: guerre hispano-américaine (1898), troubles sociaux (1905 et 1917), dictature (1923), pour aboutir aux années fort pénibles de la crise mondiale, la Deuxième République, et la terrible guerre civile de 1936-1939. Or, on le sait bien, les périodes agitées ne sont pas bonnes pour la facture d'orgues. Après la défaite de Napoléon, on renoue timidement avec la tradition, mais le coeur n'y est plus: les grands maîtres ont disparu, le pays est ruiné, l'église est durement touchée par la confiscation définitive de ses biens en 1834, bref, le fil est perdu pour plus d'un siècle, et un siècle c'est beaucoup trop de temps.

Entretemps, dans les autres pays d'Europe, on fait la révolution du romantisme, dont Aristide Cavaillé-Coll est l'incontestable maître. Cette influence arrivera bien en Espagne, mais on peut la circonscrire au Pays Basque, et, notamment – avec une concentration surprenante – dans la petite province de Guipuzcoa, où chaque église a son orgue. Une bonne centaine d'orgues romantiques, dont plusieurs très belles, y seront installées. Un notable musicien de l'époque, le prêtre Hilarion Eslava, maître de chapelle du Roi et directeur du Conservatoire de Madrid, a bien compris l'importance de l'évenement et s'efforce sans succès de changer les vues des organistes et des facteurs pour leur faire adopter le pédalier allemand. Ce n'est que vers la fin du XIXe siècle que le facteur basque Aquilino Amezua adoptera l'esthétique romantique, y compris le pédalier, et construira même le premier orgue espagnol à transmission électrique (Exposition de Barcelone, 1888), et plus tard (début XXe siècle) les grandes orgues de la Cathédrale de Séville, dont une bonne partie est encore conservée après une recente restauration et transformation.

Il faudra observer que Aquilino poussera à l'extrême la ligne romantique, avec des boîtes expressives enfouies l'une dans l'autre, des compositions 'octopus', des jeux à anches libres (et même parfois, des jeux d'harmonium tout court), le tout dans une liberté fantaisiste qui arrivera à composer un grand clavier d'une Quinzaine de jeux (Cathédrale de Séville) avec 16′, 8′ et 2′, Plein jeu, Gambes, Clarinette (à anches libres) en chamade... mais il n'y a pas de Prestant 4′!

Cette décomposition structurale ne fera qu'augmenter: bientôt une nouvelle influence va arriver avec l'orgue allemand du Palau de la Musica Catalana à Barcelone (1908). Son incohérence est telle, que les noms des jeux sont libellés pêle-mêle en allemand, français, anglais, espagnol, et ... latin. Plusieurs facteurs allemands, surpris en Espagne par la guerre 1914-1918, vont y rester et de ce fait, les années écoulées jusqu'à la guerre civile de 1936 vont marquer le point le plus haut du désarroi de la facture espagnole.

Donc, à la fin de la guerre civile, en 1940, l'inventaire des orgues est on ne peut plus hétéroclite. L'Espagne est ruinée; voisine d'un monde embrasé par la deuxième guerre mondiale. Dans la zone républicaine – une bonne moitié du pays – la plupart des orgues ont été détruites. De superbes instruments de l'école baroque catalane ont ainsi disparu. Mais de toutes façon les organistes n'en feraient pas grand cas; les meilleurs d'entre eux sont généralement basques, formés à l'école romantique française. Ils considèrent que les orgues du XVIIe et XVIIIe siècles sont des instruments inutilisables, manquant de pédalier, de Voix céleste et exprèssion, n'offrant que des sonorités faibles, aigres ou criardes, tour à tour. Par bonheur, la pauvreté du pays, et le conservatisme inné des chanoines, en ont beaucoup sauvées d'une destruction certaine. Comme d'ailleurs ce fût le cas au Pays Basque, pour les raisons que nous avons signalé ci-dessus.

Pendant les trente années suivantes quelques facteurs, la plupart héritiers des allemands des années 20 continueront, comme si rien n'était, à construire des 'octopus' à sommier à pistons et transmission pneumatique. Une nouvelle maison – fondée et dirigée par nous – prend une toute autre direction: dès 1941 Pleins jeux et chamades sont remis à l'honneur après presque un siècle de parenthèse, ce qui nous vaudra pendant de longues années encore les acerbes critiques des susdits organistes, qui estimaient que le facteur avait des manies dangereuses. Ce n'est pas à nous, certes, à assumer la défense d'une labeur étalée tout le long de 40 ans et plus de 400 instruments, dont beaucoup de grande envergure. Disons seulement que si sur le plan sonore nous avons commencé tôt et suivi avec logique une évolution satisfaisante, nous avons mis plus de temps à arriver aux sommiers à registres et à la traction mécanique, grâce en bonne partie à l'influence bénéfique de l'I.S.O., dont le rôle dans la facture européenne sera sans doute jugé très important par les futurs historiens et musicologues. Par contre, dans la restauration des orgues historiques, nous avons défendu et pratiqué dès le début et toujours le respect intégral pour l'instrument d'origine jusque dans les moindres détails.

Entretemps, les facteurs d' 'octopus' ont disparu, tandis que d'autres, jeunes et enthousiastes, ont renoué avec la tradition baroque. Mais, sur ces entrefaites, deux crises freinent fortement ce renouveau. D'un côté, pour les pays catholiques – comme c'est le cas de l'Espagne – la destruction de la liturgie tridentine, et les grandes libertés de fait existantes dans la liturgie nuisent gravement au rôle de l'orgue dans les églises. Electroniques et guitares font une apparition massive... D'un autre côté, la crise économique et l'augmentation constante des prix – en monnaie constante – tant de la main d'oeuvre et charges sociales comme des matériaux (bois, étain, peaux, accésoires, etc.) font de l'orgue à tuyaux un produit chaque jour plus cher.

Donc, pour resumer, nous pouvons dire: après les beaux siècles XVIIe et XVIIIe nous avons suivi un chemin plein d'entorses qui, finalement, dans ce dernier quart du XXe siècle débouche sur une ligne qui s'annonce très belle, mais ce, dans un moment peu favorable pour des raisons sociales et économiques. Que faire?

Jetons un regard sur l'Europe au dessus des Pyrénées. Qu'est-ce qui s'est passé? Qu'est-ce qui se passe aujourd'hui? Pour ce qui est de l'histoire, on pourra relever beaucoup de points en commun – mutatis mutandis – avec le resumé que nous avons fait. Les facteurs, après la deuxième grande guerre mondiale ont été confrontés à des problèmes équivalents.

Mais nous voyons tout de suite que c'est dans la zone de l'école nordique où les choses se sont le mieux passées. Des instruments très beaux, très réussis, y ont vu le jour. Et sur le plan téchnologique on est arrivé à des finesses, des perfections splendides; tant dans les sommiers comme dans la mécanique. Pourquoi ce succès? Il faut certainement rendre hommage aux grands facteurs de cette zone, mais on peut dire aussi qu'ils n'ont pas trouvé de grandes difficultés pour renouer avec une tradition que, déjà au temps de J.S. Bach (avec son 'organo pleno') avait une structure architecturale et musicale achevée, avec ses claviers complets, ses plans sonores bien établis et son pédalier complet.

Tandis que la France doit se battre avec son pédalier 'à ravalement' et ses demi-claviers, l'Italie avec un seul clavier et quelques basses (pas toujours), et l'Espagne avec sa multiplicité de plans sonores indépendants et ses 'contras' limitées a 12 notes, quand ce n'est pas 7... Donc, la solution est ici bien plus difficile, car en tout cas, il faudra bien commencer par emprunter la structure de l' 'organo pleno' nordique. Pourtant, s'il faut bien faire l'Europe du marché commun, du serpent monétaire, du Parlement et, plus tard sans doute, de l'exécutif, on ne doit pas faire l'Europe de 'l'orgue commun'. Ce qui n'empêche que l'on voie paraître les chamades espagnoles un peu partout, parfois rajoutées sans aucune comprehénsion de leur véritable rôle.

A notre tour, nous devons éviter de pareils écueils. La solution, pour l'orgue ibérique, peut être harmonieuse, car somme toute nous avons beaucoup de richesses sonores à notre disposition. Essayons l'esquisse d'une formule.

Bien entendu, il faudra adopter la structure formelle d'un organo pleno. Mais pour un grand orgue – par exemple, à 4 claviers manuels – ainsi conçu on pourrait utiliser les plans classiques espagnols: grand-orgue, positif de dos, positif intérieur, récit expressif (en haut), pédale aux deux côtés, orlos en chamade près de l'organiste, grande chamade pour le clavier principal. Et peut-être une chamade 'd'écho' juchée au dessus de la boîte expressive. Aussi, essayer de placer un Cornet sur un plan différent. Car la disposition classique n'est plus faisable avec les jeux (dans les cathédrales) pour la 'nef latérale'. Et il y a un autre inconvénient majeur: les chamades dans les cathédrales, comme dans les orgues moins importantes des collégiales ou des paroisses, *avaient en face* un autre buffet, ou un mur, les orgues étant placées en tout état de cause sur un côte, soit du choeur, soit de la tribune. Une chamade sans écran de réflexion perd la moitié de son éclat, ce qui explique son effet amoindri dans les orgues installées au centre de la tribune du fond de l'église, leur buffet regardant de face la maître autel.

La disposition des jeux en demi-registres (basses et dessus) n'est pas très utile aujourd'hui, sauf évidemment s'il s'agit d'un positif transportable, ou d'un orgue à 1 seul clavier.

Pour les jeux ondulants – seulement s'il y a un récit expressif – on sera plus près de la tradition et aussi de la musicalité, en choissisant un jeu conique (Gemshorn) de taille confortable, avec des battements lents.

Les mutations de détail auront sa place dans le positif de dos, tandis que les anches singulières feront un bel effet d'écho dans le positif intérieur.

Et, surtout, éviter d'alourdir l'instrument; l'orgue espagnol n'a jamais été lourd ni pesant; les sonorités doivent être aérées et claires.

Finalement, en ce qui regarde les sommiers et la mécanique, nous ferions bien de suivre l'exemple traditionnel: les sommiers ne sont pas grands, la mécanique est aussi courte et directe que possible, et on utilise de longs postages et de faux sommiers pour la distribution du vent. Dans les orgues du XVIIe et XVIIIe siècles nous voyons ces grandes pièces de bois pleines de gravures recouvertes de peau, les raccords aux sommiers et aux faux sommiers sont faits par des tuyaux – en étoffe ou en bas alliage – et, loin de produire un retard dans l'émission du son, ce longs postages favorisent – sûrement par l'effet physique dit 'coup de bélier' – une attaque éclatante dans les jeux d'anches en chamade.

On voit fréquemment dans ces anciens instruments (Cathédrales de Tolède et de Grenade) *tous* les jeux de sommier postés, avec des postages verticaux en étain (Tolède) ou en bois (Grenade). Là, et pour les jeux de Principal et de Bourdon, Plein jeu etc., ce postage agit comme une sorte de 'chambre d'expansion' (le 'coup de bélier' n'étant possible que sur les anches) qui fournit une attaque douce, très attachante, et une extinction du son exempte de sécheresse. Qualités très spécifiques de ces orgues, car encore il ne faut pas oublier que le timbre d'un tuyau et son effet musical dépend pour beaucoup des périodes transitoires d'attaque et d'extinction.

Si le tirage des régistres est aussi mécanique, tant mieux. Notre expérience comme organiste nous a montré le peu d'utilité des systèmes, plus compliqués les uns que les autres, des combinaisons libres ou ajustables, engins électriques ou électroniques dont les organistes d'outre mer sont si friands.

Plusieurs orgues ainsi conçues existent déjà, mais c'est le temps, seul juge de l'art, qui nous dira au fil des années si nous avons pris la bonne direction.

Einige Bemerkungen über die Orgel in Osteuropa im siebzehnten Jahrhundert

Myroslaw Antonowytsch

Als im Jahre 757 der byzantinische Kaiser Konstantin Kopronymos König Pippin, dem Herrscher des fränkischen Reiches, eine Orgel zum Geschenk machte, gehörte dieses Instrument zu den Prunkstücken der byzantinischen Musikkultur. Im Osten hatte die Orgel damals schon eine sehr lange Entwicklungsgeschichte hinter sich. Merkwürdigerweise jedoch erlebte sie ihre größte Blütezeit nicht im Osten, sondern in Westeuropa, und man kann mit Recht die Orgelkultur als eine der größten Errungenschaften der westeuropäischen Musikkultur bezeichen.

Eine der wichtigsten Ursachen dafür ist wahrscheinlich, daß die Orgel in Westeuropa sowohl in der weltlichen als auch in der kirchlichen Musikpflege eine bedeutende Rolle spielte, in Byzanz jedoch nur zu der weltlichen Musikkultur gehörte, insbesondere zur kaiserlichen Hofmusik. Bei den osteuropäischen, in der religiösen Tradition von Byzanz (d.h. der orthodoxen) lebenden Völkern waren die Orgel wie überhaupt Musikinstrumenten in der Kirche aufs strengste verboten. Dies betrifft etwa die Bulgaren, Rumänen, Russen, Ukrainer, Weiß-Ruthenen, usw., während andere Völker Osteuropas, die in religiösen Verhältnissen auf die westliche Tradition, d.h. die römisch-katholische, orientiert waren, wie Polen, Ungaren, Tschechen, Litauer, usw. sehr wohl Instrumenten in der Kirche verwendeten. Eine geographische Scheidelinie zwischen den beiden Einflußgebieten zu ziehen, dürfte allerdings schwierig sein, da oft verschiedene Völker im selben Gebiet nebeneinander lebten. So bildete sich nach und nach eine ausgedehnte 'gemischte Zone', deren Grenzen sich das eine Mal mehr nach Westen und das andere Mal weiter nach Osten verlegten, wie es sich in Abhängigkeit von den jeweiligen politischen religiösen und kulturellen Konstellationen in Osteuropa ergab. Diese 'gemischte Zone', wo westliche und östliche Christentum zusammen-treffen, umfaßte Teile der Territorien Polens, der Tschechoslowakei, Ungarns und der Sowjet-Union. In diesen Gegenden traf man oft in denselben Städten und Dörfern Kirchen sowohl mit als ohne Orgel an; also nebeneinander solche der orthodoxen und der westlichen Tradition. Im sechzehnten und in der ersten Hälfte des siebsehnten Jahrhunderts war die Grenze dieser 'gemischten Zone' am weitesten nach Osten vorgeschoben; zu der Zeit gehörte beinahe das ganze ukrainische Terrotorium zur polnischen Krone. Im Zusammenhang hiermit vollzog sich eine bedeutende Expansion des westlichen Christentums

und die Verbreitung der Orgel als kirchliches Instrument gegen Osten. Dabei
spielten die Polen mit ihrem katholischen Messianismus eine wichtige Rolle.
Aus diesem Grund wurde die Orgel im Osten öfters als Zeichen des westlichen
Einflusses betrachtet und bildete manchmal sogar ein Streitobjekt in Konflikt-
situationen. Viele Orthodoxe betrachteten die Orgel als Werbemittel, um die
Bevölkerung zum römischen Katholozismus zu bekehren. Eine Konversion
zum Katholizismus hatte denn auch nicht nur kirchliche, sondern auch
politische Konsequenzen, da Nationalität meistens verbunden war mit
Religion. Im früheren Polen war ein römischer Katholik eine Pole, während
ein Orthodoxer entweder ein Russe, ein Ukrainer oder ein Weiß-Russe sein
konnte. Wer also den orthodoxen Glauben verließ und zum römischen
Katholizismus überging, verließ auch sein Volk und schloß sich der polnischen
Bevölkerung an.

Als später der größte Teil des Ukrainischen Territoriums zum russischen
Reich gehörte, verlegte sich die Grenze der 'gemischten Zone' mehr nach
Westen. Demzufolge entwickelte sich allmählich eine interessante Situation
auch mit Bezug auf die Verwendung der Orgel als kirchliches Instrument.
Griechen und Russen, konsequent der byzantinischen Tradition folgend,
hielten die Orgel samt anderen Musikinstrumenten von der Kirche fern;
Ukrainer und Armenier aber zeigten eine weit liberalere Haltung. Im
folgenden soll die Position der Orgel bei den zwei größten Völkern Osteuropas, nämlich den Ukrainer und den Russen näher betrachtet werden. Beide
gehören zur orientalischen christlichen Kirche, weisen aber in diesem
Verhältnis manchmal prinzipielle Unterschiede auf.

DIE ORGEL BEI DEN UKRAINER

Unter der ukrainischen Bevölkerung unterscheidet man einen Teil, der in der
Glaubenslehre mehr auf Rom orientiert war, jedoch den byzantinischen Ritus
beibehalten hatte – die Griechisch-Katholiken oder Uniaten, seit 1596 mit
Rom verbunden – und einen anderen, der in seinen religiösen Auffassungen
auf Konstantinopel und später auf Moskau orientiert war, die Orthodoxen.
Von beiden Bevölkerungsgruppen sind Fälle bekannt, wo in der Kirche, auch
manchmal während des Gottesdienstes, eine Orgel oder sogar ein Orchester
verwendet worden ist. Dies gilt für die früheren Zeiten mehr als für die
späteren, doch gab es bis zum zweiten Weltkrieg in der Ukraine Kirchen mit
einer Orgel oder einer Hamonium. Hierzu nennen wir den bei Ukrainern sehr
bekannten Wallfahrtsort Hoschiw im Karpatenvorland, wo sich in der Kirche
des Basilius-Klosters eine Orgel befand, die auch während des Gottesdienstes
gespielt wurde. Nach Hoschiw zogen jährlich tausende und abertausende
Pilger aus verschiedenen Teilen der heutigen West-Ukraine (früher Galizien).
Soweit bekannt hat man sich an der Orgel nicht gestoßen. Die Wallfahrtskirche

von Hoschiw ist im zweiten Weltkrieg zerstört und nicht weiter aufgebaut worden. Auch noch in der Nachkriegszeit gab es im Kreise der ukrainischen Emigranten Stimmen, welche die Einführung der Orgel in die Kirche befürworteten. Allerdings zeigte sich die Tendenz zur Bewahrung der byzantinischen Tradition dann noch stärker als die Vorliebe für die Orgel und die Orgelmusik.[1]

Handelt es sich in diesen Fällen um griechisch-katholische Ukrainer, so sind auch im Bezug auf die Orthodoxen aus der Periode, da die orthodoxe Kirche der Ukraine noch nicht dem Patriarchat von Moskau angeschlossen war, einige Berichte über die Verwendung der Orgel als kirchliches Instrument bekannt. Pawel von Aleppo, der in den Fünfziger jahren des siebzehnten Jahrhunderts mit dem Patriarchen von Antiochia die Ukraine und andere osteuropäische Länder besucht hat, erwähnt in seiner Reisebeschreibung zwei ukrainische Städte, nämlich Umanj und Manjkowa, wo in der Kirche ein Chor mit Orgelbegleitung gesungen hat. Über die Stadt Umanj schreibt er, es befände sich da eine Kirche mit einem schönen Glockenturm. Unter diesem Turm über dem Narthex – dem Kircheneingang – standen die Sänger hinter einem Netz und sangen aus ihren Notenbüchern 'mit der Orgel'.

Wörtlich sagt er: 'Auch nach der Vorlesung des Evangeliums und während des Kanons singen sie mit der Orgel'.[2] Aus dieser Bemerkung kann man folgern, daß in einigen ukrainischen Kirchen die Orgel so sehr eingebürgert war, daß sie selbst an den wichtigsten Momenten der Liturgie beansprucht wurde. Von der Kirche in Manjkowa berichtet Pawel, daß auch da die Sänger, über den Narthex-Räumen und hinter einem Netz stehend, mit der Orgel gesungen haben und bemerkt dazu, daß dies alles aus der polnischen Zeit übriggeblieben sei.[3] Man bedenke dazu noch, daß eben zur gleichen Zeit die ukrainischen Kosaken unter der Leitung von Hetman Bodhan Chmelnitzkyj einen Befreiungskrieg gegen Polen und gegen den Katholizismus führten! Die Orgel galt ja mehr oder weniger als Symbol des römischen Katholozismus und sie wurde daher von den orientalischen Würdenträgern sehr bekämpft. Bemerkenswert ist in diesem Zusammenhang auch, daß die Orgel in einer ukrainischen Kirche während des Besuches eines so hohen orhtodoxen Würdenträgers gespielt wurde: das Orgelspiel wurde dort also nicht als anti-orthodox empfunden.

In dieser Vorliebe zur instrumentalen Musik dürfte sich noch eine

---

1 M. Antonowytsch, 'Ukrainska cerkowna muzyka i orhany', in: *Chrystianskyj holos*, München, 1956, No. 52-58. R. Klymkewycz, 'Nasch obrjad i tserkowni orhany', ibid.

2 *Puteschestwie antiochijskogo patriarcha Makaria w Rossiu w polowine xyII weka opisanogo jego sinom, archidiakonom Pawlom Alepskim*, Moskau 1896, wypusk LL, S. 22-23.

3 Ibid., S. 27.

Verbundenheit der Ukrainer mit der westlichen Kultur zeigen. So sind mehrere Fälle bekannt, daß ukrainische Bischöfe ganze Orchester unterhielten.[4] Jenes des Bischofs Zochowsky[5] (gest. 1693) spielte in der Kirche auch manchmal während seiner Visitationen, und es wird berichtet, daß während des Gottesdienstes in einem Dorf, als das Orchester zu spielen begann, die Leute zu tanzen anstatt zu beten anfingen. Sogar das berümte Kloster von Potschaiv verfügte im 18.Jahrhundert über ein großes Orchester.[6] 1592 hatte der Patriarch von Konstatinopel zwar eine Bitte der Ukrainer – damals Ruthenen genaant – wegen Einführung der polyphonen Musik gewährt, jedoch mit dem ausdrücklichen Verbot der Verwendung der Orgel in der Kirche. Weit und breit bekannt war auch das Orchester der Akademie von Kiev.[7] Es spielte zwar nicht in der Kirche, hatte aber einen bedeutenden Einfluß auf die Bildung der ukrainischen Geistlichkeit.

Mit Bezug auf die polyphone Musik und ihre Verwendung in der orientalischen christlichen Kirche begegnet man in der russischen und teilweise auch in der ukrainischen Musikliteratur der Meinung, daß die polyphone Kirchenmusik in der Ukraine als Kampfmittel gegen den Katholizismus eingeführt worden sei, um die Anziehungskraft der Orgel zu neutralisieren.[8] Unzweifelbar erregte die polyphone Musik früher im Osten Assoziationen mit dem Orgelklang. So beschrieb der oben erwähnte Pawel von Aleppo die polyphone Musik, welche er in der Ukraine hörte, als 'orgelähnliches Singen', und die einzelnen Partien als 'Stimmen, die die Orgel ersetzen'.[9] Ein russischer Priester namens Lukianow, der Anfang des achtzehnten Jahrhunderts Kiev besuchte, nannte ebenfalls die da gehörte polyphone Musik 'Orgelsang'.[10] Die Annahme, daß die polyphone Musik in den ukrainischen Kirchen als Äquivalent der Orgel und deswegen als Streitmittel gegen den Katholizismus eingeführt worden sei, scheint jedoch zu weit zu führen. Eher dürfte die Einführung der Polyphonie in den ukrainischen Kirchen als Folge einer gewissen kulturellen Entwicklung und einer nahen

---

4 M. Hrintschenko, *Istoria Ukrainskoi muzyky*, New York, 1961², S. 81.
5 Jerzy Golos, 'Nowo znaleziony rekopis biblioteki jagiellonskiej jako zrodlo do historii kontaktow posko-ruskich' in: *Polskorosyjskie miscellanea muzyczne*, hrsg. von Zofia Lissa, Krakow, 1967, S. 50.
Vgl. Bartoszewicz, *Cypian Zochowski*; S. Orgelbrand; *Encyklopedia powszechna*, t. 28, Warszawa, 1863, S. 1005.
6 Ilarion, *Swata potshaiwska lawra*, Winnipeg, 1961, S. 152.
7 P. Kozytzskyj, *Spiw i muzyka w kyiwskij akademii za 300 roliw jiji isnuwannja*, Kiew, 1971, S. 69.
8 *Narysy z istorii ukrainskoi muzysy*, Kiew, 1964, S. 113.
9 *Puteschestwie*(...), S. 61.
10 'Puteschestwie w swjatuju zemlu swjaschtschennika Lukianowa', in: *Russkij archiw*, 1863, S. 149.

Verbundenheit mit der westeuropäischen Musikkultur zu deuten sein.[11]

Schon zur Zeit des Kiever Reiches (9.-13.Jhdt) unterhielt man viele Kontakte mit Westeuropa. Sie verstärkten sich noch während der Zugehörigkeit der Ukraine zur polnischen Krone. Viele ukrainische Studenten studierten an westeuropaischen Universitäten, u.a. auch in Utrecht und Leiden. Jury Katernak (1430-1494) war einige Zeit Rektor der Universität von Bologna. Viele ukrainische Musiker, u.a. viele Sänger, befanden sich am polnischen Könighof und an den Höfen der Magnaten, wo sich auch viele westeuropaische Musiker aufhielten und wo die westeuropäische Musik gekannt und geflegt wurde. Die Union mit Rom (Brest-Litowsk, 1596) verstärkte nicht nur die kirhclichen, sondern auch die kulturellen Kontakte. Alle genannten Kontakte bilden wesentliche Bedingungen für die Einführung der Polyphonie und ihre weitere Entwicklung bei den Ukrainern.

DIE ORGEL BEI DEN RUSSEN

Die russischen Kirchen hielten stets genau die byzantinische Tradition ein, sodaß die Orgel als kirchliches Instrument in der russisch-orthodoxen Kirche nie eine Rolle spielte. Nachrichten über die Orgel bei den Russen betreffen demzufolge nur ihre Anwesenheit an den Höfen der moskowitischen Fürsten und der russischen Zaren. Die ersten Berichte darüber erscheinen am Ende des fünfzehnten Jahrhunderts. 1490 war auf Einladung ein Organist namens Johann Sylvester aus Rom nach Moskau gekommen.[12] Diese Einladung hatte offenbar zu tun mit der Gegenwart der byzantinischen Prinzessin Sophia Paleologa, seit 1472 verheiratet mit dem moskowitischen Großfürsten Iwan III Wassilewitsch. Sie hatte ihre Jugend in Italien verbracht und war maßgeblich dafür, daß am Ende des fünfzehnten Jahrhunderts viele Künstler und Handwerksleute von dort nach Moskau übersiedelten. Möglicherweise gehört auch Johann Sylvester zu ihnen.

Ein anderer Bericht vom Ende des sechzehnten Jahrhunderts stammt von einem englischen Botschafter; er schreibt über die große Begeisterung der Zarin für die Orgel, deren Klangstärke sie bewunderte, und das Klavichord. Angeblich versammelten sich um ihren Palast tausende von Menschen, um das Orgelspiel zu hören.[13]

Auch aus dem siebzehnten Jahrhundert besitzen wir einige Nachrichten: am Hofe des Zaren Michael Fjodorowitsch (Zar der Russen von 1613 bis 1645)

11 O. Horbatsch, *Z istorii ukrainskoi cerkownoi muzytschnoi terminolohii*, München, 1965, S. 23.
12 N. Findeizen, *Otscherki po istorii muzyki w rossii*, Bd. I, Moskau, 1928, S. 239.
13 Ibid., S. 239-240.

befanden sich der Orgelbauer Proskurowsky und der Organist Zawalsky, von polnischer oder ukrainischer Herkunft.[14] Zum Jahre 1617 wird berichtet, daß sich im Unterhaltungspalast – Poteschnoj Palate – eine Orgel befinde.[15] Von 1630 stammt eine Nachricht über zwei Orgenbauer aus Holland, Hans un Melchior Lun (Loon?), die mit ihren zwei Gesellen herübergekommen seien, eine Orgel zu bauen.[16] Von 1663 ist der Versand einer Orgel nach Persien überliefert.[17] 1667 soll angeblich zur Unterhaltung des Zaren ein Organist aus Smolensk namens Wassily am moskowitischen Hofe gespielt haben. Ebenfalls aus dem siebzehnten Jahrhundert stammt ein bericht von einem Edelmann aus Smolensk, Hutowsky, welcher Organist war.[18] Daß die Instrumente wohl intensiv gebraucht wurden und vielleicht auch deswegen nicht immer mit größter Sorgfalt behandelt wurden, zeigt ein Bericht aus dem Jahre 1687 auf: demnach soll sich in der Schatzkammer der Zarenpalastes ein Instrument mit 220 Pfeifen befunden haben; davon seien sowohl die Klaviatur wie die Verzierungsornamente beschädigt und es fehlten 50 Pfeifen.[19] 1690 wird notiert, daß in die Schatzkammer Peters des Großen vier Orgeln im Wert von je 200 Rubel und zwei kleinere zu 120 und 30 Rubel aus dem Besitze des Fürszen Golizyn aufgenommen worden seien.[20] Damit ist zugleich die anwesenheit von Orgeln auch an den Höfen des reichen Adels belegt.

Zeigten also Zarenhof und Adel durchaus Interesse an der Orgel, so stand hingegen die orthodoxe Geistlichkeit der Verwendung der Orgel und anderer Musik instrumente, auch außerhalb der Kirche, feindlich entgegen. Praktisch das ganze siebzehnte Jahrhundert hindurch führte die Kirche einen Kamp gegen die Musikinstrumente, insbesondere gegen jene der Volksmusik, die angeblich eingezogen und vernichtet wurden. Orgelklang galt der Geistlich-keit entweder als 'seelenlos' oder als 'sinnlich'. Das Zuhören einer Orgel wäre Sünde und sollte gebeichtet werden.[21] So blieben dem großten Teil der russischen Bevölkerung die Orgel und ihre Musik lange unbekannt. Erst in neuerer Zeit, nach 1917, wurden allmählich in den Kozertsälen und in den Konservatorien mancher großer Stadt der Sowjetunion Orgeln gebaut, und so konnte nach und nach auch das 'große russische Publikum' doch mit diesem erhabenen Instrument und mit seiner Musik Bekanntschaft machen.

---

14 I.A. Schlapkin, *Sujatyi Dmytrij Rostowskij i ego wremja (1651-1709)*, St. Petersburg, 1891, S. 65.
15 I. Zabelin, *Domaschnyj byt russkich tsarej*, Moskau, 1895, S. 228.
16 N. Findeizen, *op. cit.*, S. 309.
17 I. Zabelin, *Domasznyj byt russkich tsaritz*, Moskau, 1901, S. 442.
18 I.A. Schlapkin, *op. cit.*, S. 65.
19 J. Golos, 'Polsko-Rosyjskie kontakty w muzyce swieckiej do konca XVIII w', in: *Polsko-rosyjskie miscellenea muzyczne*, P.W.M. Krakow, 1967, S. 21-22.
20 Ibid., S. 229.
21 G. Pichura, 'Carkounaja muzyka na Belarusi', in: *Boscim schlachom*, 1964, No. 84, S. 5.

Het 17de eeuwse orgel in de St. Jan Baptist of Grote Kerk te Wijk bij Duurstede

Jan van Biezen

INLEIDING

Sinds de restauratie door de firma Van Vulpen te Utrecht in 1979 heeft het orgel in de St. Jan Baptist of Grote Kerk te Wijk bij Duurstede de volgende samenstelling.[1]

HOOFDWERK (HW) C-c''', lade Verhofstad 1717

Prestant 8' C-g' in front, gs'-c''' op lade, c-c''' dubbel
   C D E F G A-g''a'' behalve H 17de eeuw, dubbelkoor vanaf gs' Van Vulpen 1979
   Cs Ds Fs Gs gs'' b'' h'' c''' Verhofstad 1717, dubbelkoor Van Vulpen 1979
   H Verhofstad 1717 ?

Roerfluit 8' Cs D Ds Fs Gs gedekten
   C-c''' behalve D ds 17de eeuw
   D ds ?

Cornet 4' 2⅔' 2' 1⅗' vanaf cs'
   behalve c''' Verhofstad 1717
   c''' Van Vulpen 1979

Octaaf 4'
   C D E F G A-c''' behalve h' fs'' 17de eeuw
   Cs Ds Fs Gs Verhofstad 1717
   h' ? fs'' Hagerbeer ?

Fluit 1' C h gedekten, c'-f'' roerfluiten, fs''-c''' openfluiten
   C-c''' behalve h'' 17de eeuw
   h'' Van Vulpen 1979

---

1 Tegen de verwachting in die bestond op het tijdstip waarop deze bijdrage werd geschreven, is de restauratie van het orgel pas in 1980 voltooid.

Sexquialter 2⅔' 1⅗' vanaf cs'
  Verhofstad 1717

Quint 3'
  C-fs' behalve B H Verhofstad 1717
  B H g'-c''' 17de eeuw

Octaaf 2'
  C D E F G A-c''' behalve g h c' ds' f' 17de eeuw
  Cs Ds Fs Gs Verhofstad 1717
  g h c' ds' ? f' Van Vulpen 1979

Mixtuur

C-c	1'	⅔'	½'	⅓'
cs-c'	1⅓'	1'	⅔'	½'
cs'-c''	2'	1⅓'	1'	⅔'
cs''-g''	2⅔'	2'	1⅓'	1'
gs''-c'''	2⅔'	2'	2'	1⅓'

le rij:
C D E F G A-c''' behalve cs-ds ds' cs'' ds'' gs'' h'' 17de eeuw
Cs Ds Fs Gs cs'' ds'' gs'' Verhofstad 1717
cs-ds ds' h'' ?

2e rij:
C D E F G A-c''' behalve b' cs''-ds'' f' 17de eeuw
Cs Ds Fs Gs Verhofstad 1717
b' cs''-ds'' f' ?

3e rij:
C D E-c''' behalve h c''-g'' c''' 17de eeuw
Cs Ds c''' Verhofstad 1717
h ? c''-g'' Van Vulpen 1979

4e rij:
C-g' behalve g 17de eeuw
g ? gs'-c''' Van Vulpen 1979

Trompet 8'
  C-c''' 17de eeuw

BORSTWERK (BW) C D E F G A-c''', lade Van Vulpen 1979

Holpijp 8'
  C D E F G A-g'' a'' behalve h' c'' 17de eeuw
  h' c'' ? gs'' b'' h'' c''' Van Vulpen 1979

Roerfluit 4'
C D E F G A-g" a" 17de eeuw
gs" b" h" c'" Van Vulpen 1979

Prestant 4' vanaf cs'
Van Vulpen 1979[2]

Octaaf 2'
H-gs' 17de eeuw
C D E F G A B a'-c'" Van Vulpen 1979

Sifflet 1'
gs-h 17de eeuw
C D E F G A-g c'-c'" Van Vulpen 1979

Sexquialter 2⅔' 1⅗' vanaf cs'
Van Vulpen 1979[2]

PEDAAL (PED) C-d', lade Van Vulpen 1979

Bourdon 16'
Van Vulpen 1979
Octaaf 8'
Van Vulpen 1979
Trompet 8'
Van Vulpen 1979

Bij de jongste restauratie is de toestand na de ombouw door Verhofstad in 1717 het uitgangspunt geweest. Deze toestand was uit het instrument zelf en uit de beschikbare archivalia af te leiden. Joachim Hess geeft de dispositie in zijn *Dispositiën van Kerkorgelen welke in Nederland worden aangetroffen* van 1815, evenals Broekhuyzen in zijn dispositieverzameling uit het begin van de 19de eeuw. In 1759 was nog gedurende een aantal dagen aan het orgel gesoldeerd. In 1819 maakte Friederichs het borstwerk tot een rugwerk. Het borstwerk bezat tot dan toe een omvang C D E F G A-g" a", de nieuwe rugwerkslade had een omvang C-c'". De Prestant 4' discant en de Sexquialter ruimden het veld; de Holpijp 8' werd opgeschoven en voor C-Fs aangevuld met zeven nieuwe eikenhouten pijpen, voor c'" met een 17de eeuwse pijp; de Roerfluit 4' bleef behouden, Cs

---

2 Helaas is in 1980 in plaats van deze Sexquialter een Tongwerk 8' geplaatst, dat nogal uit de toon valt bij het overige pijpwerk en waardoor bovendien de zin van de Prestant 4' discant problematisch is geworden.

Ds Fs Gs werden nieuw vervaardigd en voor gs" b" h" c"' werd gebruik gemaakt van 17de eeuws pijpwerk; de Octaaf 2' werd benut voor het ladegedeelte van een doorlopende Prestant 4', waarvan Friederichs het frontgedeelte nieuw leverde; tenslotte werd een nieuw vervaardigde Viola di gamba 8' gedisponeerd. In 1847 werkte Meere aan het orgel, waarbij onder andere de tongen van de Trompet 8' vernieuwd werden. In 1979 is het zelfstandige pedaal toegevoegd, voordien was een pedaaltje met de omvang C-e aan het rugwerk van Friederichs aangehangen.

De toestand van het orgel vóór 1717 lag tot voor kort grotendeels in het duister. Zowel Hess als Broekhuyzen geven 1631 op als bouwjaar, en dit jaartal is ook te voorschijn gekomen op een geprofileerde regel boven de klavierbak. Uit bewaard gebleven archiefstukken rond dit jaar was niet méér te weten te komen dan dat tot 1629-1630 Albert Kiespenning uit Nijmegen het orgel stemde, en vanaf 1630-1631 de 'Orgelmaecker tot Amersfoort' – dat wil zeggen Hagerbeer – dit deed. In 1679-1680 werkte Apollonius Bosch nog aan het orgel, waarbij de frontpijpen verguld en vertind werden. Omdat ik in de gelegenheid geweest ben het instrument grondig te onderzoeken toen het in verband met de restauratie gedemonteerd was, is er nu meer licht gevallen op het orgel vóór Verhofstad. Hieronder zal ik van mijn bevindingen verslag doen. Vooruitlopend hierop vermeld ik dat klavieromvang en dispositie het aannemelijk maken dat dit orgel uit het begin van de 17de eeuw stamt. De mogelijkheid dat Albert Kiespenning de bouwer geweest is, wil ik niet uitsluiten; van Hagerbeer is het instrument, gezien de pijpfactuur en de tooninscripties, in ieder geval niet.[3]

PIJPOPSTELLING VAN HET 17DE EEUWSE ORGEL

Aan het wellenbord van het HW is te zien dat dit afkomstig is van het 17de eeuwse orgel. Verhofstad vermaakte het door de oorspronkelijke dokken, kennelijk met behulp van een beitel, te verwijderen en het van nieuwe dokken te voorzien op plaatsen berekend voor zijn klavier en lade. Het wellenbord is van grenenhout, met zwarte inkt zijn toetsnamen aangebracht van hetzelfde type als we op het 17de eeuwse pijpwerk vinden (zie hieronder). Het merendeel van de wellen is ook nog afkomstig van het oude orgel, op een enkeling na echter door Verhofstad vermaakt. Hier en daar zijn de oorspron-

---

3 Graag wil ik op deze plaats de voor mijn onderzoek onmisbare steun van anderen vermelden: de faciliteiten die de medewerkers van de firma Van Vulpen mij boden, de minutieuze opmetingen van het pijpwerk door Rijk van Vulpen, het meedenken over de problemen door Henk Bouwman, Evert van Vulpen en de rijksadviseur voor orgels Onno Wiersma.

kelijke, in zwarte inkt aangebrachte, toetsnamen en toetsnummers (C = 1, ...) nog te lezen. Deze wellen hebben een achthoekige doorsnede en zijn eveneens van grenenhout, terwijl een tiental – kennelijk door Verhofstad vervaardigde – wellen van eikenhout is. Van de oorspronkelijk welarmen is er slechts één over: van hout, met een vierkante doorsnede en een oogje van metaaldraad.

De klavieromvang van het HW vóór Verhofstad blijkt geweest te zijn C D E F G A-g″ a″; aan het bewaard gebleven pijpwerk is dat overigens eveneens te zien (zie hieronder). De dokken stonden in frontrichting. De ladeopstelling was als volgt (van voren gezien):

a f cs H ds g h   g″-cs′   A F D C E G B   d′-fs″ a″   c′ gs e c d fs b

Voor het 17de eeuwse front ligt dan de volgende opstelling voor de hand (van voren gezien):

f ds cs H cs ds f   g′-g   A F D C E G B   fs-fs′   e d c x c d e
                    dubbel-   dubbel-
                    velden   velden
                    (g″-a′ op   (gs′-fs″a″
                    de lade)   op de lade)

Van het op de voorste pijpen van de spitsen na nog geheel aanwezige 17de eeuwse front vullen namelijk ook thans C D E F G A B de middentoren, de dubbelkorige c-f de spitsen, en de dubbelkorige fs-g′ de onderste en bovenste tussenvulden (zie hieronder). De veronderstelde originele frontopstelling wordt bevestigd hierdoor, dat de conducten van de lade naar de spitsen elkaar zo niet kruisten:

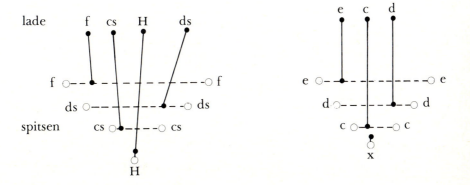

De stokken in de spitsen zijn ook duidelijk nog de oorspronkelijke. De veronderstelde originele frontopstelling wordt bovendien bevestigd door eigenaardigheden van de conductbalken die de wind voor de pijpen van de dubbelvelden verdelen: waar de gaten voor de van de lade afkomstige conducten zich aan de achterkant bevinden, kruisten die conducten elkaar niet; waar de betreffende gaten bovenin de conductbalken zijn geboord, kruisten de van de lade afkomstige conducten elkaar wel:

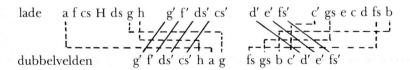

De conducten van de dubbelvelden zijn eveneens nog de oorspronkelijke (thans echter niet meer in gebruik!).

Vreemd is, dat Verhofstad, met uitzondering van de grootste vijf pijpen van de middentoren en de vier sierpijpen c′ en cs′ van de dubbelvelden, het oude front gespiegeld heeft. Sindsdien is de opstelling daarvan namelijk (van voren gezien):

Uit originele inscripties op Verhofstads roosters blijkt dat het pijpwerk als volgt op zijn lade was opgesteld (van voren gezien):

Met uitzondering van de verwisseling van c′ en cs′ en de vreemde plaats van c‴, is dit dezelfde opstelling als bij Verhofstads orgel te Culemborg. Ten opzichte van het gehandhaafde 17de eeuwse front zou echter de volgende opstelling voor de hand hebben gelegen (van voren gezien):

	20		21
(1)	A-h″	G F D Cs C D E Fs	c‴ - Gs

Opschriften uit de werkplaats van Verhofstad, aanwezig op het wellenbord, wijzen erop dat er een vergissing in c- en cs-kant begaan is. We vinden namelijk in potlood de cancellen als volgt aangegeven (van voren gezien):

20   21

(2)   Gs-b″ $\widehat{c'''}$ Fs E D C Cs Ds F G   h″-f $\widehat{x}$ ds′ - A
                                                                c‴ h″-f

c‴ stond aanvankelijk bij een andere lijn dan een cancellijn en aan de cs-kant was aanvankelijk een cancellijn overgeslagen. Bij de eveneens in potlood aangegeven correctie is c‴ aan de cs-kant geplaatst. c′ en cs′ staan hier overigens nog ieder aan de kant waar ze horen. Dat ze naderhand van plaats verwisseld zijn, zal zijn oorzaak daarin hebben dat de stokken, slepen en laden al geboord waren volgens opstelling (1), waarbij voor de op cs′ beginnende Sexqualter en Cornet aan beide kanten van de lade op 12 cancellen gerekend was, terwijl in opstelling (2) deze registers aan de c-kant 11 en aan de cs-kant plus c″ 13 cancellen in beslag zouden nemen. Waarom is de aanvankelijke vergissing echter zo onhandig hersteld? Was misschien de verbinding van klavier en wellenbord reeds tot stand gebracht?

IDENTIFICATIE VAN HET 17DE EEUWSE PIJPWERK

Het bewaard gebleven 17de eeuwse labiale pijpwerk blijkt, volgens de tooninscripties en de factuur, van één en dezelfde orgelbouwer afkomstig te zijn. De originele tooninscripties zijn te vinden rechtsonder op de plaat van het corpus en linksboven op de plaat van de voet, dus achterop de pijp bij het soldeerkruis. Ze hebben de volgende gedaante:

c π ð ℈ e F ℞ g a ♭ ♭
        E   A B

Met uitzondering van Mixtuur-pijpen is op pijpen van het groot octaaf de toonnaam onderstreept. Deze bijzonderheid was van groot belang bij de identificatie van de 17de eeuwse registers. Alleen in het groot octaaf is gebruik gemaakt van de hierboven aangegeven alternatieve lettervormen. Aan de toonnamen op Mixtuur-pijpen is, met uitzondering van de kleinste pijpen, een cijfer toegevoegd waarmee pijpen van dezelfde toonhoogte (lengte) doorlopend genummerd zijn. Kennelijk om verwisselingen van pijpen van de naar mensuur vrijwel identieke Roerfluiten 8′ en 4′ te voorkomen, zijn bij deze registers voor pijpen van het ééngestreept en tweegestreept octaaf de toonnamen van een accent respectievelijk van een dubbelaccent voorzien.

Het materiaal waarvan de pijpen vervaardigd zijn, is vrij dun, thans nogal week lood, vermoedelijk gehamerd. De volgende labiumvormen komen voor:

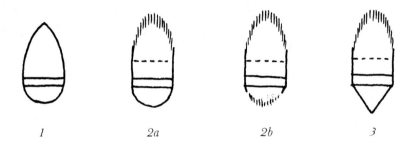

1   2a   2b   3

Bij de als eerste aangegeven labiumvorm is de lengte van het bovenlabium anderhalf maal de breedte. Aangezien het hierbij om pijpen gaat waarvan de labiumbreedte ¼ van de plaatbreedte bedraagt, zijn de bogen kennelijk omcirkeld vanuit de hoekpunten van de corpusplaat. Binnenin de pijpen zijn behalve de labiumritsen geen andere constructielijnen aanwezig dan de symmetrie-as van corpus- en voetplaat. Met uitzondering van het spitsbooglabium is in het bovenlabium steeds een horizontale inkeping te vinden. De kernen lopen naar achteren dun uit, de kernfase ligt gewoonlijk in de buurt van 70° tot 75°.

De 17de eeuwse *Prestant 8′* HW is wat het frontgedeelte betreft nog vrijwel geheel aanwezig: C D E F G A B vullen de middentoren geheel; de voorste pijp van elke spitse toren is niet origineel, de overige plaatsen in de spitsen worden ingenomen door de dubbelkorige c-f; de onderste en bovenste tussenvelden worden volledig bezet door de dubbelkorige fs-g′. Van het ladegedeelte gs′-g″a″ van de 17de eeuwse Prestant 8′ is slechts één van de koren bewaard gebleven; het andere koor moet, gezien de boringen op Verhofstads lade enzovoort, in 1717 nog gehandhaafd zijn.

Verhofstad blijkt in 1717 zijn Octaaf 4′ HW, Octaaf 2′ HW, Octaaf 2′ BW, Quint 3′ HW vanaf g′ en Mixtuur HW samengesteld te hebben uit pijpen afkomstig uit de 17de eeuwse prestant-registers. Hij gebruikte deze pijpen echter door elkaar, waarbij hij met name Mixtuur-pijpen nam om waarschijnlijk defecte Octaaf-pijpen te vervangen.

Nadat de 17de eeuwse prestant-pijpen naar grootte gerangschikt waren bleek uit tooninscripties, factuur en mensuur het volgende:

a Pijpen met toonhoogten c-h' zijn afkomstig van één Octaaf 4' en twee Octaven 2', kennelijk dus *Octaaf 4' HW, Octaaf 2' HW* en *Octaaf 2' BW*. De onderstreping van de tooninscripties op pijpen van het groot octaaf laat hierover geen twijfel bestaan. Deze pijpen hebben rondgeritste onderlabia.

b₁ Een deel van de pijpen met toonhoogten c''-e''' is kennelijk afkomstig van de drie genoemde Octaven. Deze pijpen hebben geen toevoegingen bij de tooninscripties, bijgedrukte onderlabia en een wijdere mensuur dan de volgende soort. Verhofstad gebruikte deze pijpen uitsluitend voor zijn Octaaf 4' HW, Octaaf 2' HW en Octaaf 2' BW.

b₂ Een ander deel van de pijpen met toonhoogten c''-e''' is afkomstig van de *Mixtuur HW* (eventueel ook Scherp HW). Deze pijpen hebben cijfers bij de tooninscripties, rond-geritste onderlabia en een nauwere mensuur dan de vorige soort.

c De pijpen met toonhoogten f'''-f'''' hebben bijgedrukte onderlabia en, afgezien van de pijpen onder *d* vermeld, eenzelfde mensuur, aansluitend bij die van *b₂*, dus bij de mensuur van de Octaaf-pijpen. Het al of niet toegevoegd zijn van cijfers bij de tooninscripties maakt het mogelijk ze tot en met toonhoogte cs'''' te verdelen in pijpen afkomstig van één van de drie Octaven en pijpen afkomstig van de Mixtuur. Vanaf toonhoogte d'''' is aan de tooninscripties geen cijfer meer toegevoegd.

Merkwaardig is dat een aantal pijpen door Verhofstad gebruikt is voor een 1-4 HT lagere toonhoogte dan de tooninscriptie aangeeft. Aangezien zowel vóór als na Verhofstad de toonhoogte ongeveer een halve toon onder de thans gebruikelijke lag, betekent het één en ander dat ook in het 17de eeuwse orgel deze pijpen voor een lagere toonhoogte dan hun toonopschrift aangaf gebruikt zijn. Dit is uiteraard mogelijk indien deze Mixtuur-pijpen bij fabricage overlengte kregen. Het gaat hier om pijpen die wat hun toonopschriften betreft bedoeld waren voor toonhoogten cs''''-f''''. Opvallend is dat een 3 HT nauwere mensuur dan de Mixtuur-pijpen een mensuur oplevert die ongeveer overeenstemt met die van de volgende soort pijpen.

d Voor de toonhoogte e'''-fs'''' is een aantal pijpen aanwezig die een nauwere mensuur hebben dan de pijpen van de vorige soorten. Aan de tooninscripties zijn geen cijfers toegevoegd; de tooninscripties op klinkend e''' zijn onderstreept. De onderlabia zijn bijgedrukt. Ten hoogste drie pijpen van dezelfde toonhoogte komen voor. Zijn deze pijpen afkomstig van een *Cimbel HW*?

Van de samenstelling van de Mixtuur HW valt te zeggen dat deze op C begon met 1'. In Verhofstads Mixtuur HW schemert nog de oorspronkelijke Mixtuur HW met kort octaaf door (zie opgave aan het begin van dit artikel). Op C 1' zijn de tooninscripties onderstreept!

De eventuele Cimbel HW kan op C begonnen zijn met ⅖', gelet op de laagste pijp die bewaard gebleven is en waarbij bovendien de tooninscripties E onderstreept zijn. Het zou dan een tussenvorm geweest kunnen zijn tussen de klassieke Nederlandse Tertscimbel en de latere Sexquialter.

Vóór de restauratie van 1979 had de Mixtuur HW de volgende samenstelling:

	4'	2⅔'	2'	1⅓'	1'	⅔'	½'	⅓'
C					x	x	x	x
cs				x	x	x	x	
cs'		x	x	x	x			
cs''	x	x	x	x				
gs''	x	x	xx					

Afgezien van de repetitie in het hoogste octaaf, is deze samenstelling dezelfde als van de Mixtuur in Verhofstads orgel te Culemborg. Toch bleek deze samenstelling niet de originele te zijn. Uit inscripties – waarschijnlijk van de hand van Friederichs – die de oorspronkelijke plaats van de pijpen op C-f' ondubbelzinnig vastleggen bleek dat het pijpwerk van een ééngestreept octaaf (zeker voor wat de onderste helft betreft) naar het tweegestreept octaaf verhuisd was. Het ééngestreept octaaf moet dus bij Verhofstad de samenstelling 2' 1⅓' 1' ⅔' gehad hebben. Verder bleek dat de eerste en tweede rij van het ééngestreept octaaf een zeer heterogeen bestand van elders afkomstige pijpen bevatte, terwijl voor het overige de Mixtuur vrijwel geheel uit 17de eeuws pijpwerk of uit pijpwerk van Verhofstad bestond. We moeten dus aannemen dat, bij verandering van de Mixtuur, voor de 3e en 4e rij van het ééngestreept octaaf geput kon worden uit het oorspronkelijke tweegestreept octaaf, maar dat men genoodzaakt was de 1e en 2e rij toe te voegen. Bij Verhofstad moet het tweegestreept octaaf dus de samenstelling 2⅔' 2' ... gehad hebben. Ook aan de roostergaten was te zien dat de Mixtuur lager gemaakt was. In 1979 is de vermoedelijke Verhofstad-toestand weer hersteld met bijmaking van het bij de latere verandering verdwenen pijpwerk. Dat de Mixtuur in de discant hoger lag dan Verhofstad elders disponeerde, zal zijn oorzaak hebben in de samenstelling van de 17de eeuwse Mixtuur.

Van de oorspronkelijke *Roerfluit 8' HW* zijn C E F G A-g'' bewaard gebleven. Met uitzondering van cs'', die zich in de Roerfluit 4' bevindt, zijn de pijpen vanaf ds een halve toon opgeschoven. H heeft een nieuw corpus, het oorspronkelijke corpus van H is gebruikt voor de tussengeschoven ds. De opschuiving moet al vóór Verhofstad hebben plaatsgehad: de a″ is namelijk verdwenen en de ds heeft een vastgesoldeerd deksel terwijl de door Verhofstad toegevoegde pijpen losse hoeden dragen. (De g″ die thans op gs″ staat, moet dan vóór Verhofstad op a″ gestaan hebben. Verhofstad zal dit zo gelaten hebben en gs″ b″ h″ c‴ toegevoegd hebben: de toegevoegde pijpen zijn van een 17de eeuws register afkomstig en dragen de tooninscripties cs ds e f, dus dezelfde intervalverhouding als gs b h c. Bij verhoging van de toonhoogte van het orgel met een halve toon – zie hieronder, waarschijnlijk door Friederichs – zullen gs″ en a″ verwisseld zijn: a″ met vastgesoldeerd deksel kon dan onveranderd voor gs″ gebruikt worden, gs″ met losse hoed moest dan 2 HT ingekort worden voor a″.) De pijpen hebben, met uitzondering van de zich in de Roerfluit 4′ bevindende cs″, vastgesoldeerde deksels met roeren. Vóór de restauratie van 1979 waren de meeste pijpen uit het groot en klein octaaf op ruim 2 cm onder de bovenrand doorgezaagd geweest. Aan het doorlopen van gerepareerde schuine scheuren onder de betreffende soldeernaad en aan het doorlopen van diagonale structuren in het binnenste van een aantal pijpen was te zien dat ze daarbij niet noemenswaardig ingekort waren. Waarschijnlijk is dit het werk van Meere in 1847 om het pijpwerk te kunnen herstellen, ronderen, enzovoort. Bij verhoging van de toonhoogte met een halve toon, moeten de deksels wel los geweest zijn. Uit de tooninscripties op de deksels bleek dat daarbij met name in het klein en ééngestreept octaaf de deksels met bijbehorende roeren opgeschoven waren. Bij de jongste restauratie is dat weer ongedaan gemaakt.

De oorspronkelijke *Roerfluit 4′* BW is geheel bewaard gebleven, onopgeschoven met uitzondering van cs′, die zich een halve toon opgeschoven in de huidige Roerfluit 8′ bevindt. Aangezien de opschuiving in de Roerfluit 8′ reeds vóór Verhofstad plaatsvond, zal ook de verwisseling van de twee pijpen uit 8′- en 4′-Roerfluit reeds voor Verhofstad plaatsgevonden hebben. Aan de genoemde cs′-pijp, die nog zijn vastgesoldeerde deksel heeft, is te zien dat het register oorspronkelijk vastgesoldeerde deksels heeft gehad. Friederichs voorzag in 1819 de pijpen van losse hoeden met roeren.[4]

Het register dat bij Verhofstad en ook thans als Holpijp 8′ BW dienst doet, moet gezien de mensuur oorspronkelijk een *Quintadeen 8′* BW geweest zijn. Met uitzondering van de pijpen voor h′ en cs″ is deze stem geheel bewaard gebleven. Friederichs voorzag de pijpen in 1819, toen hij het register opgeschoven in het RP plaatste, van nieuwe hoeden. Daarvóór zullen zij

---

4 In 1980 zijn deze hoeden vervangen door nieuwe, met roeren in mensuur gelijk aan die van de Roerfluit 8′ HW; de te wijde roeren van Friederichs bleken de klank ongunstig te beïnvloeden.

vastgesoldeerde deksels gehad hebben, zoals de twee Roerfluiten.

Verhofstad stelde zijn Fluit 4' HW samen uit pijpen van het 17de eeuwse orgel, afkomstig van verschillende registers. Bij de Quint 3' HW vervaardigde hij C-fs' behalve Cs Ds F B H van oud materiaal; aan de voeten van vele pijpen, met name in het klein octaaf, is nog het driehoekig geritste onderlabium van de 17de eeuwse pijpen zichtbaar. Cs Ds F van de Quint 3' vervaardigde Verhofstad nieuw, op B H plaatste hij 17de eeuwse pijpen die niet tot prestant-registers behoorden (zie hieronder), op g'-c''' plaatste hij 17de eeuwse prestanten. In de toevoegingen Cs Ds Fs Gs gs'' (thans a'') b'' h'' c''' van de Roerfluit 8' HW voorzag Verhofstad eveneens met pijpwerk van het 17de eeuwse orgel. Welke registers heeft Verhofstad nu verwerkt?

In de eerste plaats blijkt uit de samenhangende mensuur dat alle pijpen met een driehoekig geritst onderlabium tot één en hetzelfde register behoord hebben. Uit de originele toonopschriften, met onderstrepingen in het groot octaaf, volgt dat Cs Ds Fs Gs van Verhofstads Roerfluit 8' HW en C Cs D Ds plus Fs a d van Verhofstads Fluit 4' HW oorspronkelijk respectievelijk C D E F G A B H plus d f a van die 17de eeuwse stem waren. De mensuur van de pijpen en de constatering dat ze oorspronkelijk smal gelabieerd waren, doen vermoeden dat het een *Openfluit 4' HW* betreft. Het oude materiaal dat Verhofstad gebruikte om een deel van zijn Quint 3' te vervaardigen, zou dan ook van deze Openfluit afkomstig kunnen zijn, gezien het feit op vele voeten nog driehoekige geritste onderlabia zijn waar te nemen. Het één en ander wordt bevestigd door het voorkomen van het oude opschrift 'flu(i)t' op één van de met oud materiaal vervaardigde corpora van de Quint 3' (namelijk op de Gs).

In de Fluit 4' HW van Verhofstad zijn, afgezien van de hiervóór genoemde pijpen met een driehoekig onderlabium, minstens twee 17de eeuwse registers verwerkt. De omtrekmensuren van beide registers zijn gelijk, de labium-breedten echter verschillend. Van het smaller gelabieerde register zijn pijpen uit het groot octaaf bewaard gebleven (toonnaam met onderstreping!). Uit hun mensuur valt op te maken dat het een Openfluit 2' betreft; het register zal oorspronkelijk wel als *Gemshoorn 2' HW* bekend zijn geweest. De H uit de Quint 3' HW van Verhofstad blijkt oorspronkelijk eveneens tot deze Gemshoorn behoord te hebben. Afgezien van het buiten het groot octaaf voorkomen van dubbeltallen (zie hieronder), zijn de aanwezige toonhoogten in overeen-stemming met de oorspronkelijke klavieromvang.

Van het breder, namelijk ¼ van de plaatbreedte, gelabieerde register zijn geen pijpen uit het groot octaaf bewaard gebleven (geen onderstreepte toonnamen). Gezien de mensuur valt in de eerste plaats te denken aan een *Quintadeen 8' HW*. De aanwezige toonhoogten kloppen dan ook met de oorspronkelijke klavieromvang; bij andere mogelijkheden van open of gedekte stemmen is dat niet het geval. De veronderstelling dat we met een Quintadeen 8' te maken hebben wordt bovendien bevestigd door het voorkomen van het opschrift 'qu(i)nt' op pijpen die als g' en g'' van dit register dienst zouden moeten doen. g″ is in de oorspronkelijke ladeopstelling de kleinste, meest zuidelijke pijp van de discantgroep. De B uit de Quint 3′ HW van Verhofstad blijkt oorspronkelijk eveneens tot deze Quintadeen behoort te hebben. Deze pijp fungeerde als a, en ook hier valt het oude opschrift 'quint' op het corpus te lezen; a was in de oorspronkelijke ladeopstelling de buitenste pijp aan de zuidkant. Van de oorspronkelijke Quintadeen 8′ HW zijn verder nog bewaard gebleven vier pijpen die Verhofstad gebruikte om de Roerfluit 8′ HW met gs″ (thans a″) b″ h″ c‴ aan te vullen.

Zoals gezegd komen bij de pijpen van de veronderstelde Gemshoorn 2′ een aantal dubbeltallen voor. Gezien hun toonhoogten zouden deze pijpen afkomstig kunnen zijn van een *Nasard 3′* HW.

Vóór de restauratie van 1979 was Verhofstads Cornet HW vanaf e′ 1 HT opgeschoven door tussenvoeging, in ieder van de vier koren, van een pijp voor ds′. Voor deze tussengeschoven pijpen was gebruik gemaakt van 17de eeuws materiaal. In de 4′ van een oude voet, smal gelabieerd, inscriptie h: die kan de h uit de Gemshoorn 2′ HW geweest zijn. In de 2⅔′ en 2′ van smalgelabieerde pijpen, uit elkaar geweest, oorspronkelijk met driehoekig geritst onderlabium, inscripties cs en d: dit kunnen cs″ en d″ uit de Openfluit 4′ HW geweest zijn. De in de 1⅗′ tussengeschoven pijp had een halfcirkelvormig geritst onderlabium, een labiering van ¼ van de plaatbreedte, en inscripties cs. Als Quintadeen 8′-pijp zou het een cs‴ geweest zijn, dat is dus onmogelijk. Als Gemshoorn 2′-pijp zou het een cs″ geweest zijn. Deze pijp is weliswaar overigens niet aanwezig, maar tegen deze toeschrijving pleiten de wat te grote labiumbreedte en het geritst zijn van het onderlabium. Bij de andere Gemshoorn 2′-pijpen komt vanaf f′ een geritst onderlabium niet meer voor. Zou het een solitaire representant zijn van een *Sifflet 1′* HW? De genoemde vier pijpen moeten zijn toegevoegd door iemand die nog de beschikking had over het afgedankte restant van het 17de eeuwse pijpwerk, waarschijnlijk dus door Verhofstad zelf. Een reden voor deze handelwijze kan geweest zijn de zeer geringe ruimte voor de grootste pijpen van de Cornet op de HW-lade van Verhofstad. De tussengevoegde pijpen hadden namelijk een aanzienlijk nauwere mensuur dan de rest van de Cornet.

In 1819 nam Friederichs de Roerfluit 4′ over opzijn RP. Cs Ds Fs Gs voegde hij toe met zelfgemaakte pijpen, hij plaatste de oude g″ en a″ op gs″ en b″, en voor g″ a″ h″ c‴ gebruikte hij 17de eeuwse pijpen met inscripties gs a b h. Waar kwamen die laatstgenoemde vier pijpen vandaan? Het enige 17de eeuwse register waaruit hij kon putten, was de door hem niet overgenomen *Sifflet 1′* BW. Inderdaad klopt de mensuur van deze pijpen met de gs a b h van een Sifflet 1′, waarbij vooral aandacht verdient dat van deze pijpen het onderlabium geritst is, terwijl bij pijpen van de Gemshoorn 2′ van dezelfde toonhoogte de onderlabia al bijgedrukt zijn.

Uit de factuur van de *Trompet 8′* HW blijkt duidelijk dat dit register door Verhofstad uit het 17de eeuwse orgel werd overgenomen. Op een negental na vertonen de kelen de kenmerkende 'scheepjes'-vorm; zij zijn op grove wijze uit messing geslagen in van elkaar nogal wat afwijkende vormen. Uit de slecht leesbare tooninscripties binnenin valt misschien af te leiden dat ze oorspronkelijk tot verschillende registers behoord hebben. De ruwe loden kopjes vertonen eveneens onderling nogal wat verschillen. Gezien hun aantal moeten zij van meerdere registers afkomstig zijn. Inscripties vallen er niet op waar te nemen. Alle stevels hebben nog loden spitsen; van de oorspronkelijk loden corpora werden de meeste echter te eniger tijd vervangen door zinken exemplaren. Inscripties van vóór Verhofstad zijn er niet op te vinden. Op vele van de loden bekers waren onderaan de oorspronkelijke toonnamen nog te lezen: D (thans Ds) E (thans F) GG (thans Gs) A B c e fs gs a b h cs' d' e' (thans ds') fs' g' a' h' cs" d" ds" ? e" f" fs" ? g" ? (thans gs") a" (thans g"). Op een deel van de overige bekers zijn nog nummers aanwezig die de 17de eeuwse ladeopstelling weerspiegelen:

f cs H ds g
20 19 18 17 16

Geteld is hierbij vanaf C uit de middentoren. (De vele overige nummers op de trompetbekers hebben betrekking op de toestand sinds Verhofstad.) Ik acht het denkbaar dat vóór 1717 ook een *Trompet 8' Ped* aanwezig was, waaruit Verhofstad dan kon putten voor zijn Cs Ds Fs Gs. Bezat het orgel oorspronkelijk misschien een *Schalmei 4'* BW, die Verhofstad dan eveneens benut zou kunnen hebben?

TOONHOOGTE

De toonhoogte in de 17de eeuw, en eveneens die bij Verhofstad in 1717, is minstens een halve toon lager geweest dan de thans gebruikelijke toonhoogte. Dit viel op te maken uit pijpen die vóór de restauratie van 1979 verwisseld waren, en uit de bovenranden van de geciseleerde pijpen c'-bovenveld en cs'-onderveld van de Prestant 8'. Zo werd vóór 1979 de oorspronkelijke g' van de Prestant 8' zonder verlenging gebruikt als fs', en de oorspronkelijke E van de Roerfluit 8' onveranderd dichtgesoldeerd gebruikt als Ds. De toonhoogte vóór 1979 was daarbij de thans gebruikelijke (a'=435-440 Hz). Voor de oorspronkelijke lengte van de genoemde frontpijpen was een ondergrens af te leiden uit de plaats waar de ciselure ophield. Verhofstad vond in het algemeen geen aanleiding om het 17de eeuwse pijpwerk op te schuiven. In dat verband is het vermeldenswaard dat zijn orgel te Culemborg eveneens in de 18de eeuwse 'kamertoon', een halve toon lager dan thans gebruikelijk, staat. In 1979 is de lage toonhoogte door verlenging van het pijpwerk hersteld.

MENSUUR EN FACTUUR VAN HET 17DE EEUWSE PIJPWERK

PRESTANT 8′ HW

Met uitzondering van de pijpen met sierlabia: labiumvorm *1* (zie p. 24). De voorste pijp van de middentoren en de middelste pijp van ieder van de vier tussenvelden hebben sier-bovenlabia en sier-onderlabia. Het ligt voor de hand dat de voorste pijp van elk van de spitsen dit ook had; deze pijpen zijn niet meer aanwezig. De middelste pijp van elk van de tussenvelden is bovendien getorst. In de middentoren en in de spitsen hebben de pijpen die vanuit het midden geteld op de derde plaats staan een sier-bovenlabium; de pijpen die in de middentoren ter weerszijde van de voorste staan hebben een sier-onderlabium.

Diameters (steeds worden de buitendiameters in mm opgegeven):

C	F	c	f	c′	f′	c″	f′	a″
133	112,576	61	43,8	37	28,8	24,7	22,1	
		76,7	60,3	44,7	36,8	–	–	–

Labiumbreedte = ¼ plaatbreedte.

OCTAAF 4′ HW, OCTAAF 2′ HW, OCTAAF 2′ BW, MIXTUUR HW

4′ - 1′   : labiumvorm *2a*.
1′ - ⅜′   : Octaaf-pijpen labiumvorm *2b* (!), Mixtuur-pijpen labiumvorm
                      2a.
⅜′ - ...   : labiumvorm *2b*.

Het verschil in vorm van de onderlabia tussen 1′ en ⅜′ is kennelijk bedoeld om de hier verschillend gemensureerde Octaaf- en Mixtuur-pijpen gemakkelijk uit elkaar te kunnen houden.

Diameters Octaven:

4′	3′	2′	1½′	1′	¾′	½′	⅜′	¼′
71,2	56,6	44,2	36,6	26,6	22,4	18,4	14,4	10,7
		43,9	36,9	26,9	–	18,3	14,3	–
		–	–	–	–	18,8	14,4	

Diameters Mixtuur (gemiddelden):

	1′	¾′	½′	⅜′	¼′	3⁄16′	⅛′	3⁄32′
	25,9	21,3	15,7	14,2	10,4	9,4	8,3	7,2

Labiumbreedte Octaaf-pijpen = ¼ plaatbreedte?
Labiumbreedte Mixtuur-pijpen = ca. ⅓,₆ plaatbreedte.

CIMBEL HW ?

Labiumvorm *2b*.
Diameters (gemiddelden, voor ¼' het gemiddelde van de omringende h's en cs-en):
⅜'   ¼'   ³⁄₁₆'
11,9 (9,4) 9,1
Labiumbreedte meer dan ¼ plaatbreedte.

ROERFLUIT 8' HW

Labiumvorm *2a*.
Diameters:

C	F	c	f	c'	f'	c''	f''	a''
150	128,5	89,8	69,7	50,8	40,8	30,6	24,8	–

Labiumbreedte = ¼ plaatbreedte.

Roerdiameters:

C	F	c	f	c'	f'	c''	f''	a''
36,4	–	–	–	13,8	11,6	8,6	8,9	–
	(E31,7)	(H23)	(e18,4)					

ROERFLUIT 4' BW

Labiumvorm *2a*.
Diameters:

C	F	c	f	c'	f'	c''	f''	a''
90,2	69,5	50,4	40,7	30,2	25	19,4	16,9	15,4

Labiumbreedte = ¼ plaatbreedte.
De beide Roerfluiten hebben duidelijk dezelfde mensuur.

QUINTADEEN 8' HW

Tot en met h' of e'' labiumvorm *2a*, vanaf c'' of f'' labiumvorm *2b*.
Diameters:

f'	c''	f''
30,7	24,2	21,5

Labiumbreedte = ¼ plaatbreedte.
De diameter-mensuur blijkt hetzelfde te zijn als die van de Gemshoorn 2' HW, de labiëring is echter verschillend.

QUINTADEEN 8' BW

Labiumvorm *3.*
Diameters:

C	F	c	f	c'	f'	c''	f''	a''
91,2	79	57,1	45,8	34,5	28,7	–	17,7	15,6

Labiumbreedte = ¼ plaatbreedte.
Is de afwijkende labiumvorm toegepast om verwarring met de anders gemensureerde Quintadeen 8' HW te vermijden?

OPENFLUIT 4' HW

Labiumvorm *3.*
Diameters:

C	F	c	f	...	c''
104	87,7	–	51,2		–
		(H 67)			(cs''21,7)

Labiumbreedte variabel, van ca. ⅓ in de bas tot ca. ¼,₅ in de discant.
Is de afwijkende labiumvorm toegepast om verwarring met de anders gemensureerde Gemshoorn 2' HW te vermijden?

GEMSHOORN 2' HW

Tot en met h labiumvorm *2a,* vanaf c' labiumvorm *2b.*
Diameters (voor f is het gemiddelde van e en fs, voor f' het gemiddelde van e' en fs' genomen):

C	F	c	f	c'	f'	c''	f''	a''
64,9	52	37,5	(31,4)	–	(20,8)	17	–	–
			(h 25,5)					

Labiumbreedte = ca. ¼,₄ plaatbreedte.
Een eventuele Nasard 3' HW en een eventuele Sifflet 1' HW hadden dezelfde mensuur, bij de Sifflet zou dan echter labiumvorm *2a* langer doorgelopen hebben.

SIFFLET 1' BW

De vier bewaard gebleven pijpjes gs-h hebben labiumvorm *2a.*
Diameter van h: 15
Labiumbreedte = ¼ plaatbreedte.

TROMPET 8' HW

In groot octaaf losse bekers, overigens bekers op kopjes vastgesoldeerd.
Alle kelen open, 'scheepjes'-vorm.
Enkele maten (keelbreedte en -diepte uitwendig):

	C	F	c	f	c'	f'	c''	f''	a''
bekerlengte	2220	1666	1106	830	534	393	240	185	137
bekerdiameter	130	114	101	95	81,5	80	69	67	59
keellengte	95	80	78	65	46	41	37	26	23,5
keelbreedte	18	16	12,3	11,4	11,8	9,3	8	8	6
keeldiepte	11	10	10,5	10,8	8,5	8,5	7	7,4	4,5

BESLUIT

De dispositie van het orgel in de St. Jan Baptist te Wijk bij Duurstede van vóór
1717 moet de volgende geweest zijn:

HW C D E F G A-g'' a''

Prestant 8'	Holpijp 8'	Trompet 8'
Octaaf 4'	Quintadeen 8'	
Octaaf 2'	Fluit 4'	
Mixtuur 1'	Nasard 3' ?	
	Gemshoorn 2'	
	Sifflet 1' ??	
	Cimbel ?	

BW C D E F G A-g'' a''

Octaaf 2'	Quintadeen 8'	Schalmei 4' ?
	Holpijp 4'	
	Sifflet 1'	

PED. [C D E F G A-d']

                                              Trompet 8' ?

Voor een dergelijk instrument kan als ontstaanstijd het begin van de 17de eeuw
aangewezen worden. De bekende orgelbouwer Albert Kiespenning uit het
nabijgelegen Nijmegen, die het orgel tot 1630 (waarschijnlijk zijn sterfjaar) in
onderhoud had, komt dan als maker in aanmerking. Of van Kiespenning
elders pijpwerk bewaard is, is mij niet bekend. De enige mij bekende dispositie
van een orgel van deze bouwer, is dat van de St. Catharina te Heusden uit 1615
(M.A. Vente, *Bouwstoffen tot de geschiedenis van het Nederlandse orgel in de 16de eeuw*,
1942, p.147). Ter vergelijking met de bovenstaande dispositie moge deze hier
tot besluit volgen:

HW C D E F G A-g'' a''

Prestant [4']	Quintadeen 8'
Superoctaaf 2'	Holpijp 4'
Mixtuur [1']	Gemshoorn 2'

BW C D E F G A-g'' a''

Octaaf 2'	Fluit 4'	Touzijn of
	Sifflet [1']	Kromhoorn 4'

Ped. C D E F G A-d'
aangehangen [aan HW].

Justice Triumphant: the Organs of Chelsea Old Church, London[1]

James Boeringer

Justice Triumphant, or, the organ in the suds, a farce in three acts is the title of a crown octavo book published in London in 1747, a copy of which is now in the Chelsea Public Library, London. Though of modest literary value, this example of Restoration comedy is genuinely amusing, and it is unusual in that its plot is based upon an actual incident in the history of English organ building.

The incident is mentioned by William C.A.Blew in *Organs and organists in parish churches.* 'No organ', he explains, 'can be legally set up in, or removed from, a consecrated church, without a faculty from the Ordinary... When the possession of an organ is secured, either through the liberality of some private individual, or as the result of voluntary contributions, some person or persons of responsibility in the parish should apply to the Ordinary for a faculty to erect it... Faculties are to be granted... at the sound discretion... of the Ordinary, having a due regard to times and circumstances, and rights, and interests, of all parties concerned... In Randall v.Collins (2 Lee, 227), the Court of Arches would not grant a faculty for an organ, because it was shown that the church... was already too small for the numbers attending, and that several seats would have to be taken away to make room for the instrument'. Blew identifies the church as S.Luke; so does the Sperling manuscript, which is followed by Speller. It would appear, however, that the church actually involved was Chelsea Old Church. The question can probably be resolved by a search of legal documents. In any event, the organ builder was Richard Bridge, and the year was 1746.

The plot of the play is intricate, but its action does actually develop from the characters, all of them connected with a parish church 'in a village near London'. The Doctor (Rector) wishes to secure a pipe organ 'for the glory of God' and 'the good of the church'. He argues that 'it's absolutely become necessary to preserve decency and regularity in the singing of psalms', confessing that 'psalms are sung nowhere so bad as here: 'twill contribute

---

1 The author expresses thanks to the Central Library of the Royal Borough of Kensington & Chelsea (Melvyn Barnes, Borough Librarian and Arts Officer, and Mrs.P.K.Pratt, Co-ordinator of Reference and Information Services) for co-operation in the preparation of this article.

greatly to mend that; besides, as an ornament to the church, 'twill give a reputation to the parish'. He has, however, been unable to convince the vestry to admit the organ.

Thunderchurch was once a powerful figure in the parish, but lost his position through unethical dealings. He wishes to be elected Churchwarden at the end of Churchwarden Weathergood's term so that he and his cronies will be able to 'rule the parish as we formerly did, when the holding up of a stick in the Vestry would have made them agree to pull down the church'. Thunderchurch perceives in the Doctor's desire for an organ a means of accomplishing his designs.

He dispatches Weathergood to the Doctor to assure him that he (Thunderchurch) is truly penitent and wishes to assist in securing the organ. The Doctor is suspicious: 'Whatever reasons he may have for this proceeding, I am convinced 'tis not the glory of God and the Church that prompts him'. However, he forgives Thunderchurch and accepts his offer of aid. The Doctor induces his very influential uncle to head the subscription list.

Thunderchurch next turns to Powerblind, who is 'invincibly obstinate and violent in his desires for church music', and has some respect in the parish, in spite of being rather a weak character. He dispatches a new envoy, Shaveall, to the Doctor with the suggestion that the only way to secure the organ is to appoint Powerblind as the Rector's Churchwarden and to support the nomination of Thunderchurch as the other Churchwarden to be elected by the people. The Doctor is still suspicious, as Thunderchurch and Powerblind are the 'two persons... that I have the least inclination to employ'. However, he rationalizes the situation and agrees.

Thunderchurch's unethical political ambitions, then, have been firmly yoked to the organ subscription, and he presses the two with equal energy. The current Churchwardens, Weathergood and Cent per Cent, go about securing subscriptions, much aided by the name of the Doctor's uncle at the head of the list. Sir Joseph Speechmaker, however, objects, demanding a poll on the basis of the facts that the organ will increase the already high rates and will take up room in a church that cannot accomodate all of its parishioners anyhow.

When Thunderchurch and his followers seek belatedly to secure a faculty, they are repulsed by Justice Jobber, who demands a high fee and makes various legal threats. Thunderchurch's response is merely to urge his friends on to speed the construction: 'There are precedents of organs being put up without faculties, and when they were once up, nobody thought it worth their pains to apply to Commons to take them down'. So he and his friends, when asked if a faculty has been secured, lie, saying that it has. They themselves subscribe to the organ, with the understanding that they will attempt an oversubscription so that they can later withdraw their names; and they hold many meetings in The Angel and elsewhere, paying for their refreshments out of parish funds.

The plotters meet with Windpipes, the organ-builder, who tells the audience in an aside, 'What a pack of knaves and fools I am concerned with in this affair! What imposition and nonsense I am forced to bear with, to get rid of this cursed instrument'. They strike a bargain, and reluctantly hand over a down payment. The organ is quickly installed.

Thunderchurch had correctly assumed that Sir Joseph Speechmaker, who had threatened a poll, would renege when it came time to pay the court costs. Thunderchurch made the same assumption in regard to a citation of Powerblind, threatened by Meanwell. It turns out, however, that Meanwell is merely the representative of a large number of irate parishioners who see to it that Powerblind receives a citation, so that he must remove the organ and pay all costs. The plotters come down, then, to ignominious defeat, and 'the organ is in the suds'. Justice Jobber speaks the epilogue.

'Ah, ladies, had I ta'en this thing in hand,
(The organ, faith, I mean), I'd made it stand,
And, when erected, no one in town,
Or male or female, should have pulled it down...
My thoughts prove true, and now th'unlooked-for fall
Of this harmonious organ frets you all...
But such objections... will never hold;
Why, then, I've others: this organ's old,
Dear-bought, ill-timed, and inharmonious-double:
Witness the noise that's made, th'expense and trouble'.

The anonymous author of *Justice Triumphant* claims to know all the characters in his play as 'one of their most intimate friends and acquaintances'. A former owner of the Chelsea Library copy, one Thomas Kinnard of Chelsea, filled it with annotations identifying the actual protagonists, as follows (Barleymow, Charles, Jo, Sowdirty, Stick-it-in, Sir Vertuoso Gimcrack, and Will are unidentified):

Beadle: George Francis.

Cent per Cent: Francis Blayer was a Churchwarden and tax collector, one of the plotters.

Chaunter: Samuel Francis, landlord of The King's Arms, a pub used as a setting for one of the scenes in the play. He was a singer in real life and in the play, performing a suggestive Subscription Song.

Crotchet: The organist, 'a pretty young fellow'.

The Doctor: Rev.Dr.Elsmere, the Rector, whom the author of the play exonerates from all guilt in the proceedings: 'I exempt one gentleman, whose character in private life is as amiable as his public is exemplary'. The Doctor uses Croxall's *Sermon upon church music* to support his conviction that the church should have an organ. His uncle, who influences the action in the play without actually appearing, was Sir Hans Sloane.

Jack Bustleabout: unidentified parishioner, deceased before the play begins, 'an honest, sensible, well-meaning man'.

Sir Joseph Speechmaker: Sir Joseph Danvers, who lived in Cheyne Walk. The play suggests that he was a hoarse-voiced lawyer. He was one of the first to object to the installationof the organ.

Justice Jobber: Peter Elers, Esq. A printed note in the book says he owned a small musical instrument that he called his Nancy, as it had been made in that town in France.

Lofty: William Dunmoore, a maltster. He was one of the irate parishioners.

Meanwell: Mr.Vanderesch (?) lived near The Robin Hood in Chelsea, and was the principal person who entered the Caveat that caused the organ to be taken down.

Pasquali: son of Shaveall, that is, Mr.Larchin. In the play, he was the author of the subscription song, which was a parody of one 'sung by Mr.Lowe, at the Theatre Royal in Drury Lane'.

Powerblind: George Ludlow, a Churchwarden. In the play, it is he who receives the citation, but Blew makes it clear that the suit was actually against Collins (Thunderchurch, q.v.).

The President of the Female Society: an old parishioner named Mrs.Ann Withy, familiarly called Aunt Withy, a mantuamaker in Church Lane. In the play, a lewd song is sung to her and the members of her organization.

Shaveall: Charles Larchin, a barber in Church Lane, and father of Pasquali. His shop is used as a scene in the play.

Sweet William: William Streeke, a bricklayer. He and Arnold (Taxdouble, q.v.) were collectors of the Land Tax.

Taxdouble: Valentine Arnold, a collector of the Land Tax, one of the plotters.

Thunderchurch: John Collins, a gouty man who kept a tallow-chandler's shop, which was used for a scene in the play. In real life, Collins received the citation.

Tom Jolly: Thomas Franklin, a butcher.

Weathergood: Mr.Fairweather, Churchwarden with Blayer (Cent per Cent, q.v.). He may have owned a private tavern in Millman's Row.

Old Woman: Docia Gardiner. This character provides comic relief in the offices of Justice Jobber.

Windpipes: Kinnard does not identify the organ builder by name, but other sources prove that he was Richard Bridge.

Zeal: Henry Worthy, a parishioner, one of the plotters.

The first organ at Chelsea Old Church may have been built as early as 1625, according to a letter sent me by Martin E.Ball, organist of the church, quoting an unidentified newspaper clipping. There is also a slight possibility that it was built by Renatus Harris in 1712. The most comprehensive account of the instrument, that by Edward J. Hopkins in *The organist* and *The choir and musical record*, bears out that suggestion. 'The Holsworthy organ has a very curious history. It is supposed to have been placed in Chelsea Church before the great rebellion. The case is of dark oak, now almost black with age, and the front Open Diapason pipes are of a very hard tin sort of metal, producing a tone very like those of the Tewkesbury organ... Originally it was... short octave compass,... GGG scale... In... 1723, the vestry of Chelsea... pitched upon a new instrument, disposing of the old organ to the corporation of Bideford, who erected it in the parish church of that town.'

T.M.Whitehead, in *The organ* (Vol.44, 1967, p.123) establishes satisfactorily that the installation of the old Chelsea organ was completed in Bideford in 1728. Hopkins continues. 'It then had but one row of keys, but about the year 1820 Gray added a small fiddle C (sic) Swell, and invented a new Great organ soundboard. In 1848 the Swell was extended an octave by Dicker, of Exeter, and Pedal Pipes added to GG. Subsequent additions, however, carried the pedals down to CCC. In 1864 the inhabitants of Bideford... decided that the organ was worn out, and resolved upon a new one. The venerable old organ was therefore ruthlessly and literally torn down and sold to the parish of Holsworthy, who... set about the restoration of this most interesting instrument. The framework was carefully repaired, the pipework renovated and revoiced, and every attention bestowed on its re-erection at the southwest end of Holsworthy Church'.

The writer then effusively and gloatingly describes the merits of the instrument and provides the following specifications.

'The organ as it stood in 1723 was as follows:

one row of keys, short octaves, to D in alt.
Stopped Diapason
Open Diapason
Nason (Stopped Flute)
Principal
Twelfth
Fifteenth

Cornet (treble)
Sesquialtera (bass)
    With the alterations completed in 1865, the organ stood thus as follows.

GREAT ORGAN CC to F

Stopped Diapason
Open Diapason (old tin)
Open Diapason (spotted metal)
Flute
Principal
Twelfth
Fifteenth
Sesquialtera
Trumpet
Clarion

SWELL ORGAN CC to F

Dulciana
Open Diapason
Principal
Fifteenth
Oboe

PEDAL ORGAN CCC to F

Open Diapason

COUPLERS

Swell to Great
Pedal to Great
Two composition pedals to Great organ.'

A comparison of the various specifications supplied by the Sperling note-books, with those given above permits us to assign dates fairly precisely: *1* first Hopkins account, 1723 in Chelsea; *2* Sperling, Volume 5, 1820 in Bideford; *3* Sperling, Volumes 1 and 2, 1848 and 1864 in Bideford; *4* second Hopkins account, 1867 in Holsworthy.

The Sperling notebooks also contain a drawing of the organ (Volume 1, p.66), which is reproduced here (picture 1) by the kind permission of The Royal College of Organists. (A photograph taken by Andrew Freeman in 1930 in Holsworthy, generously supplied by Rev.Bernard B.Edmonds, shows (picture 2) what is clearly the same case.) It is intriguing to speculate as to why Sperling identified the organ as being at Chelsea, whence it was moved to Bideford, rather than as being at Bideford, whither it had come from Chelsea. Had he based his drawing upon some much earlier source that antedated the 1723-1728 move?

Freeman doubted that the Bideford organ had come from Chelsea, but the Sperling drawing would seem to settle the matter, unless the title is a back-formation. The case as Sperling drew it, however, differs from the present form: the topmost embellishments have been removed, and the case overhang has been eliminated.

This organ, then, preceded the instrument by Richard Bridge. It would appear that even though the organ had been removed because the vestry had 'pitched upon a new instrument', no instrument was installed until 1746, when Richard Bridge put up the one that caused the great brouhaha that was the basis of *Justice Triumphant*. Randall Davies transmits valuable information from the vestry records, which are now (those from 1745 onwards) in the Borough Council's archives. He says that a meeting was called in 1746 to decide the location of an organ. In view of the appearance of the satire in the following year, we can certainly assign the date of 1746 to Bridge's installation.

The organ, however, wat not new. A printed footnote to Justice Jobber's epilogue in *Justice Triumphant* informs us. 'It was made some years ago for a gentleman's hall, but he not liking it, it remained in the builder's hands, who, to make it tolerable for a small church, made some additions to it and then sold it to our connoisseurs. However, I don't mention its being old as an imperfection: the old here alludes to the general dislike ladies have to most things under that denomination, as old clothes, old fashions, old men, etc.'

Another printed footnote identifies Justice Jobber's mention of noise as referring both to 'some very disagreeable stops in (the organ) and the feuds it has caused in the parish'.

There are also descriptive lines spoken in the play. Windpipes, in a meeting at the Angel, says:

I can assure you, gentlemen, that there is no better instrument in England, and I appeal to Messrs Pasquali and Powerblind, who have heard it.

He dilutes his praise in an aside to the audience to the effect that if he cannot sell 'this damned organ... here, I am sure there is not a parish in Great Britain that will buy it'. Pasquali replies to his appeal.

Picture 1.
The Sperling Notebooks, The Royal College of Organists, London, volume 1, page 66.
Reproduced by permission of the College.

Picture 2.
Photograph by Andrew Freeman, courtesy of Bernard B. Edmonds.

I can assure you that I don't pretend to be a judge, but yet I am sure it's a good instrument, and has one of the most delicious tones that ever was heard. I never heard any better.

Powerblind adds:

It is a pretty neat thing, and very cheap; and it will make heavenly harmony in the church, with our voices.

Taxdouble's aside to the audience is completely cynical:

I'd see this church, and all the churches in London, in flames, before I'd give £ 200 for an organ, if it was to be at my own expense; but as it is to be collected, one may save one's own subscription, and, perhaps, get somewhat for one's trouble.

Pasquali puts 'something humorous' into his song, 'a little of what our antagonists are supposed to say, on purpose to divert us, by laughing at their ignorance'.

Bold George shall keep up the organ we've bought
For two hundred pounds, though it's not worth a groat;
But let's bully and swear that it's music divine,
Though it squeaks like the pigs and it grunts like the swine.

No source describes what happened to the organ after its removal, but it is likely that Bridge took it back, making some kind of allowance to the scapegoat Collins, and then re-sold it elsewhere. It goes without saying that any organ installed by Bridge in 1746 or shortly thereafter might be the Chelsea instrument. Scholars should watch for it.

Not until sixty-three years later, in 1819, did Chelsea Old Church acquire its third instrument. Its origin is the subject of much controversy. Both editions of Hopkins & Rimbault contain lists of organs by Bernard Smith. Chelsea Old Church does not appear in the first edition (1855), but is added in the third (1877). The attribution was mentioned in *The musical Times* in 1909, but is was not until Andrew Freeman noted the citation in 1924 in *Musical opinion* that questions began to be asked by correspondents Walter J.Lockett, Lennard C.Cooper, and W.H.Stewart (see Vol.47, 1924, pp.814, 917, 1103, and 1205, and Vol.48, 1925, pp.401 and 511). Lockett had played the instrument in 1878, and recalled it as 'a GG organ in a very old case, consisting of two manuals, and pedal board to some extent independent, no doubt a later addition'. He goes on to describe what sounds like a Swell with a Choir Bass, which he found a bother.

Vicar W.H.Stewart looked through the vestry records and noted that in 1818 a committee had been formed to buy an organ. On 16th February 1819, they reported having purchased one from Henry Bevington for £ 200, paying an additional £ 25 for removal and re-erection, £ 24 4s for a faculty (the vestry evidently remembered 'the organ in the suds'), and an additional sum for alterations to the gallery, making a total of £ 324 4s 6d.

The Davies book previously cited adds that prior to the purchase, a letter was read to the Committee from a Mr. Few in Henrietta Street, offering them an organ that had been built eight years previously (i.e. in 1810) by Bevington. The price was £ 200, and evidently it was this instrument that was purchased, Bevington moving and installing it in 1819.

In the *Musical opinion* correspondence previously cited, Lockitt establishes that Mr. Few had been the executor of the estate of Edward Howard of Nottingham Place. Lockitt looked out the will, which had been proved on 30th December 1816 (the organ was not mentioned), and interviewed Lewis Bevington (there was nothing in the Bevington books about the instrument). However, Rimbault pointed out that his 1877 list of Smith's organs had 'been drawn up with some care' and had 'received considerable additions and corrections since the first edition', so that his addition of Chelsea Old Church to the list suggests that he had located some citation that eluded the researchers of the 1920s and still has not been rediscovered. For the time being, there seems to be no way to resolve the question of whether Bevington supplied Edward Howard with a new instrument of his own make in 1810, or a rebuilding of an old one by Bernard Smith. Sperling recorded the specification in 1852 as follows (Vol. 1, p. 66):

'GREAT, GG to F in alt

Open Diapason
Stop^d Diapason
Dulciana to tenor C
Principal
Flute
Twelfth
Fifteenth
Sex 3 ranks
Trumpet

SWELL, tenor C to F in alt

Double Diapason
Open Diapason
Stop Diapason
Principal
Mixture 2 ranks
Hautboy

Picture 3.
Drawing by John L.Speller, B.A., B.Sc., D.Phil. Used by permission. The assistance of John Brannan is gratefully acknowledged.

1½ octaves of unison Pedal Pipes to GG'

From 1848 onwards, Henry Jones of Chelsea had the care of the organ. It was rebuilt in 1913, being moved outwards to allow for an enlargement. I have searched the local collections of the Chelsea Public Library for an illustration. All I was able to discover was a painting (picture 3) that showed a pipe-fence typical of work in the early part of this century. From this illustration it would appear that Jones also provided a new enclosure in 1913. The organ was destroyed with the main part of the church during the war.[2]

BIBLIOGRAPHY

Ball, Martin E., correspondence, 23 September 1972.
Blew, William C.A., *Organs and organists in Parish churches, a handbook of the law relating to the custody, control, and use of organs,* London, 1878, p.6.
Davies, Randall, *Chelsea old church,* London, 1904, passim.
Freeman, Andrew, *Musical opinion* 47 (1924): 505.
Hamilton, James Alexander, *Catechism of the organ,* London, 1834, p.59.
Harvey notebooks, The, The OrganClub Library, London f.19lv (Battley).
Hopkins, Edward J., *The choir and musical record* 6 (1867): 7; *The organist 1* (1866):24.
Justice Triumphant, or, the organ in the suds, London, 1747, passim (annotated copy in the Chelsea Public Library, London).
Muscial Opinion 47 (1924): 814, 917, 1103, 1205; *48* (1925): 401, 511.
Speller, John L., *BIOS (Journal of the British Institute of Organ Studies)* 2 (1978): 126.
Sperling notebooks, The, The Royal College of Organists, London, *1*: 66, *2*: 63, *5*: 83.
Whitehall, T.M., *The organ* 46 (1967): 122.

---

2 Subsequent to the submission of this article, John L.Speller published an article on the same subject in *British Institute of Organ Studies Journal* 2 (1978): 127. Mr.Speller adds the following reference: Paul Chappell, *Dr.S.S.Wesley: portrait of a Victorian musician,* Great Wakering (1977), pp.133-137.

De orgels in de parochiekerk van St. Elisabeth te Grave

Jan Boogaarts

In artikel 3 van de overdrachtsbepalingen met betrekking tot de teruggave van de Grote of St. Elisabethskerk te Grave aan de katholieken op 12 Juli 1798 staat geschreven[1]: 'De stoelen, banken, kussens, kandelaars, blaekers, bijbels, psalmboeken, voorheen door de gereformeerden in de groote kerk gebruykt, en nu in de kleine kerk overgebragt, de peijpen, en verdere stukken tot het orgel, in de groote kerk gestaan hebbende, behoorende, worden als eijgendom aan de gereformeerden afgestaan'.

Schutjes[2] vermeldt over de Grote Kerk in deze jaren: 'Het beleg van 1794 maakte de kerk geheel onbruikbaar en toen de katholieken dezelve in 1799 in bezit namen, verliepen er nog jaren, eer men daarin Godsdienst konde uitoefenen; eerst den 20 Mei 1804 werd daarin het heilig Misoffer opgedragen'.

Deze twee gegevens werpen een licht op de toestand waarin de Graafse kerk omstreeks 1800 verkeerde. De kerk was totaal ontluisterd en grotendeels een bouwval. Dat was toen niet de eerste keer. In de loop der eeuwen heeft deze kerk verschillende malen zwaar te lijden gehad van de oorlogen, die Grave al te vaak hebben geteisterd. De constructie van de kerk was ondermijnd en dat zou later het Smits-orgel noodlottig worden.

Eertijds was de stad Grave een centrum van orgelmakerskunst. De beroemde orgelmakersfamilie Hocque heeft er aanvankelijk gewoond[3], en in diezelfde periode, omstreeks 1600, werkten er de orgelmakers Lampeler van Mill, uit dezelfde streek afkomstig.[4] Of er van één van deze beroemde bouwers een orgel te Grave stond, is niet bekend. Wel is er een contract bewaard gebleven, gedateerd 15 Juni 1566, betreffende de restauratie van het kleine orgel van de Onze Lieve Vrouwe Broederschap. De Broederschappen bezaten meestal een eigen instrument, zoals bijvoorbeeld het oxaalorgel in de St. Janskerk te 's-Hertogenbosch of het kleine orgel in de St. Andreaskerk te

1 Bisschoppelijk Archief 's-Hertogenbosch, dossier Grave.
2 L.H.C. Schutjes, *Geschiedenis van het Bisdom 's-Hertogenbosch,* 's-Hertogenbosch, 1876, Deel III, p.783.
3 M.A. Vente, *Die Brabanter Orgel,* Amsterdam, 1963, p.100.
4 Ibid., p.94.

Hattem. Dat er te Grave ook een groot orgel aanwezig was, blijkt uit het feit dat de blaasbalgen van het grote orgel voor het kleine orgel gebruikt zouden worden: 'Item dye blaesbalcken, die opt groot orgele staen, sall deze meyster aen dit werck aenleggen'. Het ligt voor de hand te veronderstellen dat beide orgels in verval waren geraakt en dat alleen het kleine orgel van de Broederschap hersteld werd. In dit contract met de orgelmaker mr.Derck of Derick Pannecoeyck of Pannykoek staat ook de dispositie vermeld[5]:

'Manuaal:		Positief:	
Prestant	3 voet	Regaal	6 voet
Holpijp of Quintadeen	6 voet	Open Fluyte	1½ voet
Nasath	2 voet		
Octaaf	1½ voet	Tromme	
Geemschenhoeren	1½ voet	Nachtegael'	
Mixture			
Cymbael			
Trompet	6 voet		

Het in artikel 3 van de overdrachtsbepalingen van 1798 genoemde orgel dateerde zeker uit later tijd. Over de geschiedenis van Grave staat in het werk van Schutjes: 'In het beleg van 1674 werd de kerk zeer geteisterd en bleef tot 1699 een puinhoop, toen de Staten tot derzelver opbouw eene collecte voorschreven, waarna men handen aan het werk sloeg en in 1705 de noodige herstelling gedaan was, die in 1719 en later nog groote verbetering onderging'.[6]

In het Prentenkabinet van het Provinciaal Genootschap te 's-Hertogenbosch bevindt zich een tekening van een kerkinterieur met een orgelfront met als onderschrift: ''tOrgel in de R.Kerck tot de Graeff'. Dat hiermede de St.Elisabethskerk van Grave bedoeld is, lijdt geen twijfel: 'iedereen spreekt van de Graaf en nimmer hoort men Grave vernoemen'.[7] Maar het opschrift is fout, omdat deze tekening het interieur en het orgel van de St.Rosaliakerk te Rotterdam voorstelt. Dit orgel, gebouwd door Johannes Josephus Mitterreither in 1777-1779, ging tijdens het bombardement van Rotterdam op 14 Mei 1940 verloren.[8] Het orgel van de Grote Kerk te Grave bracht de orgelmaker J.Tits uit Venray over naar de Hervormde Kerk.

---

5 Het volledige contract is opgenomen in *Bouwstenen voor de geschiedenis der toonkunst in de Nederlanden,* deel I, Utrecht, 1965, p.77-78.
6 Schutjes, *op.cit.*, deel III, p.783.
7 Ibid., p.774.
8 M.A.Vente, *Rotterdam-Orgelstad, overdruk uit Akademiedagen* XIX, Amsterdam, 1967, p.65.

In 1837 werd het door de gebroeders J. en A.Franssen uit Horst gerestaureerd. De dispositie was[9]:

1 Prestant	8 voet
2 Bourdon	8 voet
3 Flûte Douce	4 voet
4 Octaaf	4 voet
5 Octaaf	4 voet
5 Octaaf	2 voet
6 Mixtuur	3 sterk
7 Flageolet	1 voet
8 Viol di Gambe	8 voet
9 Trompet	8 voet

In 1818 was het wederom noodzakelijk de St. Elisabethskerk te Grave te restaureren.[10] Op 26 November 1836 ontstond er echter opnieuw veel schade, doordat het gebouw niet bestand bleek tegen een orkaan, die toen over de stad raasde.[11] De restauratie vond plaats in de jaren 1840-1841. In diezelfde periode 'brachten de parochianen ƒ 11 000,- bijeen in vrijwillige inschrijvingen voor een nieuw orgel'.[12] De omschrijving 'voor een nieuw orgel' doet vermoeden, dat er daarvoor ook al een orgel aanwezig was. Dit vermoeden wordt bevestigd door een gegeven in het manuscript-Broekhuyzen[13]: 'Over- en Nederasselt. Het Orgel in de R.Cath.Gemeente aldaar is aan deze gemeente vereerd geworden door den Zeer Eerwaarden Heer G.de Ruider, in leven Pastoor aldaar.[14] Hetzelve heeft circa ƒ 5000,- gekost, prijkt met een welgeordoneerde kast is fraay geschilderd gemaakt in 1843 door A.A.Keurten orgelmaker te Huissen. Het pijpwerk is gedeeltelijk afkomstig van het Orgel der R.Cath. te Graven. Heeft 18 stemmen twee handclavieren van 4½ octaaf aangehangen pedaal van 2 octaaf en drie Blaasbalgen.

Manuaal		Positief	
1. Bourdon	16 vt	1. Holpijp	8 vt
2. Prestant	8 –	2. Salicionaal	8 –
3. Viol di Gamba	8 –	3. Fluit Damour	8 –

---

9 Manuscript G.H.Broekhuyzen, deel II.
10 Schutjes, *op.cit.*, deel III, p.784.
11 Parochiearchief Grave. *Memoriale.*
12 Ibid.
13 Manuscript G.H.Broekhuyzen, deel III, p.158.
14. Gerardus de Ruyter, (*15 Mei 1793, † 29 Mei 1845), in 1820 kapelaan te Grave, in 1824 pastoor te Overasselt. Schutjes, *op.cit.*, deel v, p.473.

4. Flûte Travers D	8 –	4. Fluit Douce	4 –
5. Holpijp	8 –	5. Gemshoorn	2 –
6. Octaaf	4 –	6. Carillon D	3 st
7. Roerfluit	4 –	7. Kromhoorn	8 vt
8. Nazard	3 –		
9. Octaaf	2 –	Afsluiter	
10. Mixtuur	2 st	Tremulant	
11. Trompet	8 vt	Ventil.'	

De bijzonderheden van dit orgel, zoals het te Grave stond, zijn echter tot op heden niet gevonden. Het instrument, dat Albinus Kuerten uit Huissen te Overasselt plaatste, is inmiddels verdwenen.

Men gunde de opdracht tot de bouw van een nieuw orgel voor de St.Elisabethskerk te Grave aan de Reekse orgelmaker F.C.Smits.[15] Deze Frans Smits kan men zonder meer beschouwen als de belangrijkste orgelmaker in Nederland van de 19de eeuw.[16] Door een gelukkige omstandigheid bleef het merendeel van de archiefstukken, afkomstig uit het familiearchief van de orgelmakersfamilie uit de Reek, bewaard. Het bevindt zich nu in het Instituut voor Muziekwetenschap der Rijksuniversiteit te Utrecht.[17] In dit archief is ook een ontwerp aanwezig van de offerte, die Smits in 1842 aan het kerkbestuur te Grave stuurde.

Frans Smits had een geheel eigen wijze van begroten. In de begroting nam hij een omschrijving van de registers op met daarbij per register een bedrag, dat niet alleen voor het pijpwerk gold, maar waarin tevens een gedeelte van de kosten voor klaviatuur, tractuur en registratuur verdisconteerd was. De windladen berekende hij apart. Tevens vermeldde hij achter de registers een nummer dat betrekking had op de nummers van zijn mensuurtabel voor de maten van het pijpwerk. Deze tabel was hoofdzakelijk gebaseerd op het werk van Jan van Heurn.[18] Onder 'manuaal' verstaat Frans Smits – naar oude gewoonte – altijd het hoofdwerk. De kast was doorgaans voor rekening van het kerkbestuur en werd niet in de begroting opgenomen. Waarschijnlijk maakte J.Beuijssen te Boxmeer de kast voor het orgel te Grave, omdat Smits in deze periode bij voorkeur met deze schrijnwerker samenwerkte. Het ontwerp voor de kast maakte Smits altijd zelf, de ornamentiek liet hij meestal over aan het

---

15 Franciscus Cornelius Smits (*18 April 1800, † 19 April 1876). Een publikatie over de orgelmaker Smits te Reek door de schrijver van deze bijdrage is in voorbereiding.

16 Hier zij verwezen naar het in voorbereiding zijnde boek.

17 Door toedoen van dr.M.A.Vente kon het Smits-archief verworven worden door het Instituut voor Muziekwetenschap te Utrecht. Het berust daar onder het beheer van de schrijver van deze bijdrage. Alle stukken zijn voorzien van een codenummer.

18 Jan van Heurn, *De Orgelmaker, etc.,* Dordrecht, 1804.

inzicht van de schrijnwerker. Het ontwerp van deze offerte die Smits maakte als voorbereiding voor een definitieve versie voor het kerkbestuur te Grave, volgt hieronder.

'1. Prest.	8 v			400
2. Bourdon bas		van eike hout⎞		325
3. — dis		kompositie[19] ⎟		
4. Viola di Gamba	8			250
5. Holpijp	8			160
6. Octaaf	4			130
7. Openfluit	4			100
8. Octaaf	2			80
9. Mixtuur	1	3		100
10. Trompet	8	bas		
11. —	8	disc.		300
Windlaay				705
12. Bombarde bas				2550
13. Bombarde dis		voor deze twe nog 450 erbij		450
				3000

Positief			
1. Prest	8		300
2. Roerfluit	8		160
3. Octaaf	4		120
4. Fluit	4		90
5. Octaaf	2		80
6. Flagelet	1		75
7.			
8. Trompet	8		300
9.			
10. Klairon	4		200
Windlaay			600
			1925

Hier nog een Quintadeen of Bourdon 16   300
Voor de windlaay er nog bij   75

375
2300

---

19 Het woord 'compositie' gebruikte Smits om het orgelmetaal, een legering van lood en tin, aan te duiden.

Echo.

1. Holpijp	8	150
2. Openfluit bas	4	
3. Openfluit dis	4	130
4. Flûte Tr. dis	8	70
5. Gemshoorn	2	80
6. Kromhoorn bas	8	
7. Kromhoorn dis	8	200
Windlaay		300
		930

Hierbij nog een Prestant of Fluit 8 v	200	
in den bas Trompet Dulciaan 8	200	
Windlaay	100	
		500
		1430

Manuaal	2550
Positief	2300
Echo of boven Man.	1030
Blaasbalken met de kast er om	800
Kos. van transport en kostgeld	300
	6980
De sprekende frontpijpen voor pedaal	200
	7180
Als de Bombarde erbij komt	450
	7630
Als de twe registers op het echo erbij komen	400
	8030
Voor een vrij Pedaal als volgt:	2525
	10545

1. Prest	8v		100
2. Bourd.	16	van hout	250
3. Holpijp	8	6 van hout	150
4. Octaaf	4		100
5. Trompet	16		350
6. Fagot	16		300
7. Serpent	8		250
Windlaay			900
			2400
Transport en kostgeld			125
			2525'[20]

---

20 Smits-archief: Bg2G1ab.

Op dit zelfde blad vermeldde Smits de gemaakte overeenkomst met het kerkbestuur:

'Manuaal	3000
Rugwerk	2300
Echo	1430
Frontpijpen Pedaal	200
Transport en kostgeld	300
Blaasbalken met stoel en kast	800
	8030

Aangenomen voor *f* 8000, Pedaal opgegeven voor 2500'.

Verdere bijzonderheden die hij noteerde in een van zijn dispositieboeken, volgen hier.

'Enige bepalingen voor 't orgel te Grave.
De windlaay voor groot Manuaal uit 2 stukken.
Het eene stuk beginnend met groot C en tot klein dis ingesloten
lang buitenwerks   5v 11¾ duim breed 3v 4
het twede van klein e tot f''' lang   5v 10½   –   – 3v 4
de windlaayen van malkaar   5 duim
te samen   12v 3¼ duim
De cancellen 3¾ diep; de windbak 4¼, de ventillen 9½ lang.
De windlaay van Groot Manuaal betekent en afgeschreven voor de volgende registers als:

1. Bourdon   16   bas van eikehout volgens no. 4
2. –   –   dis kompositie
3. Prestant   8   voet 9 de grootste in de midden toren en de overige op de windlaay, 2 halve tonen naauwer als Prest. no. 1, dus groot C als D enzovoort
4. Holpijp   8   voet 9 de grootste van hout, dan komp. no. 3
5. Viola di Gamba   8   v
6. Octaaf   4   v 8 de grootste in de velden, de overige op de windlaay volgens no. 1.
7. Openfluit als Flûte Travers 4 v.
8. Octaaf   2   v no. 1
9. Mixtuur   1   v 3 sterk no. 1
10.
11. Trompet   16   no. 4 of 3
12.
13. Trompet   8   no. 1

Deze windlade van Manuaal leggen in 't lang zoals te Reek.
Windlaay van Positief of Rugwerk uit een stuk lang 6 v 7¼ duim en breed 3 v 5 duim.

De cancellen 3½, de windbak 4 duim, de ventillen 8½ duim.
De windlaay betekent voor de volgende registers als

1. Prest.	8	in 't front, ½ toon naauwer als no.	2
		de pijpen die er van binnen staan	2
2. Bourdon	16	in de bas van eike hout en de disc komp.	5
3. Holpijp	8	gelijk van kompositie no.	4
4. Octaaf of Prest	4v	waarvan 8 de grootste in .'t front	2
5. Flûte Travers	8v	disc	
6. Octaaf	2		2
7. Fluit	4v		6
8. Flagelet	1		
9. 10. Trompet	8v		3
11. 12. Klairon	4	de Prest. 8 voet in plaats van de Klairon verdeelen is beter.	2

De windlaay voor Echo 5 v 9 d en 3 1½
in lengten voor de volgende regis.

1. Prestant	8	of Openfluit no. 2
2. Holpijp	8	
3. Octaaf	4	
4. Fl.Tr. dis	8	
5. Quint	3 v	no. 5
6. Gemshoorn		no. 2
7. Kromhoorn bas	8v	De Prestant 8 verdeelen in plaats
8. – dis	8	van de Kromhoorn is misschien
9. Dulciaan	4v	beter
10. Vox Humana	8	

Pedaal in te rigten

1. Prest	8	volgens no. 1
2. Bourdon	16	van hout no. 4
3. Holpijp	8	7 of 8 van hout 2 of 3
4. Octaaf	4	no. 1
5. Trompet	16	
6. Fagot	16	
7. Serpent	8	
8. Pastorelle	2	13 knoppen op M.

$$
\begin{array}{l}
12 \quad - \quad - \quad \text{P.} \\
10 \quad - \quad - \quad \text{Echo} \\
\underline{8 \quad - \quad - \quad \text{Ped.}} \\
4 \text{ Koppel} \\
4 \text{ afsluit} \\
1 \text{ ventil} \\
\underline{1 \text{ tremulant}} \\
53 \text{ knoppen.'[21]}
\end{array}
$$

De Grote Kerk van Grave was gebouwd als een kruisbasiliek. Van deze laatgotische kerk was omstreeks 1840 slechts het koor, het dwarspand en een travee met zijbeuken van het schip over. Na de restauratie, die plaatsvond van Juni 1842 tot Februari 1843, plaatste Smits zijn orgel tegen de westmuur van de kerk, dus tegen de later aangebrachte afsluiting van het eerste travee. 'Het gewelf in het hoge koor, benevens alle glasramen en het torentje werden vernieuwd en het schone orgel geplaatst'.[22]

In het begin van de veertiger jaren maakte Smits drie grote werken met drie manualen: te Boxtel, te Veghel en te Grave. Het orgel van Grave was van deze drie het kostbaarste en het grootste, zij het dan dat – evenals te Boxtel – het pedaal niet geplaatst werd. De eerste opzet om een orgel te maken, dat even groot zou worden als het orgel te Reek met 53 registerknoppen[23], voerde Smits niet uit. Toch vertoonde het uiteindelijk uitgevoerde plan grote overeenkomst met het orgel te Reek. Ook in Grave plaatste Smits de windladen van het hoofd- en echowerk loodrecht op de frontlijn. Het orgel te Reek had behalve het hoofdwerk, rugpositief en pedaal een derde werk met daarbij nog een echowerk, dat op het hoofdmanuaal bespeelbaar was. Te Grave combineerde

---

21 Smits-archief: H3,p.34-35.
22 Parochie-archief Grave. *Memoriale.*
23 H.W.J.Smits schreef hierover: 'Wat betreft de tabel bij Gregoir: de cijfers vertolken, naar oude zede het aantal reg.knoppen'.

Smits het derde werk met het echowerk tot een zijwerk, dat zowel de functie van bovenwerk als echowerk vervulde.

Het is opmerkelijk dat in de dispositie van Grave geen tertsregister voorkomt en behalve in de Mixtuur ook geen Quint. Overigens bestaat er enige onzekerheid over de definitieve samenstelling van de uitgevoerde dispositie te Grave. In het dispositieboek dat Smits enkele jaren na het voltooien van het Graafse orgel samenstelde, is sprake van 52 registerknoppen, terwijl in de omlijsting van de manualen in de huidige toestand slechts 50 registergaten zitten. Bij oplevering zou het werk er als volgt hebben uitgezien.

'Dispositie ... gemaakt te Grave in het jaar 1843.

Groot Manuaal Zijwerk

1. Prestant	8	2 halve tonen naauwer als no.		1	350,00
2. Bourdon bas	16	van hout		4	300,00
3. – dis	16			4	
4. Viola de Gamba	8	tin			250,00
5. Holpijp	8	9 van hout		3	140,00
6. Prestant	4	8 er van in 't front		1	130,00
7. Fluit	4			5	90,00
8. Octaaf	2			1	80,00
9. Mixtuur	1	3 sterk		2	100,00
10. Bombarde	16	tin		3	450,00
11. Trompet bas	8	tin		1	300,00
12. – disc	8	tin		1	
Windlaay					650,00
					2840,00

Borstwerk   Zijwerk

1. Baarpijp bas	8	van vuure hout		
2. Veldfluit dis	8	compositie		180,00
3. Roerfluit	8	8 van hout	4	160,00
4. Echo Holpijp dis	8		6	80,00
5. Prestant	4		2	100,00
6. Salicet	4	tin		110,00
7. Sifflet disc.	4			60,00
8. Dulciaan bas	8			
9. Oboë dis	8			250,00
10. Vox Humana	8			250,00
Windlaay				400,00
				1590,00

Rugwerk

1. Prestant	8v	in 't gezigt	2	300,00
2. Bourdon	16		5	300,00
3. Holpijp	8		4	120,00
4. Octaaf	4	8 in front	2	120,00
5. Fl. Tr. dis	8			80,00
6. Fluit bas	4		6	
7. – dis	4		6	90,00
8. Octaaf	2		2	80,00
9. Flagelet	1			70,00
10. Trompet bas	8		2	280,00
11. Trompet dis	8			
12. Klairon	4		3	200,00
Windlaay				600,00
				2240,00

Pedaal

1. Prestant	8		1	300,00
2. Bourdon	16	van hout	3	300,00
3. Holpijp	8	8 of 10 van hout	3	120,00
4. Quint	6	14 de grootste in de torens	1	180,00
5. Prestant	4	10 in de velden	1	120,00
6. Trompet	16		2	350,00
7. Fagot	16			300,00
8. Serpent	8		2	250,00
Windlaay				900,00
				2820,00

4 balken met stoel en kast 4½ a 9	*f*	800,
Kostgeld		300,
Transport		30,
Onderhoud		70,
Groot Manuaal Zijwerk		2840,
Boven Manuaal of Echo Zijwerk		1590,
Rugwerk		2240,
Pedaal		2820,00
		10690,00

4 koppels, 4 afsluitingen, 1 ventil,
1 tremulant, te samen 52 registers

De drie klavieren gemaakt met de frontpijpen voor
de Pedaal   8000,00
Het Pedaal moet ik maken voor   2500,00
$$f\ 10500,00.\text{'}^{24}$$

Pastoor A.Bernst (1802-1868), onder wiens pastoraat de kerk gerestaureerd en het orgel geplaatst werd, benoemde op 10 December 1851 de bekwame musicus J.H.Kühne uit Eindhoven tot organist van de St.Elisabethskerk te Grave: '10-12-1851 benoemd tot organist der kerk J.H.Kuhne, van Eindhoven, salaris,- blijvende het honorarium etc.'[25]

Over deze J.H.Kühne bestaat enige onzekerheid. Dit zou een broer moeten zijn van H.F.Kühne, die echter eveneens als de organist van Grave in het parochiearchief genoemd staat: 'H.F.Kühne, organist van 2-1-1852 tot 20-8-1860, tevens dirigent van de Harmonie van Grave.'[26] Deze H.F.Kühne werd in 1860 door Frans Smits aanbevolen bij het kerkbestuur van de St.Lambertus-parochie te Helmond: 'Ik ondergetekende Franciscus Cornelius Smits orgel-maker wonende te Reek, verklare bij dezé dat de Heer H.F.Kühne organist te Grave, ten opzichte van het onderhoud van het orgel, ene van de beste is die ik ken. Hij is ten eerste heel voorzichtig, ten twede zeer oplettend, ten derden begaafd met de nodige kennis en een goed gehoor, en ten vierden heel ijverig om alles in order te houden wat hij enigszins kan. Reek den 15 Mei 1860. F.C.Smits.'[27] Met ingang van 1 September 1860 werd H.F.Kühne te Helmond benoemd. Tot zijn opvolger in Grave stelde pastoor A.Bernst de blinde organist Jan Peek aan.

In de dispositieverzameling van Broekhuyzen, samengesteld omstreeks 1855, komt het orgel van Grave ook voor[28]:

'Hoofdmanuaal		Rugwerk		Bovenmanuaal	
1. Prestant	8 vt.	1. Prestant	8 vt.	1. Openfluit	8 vt.
2. Bourdon B D	16 –	2. Bourdon	16 –	2. Holpijp	8 –
3. Viol di Gamba	8 –	3. Holpijp	8 –	3. Salicet	4 –
4. Holpijp	8 –	4. Fluit Traver D	8 –	4. Prestant	4 –
5. Prestant	4 –	5. Prestant	4 –	5. Holpijp D	8 –
6. Fluit	4 –	6. Fluit	4 –	6. Kromhoorn B D	8 –
7. Octaaf	2 –	7. Octaaf	2 –	7. Vox Humana	8 –
8. Bombarde B D	16 –	8. Flageolet	1 –		
9. Trompet B D	8 –	9. Trompet B D	8 –		
		10. Harmonica	8 –		

Ingerigt voor vrij pedaal. Koppelingen, Tremulant en Ventil.'

---

24 Smits-archief: Bg3, p.26.
25 Parochie-archief Grave. *Memoriale.*
26 Ibid.
27 Parochie-archief St.Lambertus te Helmond.
28 Manuscript G.H.Broekhuyzen, deel II.

In deze periode bleef het kerkgebouw een voortdurende zorg. In het memoriaal van de parochie zijn veel aantekeningen te vinden over de voorzieningen, die genomen moesten worden om het gebouw in stand te houden. Zo bijvoorbeeld: '26-8-1858, het middelpunt tussen de twee ramen in het transept aan de marktzijde moet vernieuwd worden. Raming ƒ 1000,-'[29]

Afbeelding 1.
Het orgel van de St.Elisabethskerk te Grave. Foto van augustus 1866 na de instorting van het gewelf.

---

29 Parochie-archief Grave. *Memoriale.*

Een grote ramp voltrok zich op 4 augustus 1866: 'Op den 4.Aug. 's-middags 3 uur hoorde men een vreezelijke slag, die alle huizen deed schudden. De pilaar was ingevallen met het steenen plafond en daarbij nog een soortgelijke pilaar, die het positief van het orgel totaal verbrijzelde. Er was geen volk in de kerk, het steenen plafond zou anders velen verpletterd hebben'.[30]

De mogelijkheid om het instrument met een vrij pedaal te completeren was daarmede voorgoed verdwenen. De parochiegemeenschap was nauwelijks in staat de kerk te herstellen. Een unieke foto van het orgel, gemaakt enkele dagen na de ramp, is bewaard gebleven[31] (zie afbeelding 1).

Schutjes plaatste de ramp in 1864[32]: 'Nadat schoone verbeteringen in 1842 aan de kerk waren aangebragt, trof dezelve in 1864 een nieuwe ramp, toen op zaturdag namiddag den 4 augustus een der vier zware steunpilaren bezweek en de kerk deed instorten; gelukkig had men geen menschenlevens te betreuren'. Het jaartal moet een vergissing zijn: in 1864 viel 4 augustus op een donderdag.

Geld om het orgel in zijn oorspronkelijke staat weer op te bouwen was er niet, waarschijnlijk was er zelfs te weinig geld om het orgel door Smits weer bespeelbaar te laten maken. Het is ook denkbaar, dat Smits daar niet voor voelde. Hoe het ook zij, de gebroeders Gradussen uit Winssen lapten het orgel op[33]: '25 Maart, 1868 gerestaureerde kerk in gebruik genomen. Het orgel is gerestaureerd door de Gebr. Gradussen en werd heerlijk bespeeld door de bekwame blinde organist Jan Peek'.

Verschillende brieven van het kerkbestuur aan de gebroeders Gradussen getuigen echter van de slechte toestand waarin het orgel verkeerde. 'Nu is het erger, de boeren beginnen met ons orgelgeluid te lachen. Jan Peek met al zijn zangers roepen dringend om hulp'.[34] 'Mijnheer, ons orgel is geheel ontstemd, geen wonder'. 'Mijnheer, ons orgel is weer in de war ... kom s.v.p. de boel in order brengen'.[35]

Het lijkt erop dat Gradussen de problemen van dit oprgel niet aankon en het erbij heeft laten zitten: 'Grave, 10 Januari 1882. Mijnheer Gradussen. In antwoord op mijn brief van 16 November jl. beloofdet gij over 3 weken te komen. Te vergeefs hebben wij gewacht tot heden. De organist zegt dat hij aanstaande Zondag niet speelt zoo het orgel niet wordt nagezien'.[36]

---

30 Bisschoppelijk Archief 's-Hertogenbosch. Brief in het dossier Grave over de restauratie van de kerk, 16 mei 1885.
31 Het origineel bevindt zich in het archief van de schrijver van deze bijdrage. Vóór het verschijnen van het boek over de Smitsen zal deze worden geschonken aan de parochie te Grave.
32 Schutjes, *op.cit.*, deel III, p.784.
33 *Weekblad Grave,* 28 maart 1868.
34 Parochie-archief Grave, nr. 78, *correspondentieboek.*
35 Ibid.
36 Ibid.

In 1883 klopte het kerkbestuur weer bij de firma Smits aan. F.C.Smits, de maker van het orgel was inmiddels overleden, maar zijn zoons en later zijn kleinzoons hielden de orgelmakerij in bedrijf. Eerst in 1928 werd het werk gestaakt. Tot dat jaar had de firma Smits het orgel van Grave in onderhoud. In 1885 had het de volgende dispositie[37]:

Hoofdmanuaal		*Bovenmanuaal*	
Prestant	8	Prestant	4
Bourdon	16	Veldfluit-Baarpijp	8
Holpijp	8	Holpijp	8
Viola	8	Echo (disc.)	8
Prestant	4	Salicet	4
Dulcena	4	Sifflet	4
Octaaf	2	Hobo-Dulciaan	8
Mixtuur	2,3 st	Vox Humana	8
Bombarde	16		
Trompet	8	Organist de Heer J. Peek'.	

In het begin van deze eeuw was een grote reparatie van het orgel noodzakelijk geworden. Het kerkbestuur besloot deze aan Smits op te dragen: 'Vergadering van 11 Maart 1915. Het orgel te laten repareren door de Gebr.Smits te Reek, naar het oordeel van den Pastoor, die eenige deskundigen heeft geraadpleegd'.[38] 'Vergadering van 21 April 1918. De reparatie van het orgel was reeds bepaald vóór den oorlog (in 1914) en is eindelijk noodzakelijk geworden. Besloten, ondanks den zeer ongunstigen toestand, daartoe over te gaan en dat werk op te dragen aan Gebrs.Smits van Reek voor f 1125,-. J.Sprangers, voorzitter'.[39]

Dit wordt bevestigd door enkele posten, die in het rekeningboek van de firma Smits vermeld zijn[40]:
'1918, 31 Dec. Grave gedeeltelijk afgewerkt f 500,-.
1919, 19 April Grave afgewerkt (f 1165,-).
1919, 7 Mei Grave ontvangen, zie 31 Dec. 18 f 665,-.'
De bijzonderheden over deze restauratie ontbreken.

In 1933 werkte de orgelmaker Bik uit Boxmeer aan het orgel en in 1955 maakte de firma Verschueren te Heythuysen een ventilator voor de windvoorziening en voerde een grote schoonmaakbeurt uit.

---

37 M.H.van 't Kruijs, *Verzameling van disposities der verschillende orgels in Nederland,* Rotterdam, 1885, p.95.
38 Parochie-archief Grave, nr.1.
39 Ibid.
40 Smits-archief: H7.

In verband met een grondige restauratie van de kerk, die nu wordt uitgevoerd onder leiding van de architect W.Kramer, werd het orgel gedemonteerd en overgebracht naar de werkplaats van de firma Verschueren te Heythuizen. Het ligt in de bedoeling, dat op 19 November 1981 de kerk weer in gebruik zal worden genomen. Er is reeds een begin gemaakt met de restauratie van het Smits-orgel, dat eveneens op die dag – het feest van St.Elisabeth – weer in functie zal zijn.

Historische Kapellenorgeln im Oberwallis

Rudolf Bruhin

EINLEITUNG

Der schweizerische Alpenkanton Wallis (französisch Valais) reicht vom Rhone-Gletscher im Osten bis zum Genfersee im Westen und wird von der Rhone (im Oberwallis Rotten genannt) durchflossen. Der ganze Kanton hat eine Fläche von über 5225 km² und 206563 Einwohner.

Der deutschsprachige Kantonsteil mit den Bezirken Goms, Östlich Raron, Westlich Raron, Brig, Visp und Leuk, bildet das Oberwallis, das heute aus 87 politischen Gemeinden besteht. Hier leben 61180 Personen oder 29,6% der Kantonsbevölkerung.[1] Von der Gesamtfläche von 2621,75 km² des Oberwallis sind 67,5% nicht bewohnbar.[2] Der deutschsprachige Bevölkerungsanteil ist zu 96,5% römisch-katholisch. Die Kantonshauptstadt Sitten (französisch Sion) war früher deutschsprachig, gehört jetzt aber zum französischsprachigen Unterwallis. Sitten ist auch Bischofssitz seit dem 6.Jahrhundert.

In den fünf Dekanaten des Oberwallis, bestehend aus 71 Pfarreien und drei Pfarrektoraten bzw. Kaplaneien, befinden sich besonders viele Kirchen und Kapellen. Allein im Goms wurden im 18. und 19.Jahrhundert 70 Gotteshäuser erbaut. Im *Kunstführer durch die Schweiz*[3] sind 195 Kapellen aufgeführt, ohne Berücksichtigung der Beinhäuser, Krypten, Kreuzwege, Bildstöcke, Wegkreuze usw. Der Grossteil dieser Bauten wurde zwischen 1650 und 1800, zur Zeit des Walliser Barocks, neu errichtet oder umgebaut.

Die ausgesprochen kirchentreue Bevölkerung dieses abgeschiedenen Alpenlandes hatte stets gegen Naturgewalten anzukämpfen, weshalb schon früh Wallfahrten versprochen oder testamentarisch verfügt wurden (z.B.1494 in Münster/Goms für die Hl.Kreuz-Verehrung, 1584 eine Wallfahrt nach Santiago de Compostela). Auch wurden aus Notversprechen bei Lawinen-

---

1 Ergebnisse der Eidgenössischen Volkszählung 1970. Vergleichsweise zählte das ganze Wallis im Jahre 1765 lediglich 90100 Einwohner, gemäss Jean Picot, *Statistique de la Suisse,* Genève et Paris, 1819, p.495.
2 Eidg.Statistisches Amt, Bern, *Agrarstatistik pro 1972,* S.27, 71-74. Beim nichtbewohnbaren Land handelt es sich um Gewässer, Wald sowie um 'Oed- und Unland', d.h.Felsen, Gletscher, usw.
3 Hg. von der Gesellschaft für Schweiz. Kunstgeschichte, Bern, 1976, Bd.II, S.307-369. Dieses Werk lieferte zur Hauptsache auch die geschichtlichen Angaben zu den einzelnen Kapellen.

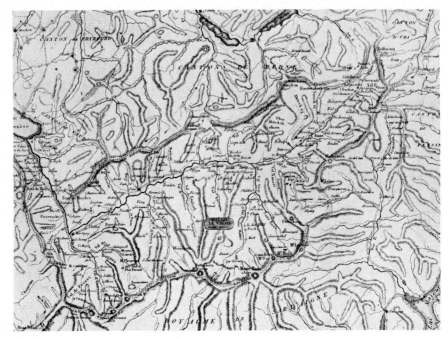

Abbildung 1.
Karte des Wallis von ca. 1800.

bedrohung (1687 in Blitzingen), Feuer- und Wasserschäden, Pest (1565 in Binn und Fiesch), bei anhaltender Trockenheit und Kriegsereignissen zu Ehren von Heiligen Stiftungen errichtet, Prozessionen abgehalten oder Kapellen erbaut.[4]

Aussergewöhnlich ist die reiche Ausstattung der Gotteshäuser und die grosse Zahl von Orgeln und Glocken, die praktisch alle auf eigenem Boden entstanden sind.[5] So befinden sich heute noch in zehn Oberwalliser Kapellen Orgeln, und mindestens sechs Kapellen sind uns mit Gewissheit bekannt, in

---

4 Vgl. Thomas Julen, *Das Burgerrecht im Oberwallis,* Zermatt, 1978, S.202, 214ff.; Stanislaus Noti, 'Wallfahrtsziele der Vispertaler im 17. und 18. Jahrhundert', in: *Walliser Bote,* Brig/Visp, Jg.140, Nr.32, 8-2-1979; Artikel von A.Z., 'Obergommer Talkapellen', in: *Walliser Spiegel,* Brig/Visp, Jg.6, Nr.44, 3-11-1978.

5 Im Jahre 1959 bestanden 86 Orgeln in kirchlichen Räumen. Vgl. Rudolf Bruhin, 'Die Orgeln des Oberwallis', in: *Vallesia,* Sitten, 1960, Bd.xv, S.179-230 (nachfolgend zitiert: Bruhin). Ferner sei verwiesen auf die Arbeit von Leo Kathriner, 'Alte Orgeln und Orgelbauer im Wallis', in: *Schweizerisches Jahrbuch für Musikwissenschaft,* Bd.iii, Aarau, 1928, S.97-121 (nachfolgend zitiert: Kathriner). Was die Glocken betrifft, so konsultiere man Marc Vernet, *Les Carillons du Valais,* Bâle, 1965.

denen früher Orgeln standen. Wenn wir nachfolgend diese Orgeln vorstellen so mitunter auch deshalb, weil wir in der Schweiz keine andere derart dichte Orgellandschaft kennen.

Unter Kapelle verstehen wir hier ein gottesdienstliches Gebäude jeder Grösse, das nicht den Rechtstitel einer Kirche trägt. In der Regel handelt es sich um ein Gebäude ausserhalb einer Pfarr-, Rektorats- oder Klosterkirche, welches zur Verehrung von Reliquien, für Wallfahrten oder zum Privatgebrauch bestimmt ist. Eine Kapelle muss nicht durch den Bischof geweiht (konsekriert), sondern lediglich gesegnet (benediziert) sein.[6]

Die Erforschung des Walliser Orgelbaus gestaltet sich ausgesprochen schwierig, da uns weitgehend archivalische Quellen fehlen. Praktisch jede Pfarrei, Burger- und Einwohnergemeinde besitzt ihr eigenes Archiv, das in der Regel nur teilweise erschlossen ist. Allein für das Oberwallis bestehen rund 200 Archive, und viele Akten sind in Privatbesitz. Durch Kriegswirren und Feuersbrünste wurden wichtige Dokumente vernichtet. So verbrannte beispielsweise das Bischöfliche Archiv in Sitten am 24-5-1788, und am 16-8-1799 wurde das Gemeindearchiv von Simplon-Dorf von plündernden französischen Truppen zerstört. Ebenfalls um 1798-1799 – während des Franzosenkrieges – wurden Wertsachen und Pfarrbücher von Reckingen ins abgelegene Blinnental evakuiert. Dabei ging einiges verloren oder wurde beschädigt.

Zudem waren die im Wallis tätigen Orgelbauer – über die an dieser Stelle nicht berichtet werden soll – ausgesprochen wenig schreibfreudig. Aus diesen Gründen basieren die historischen Angaben sehr oft auf mangelhaften Hinweisen oder auf Sekundärquellen.

DIE ORGELN

Wenn wir von historischen Orgeln sprechen, so denken wir bei dieser Arbeit an Instrumente, die im 19.Jahrhundert oder früher erbaut worden sind. Alle diese Orgeln haben Schleifladen und rein mechanische Spiel- und Registertraktur. In der Regel geht der Tastenumfang beim Manual von C bis c''', und das Pedal ist angehängt (Ventilkoppel), wobei jeweils die unterste Oktave 'kurz' ist, d.h. die Halbtöne Cis, Dis, Fis und Gis fehlen bei folgender Tastenaufteilung.

C F ^{D} G ^{E} A ^{B} H c

---

6 Vgl. *Lexikon für Theologie und Kirche*, Freiburg i/B., Bd.v, 1960, Stichwort *Kapelle*; Bd.VI, 1961, Stichwort *Kirchweihe*.

Die Pedalklaviatur ist daher entsprechend klein, im allgemeinen zirka 57 cm breit und die (sichtbare) Untertastenlänge beträgt rund 43 cm.

Die Grösse der Kapellenorgeln schwankt zwischen 5 und 11 Registern, dabei haben alle Instrumente nur ein Manual und Pedal. Einzig die Orgel von Visperterminen besitzt kein eigenes Pedalregister. Im Oberwallis sind in kirchlichen Räumen keine eigentlichen historischen Positive bekannt. Auch ein Regal für sakrale Zwecke kennen wir nur in Ernen, Glis und Sitten, doch sind diese Instrumente nicht mehr vorhanden.

Bei den einzelnen Beschreibungen handelt es sich nicht um vollständige 'Inventarisationsberichte'. Um die Orgeln zu schonen, wurden auch nur jene Mensuren zitiert, die schon vorhanden waren. Bei der Darstellung der Mensuren gilt der Grundsatz: *1* Zeile Durchmesser, *2* Zeile Labium, *3* Zeile Aufschnitt.

Die Dispositionen sind wohl abgewogen und dem jeweiligen Raum angepasst. Zungenstimmen sind keine vorhanden und der Winddruck ist stets niedrig gehalten. Stimmung und Temperatur haben wir nicht näher untersucht.

Über die musikalische Verwendung der Kapellenorgeln ist uns praktisch nichts bekannt. Die Instrumente wurden vor allem bei Wallfahrten, Prozessionen, am Patronats- oder Kapellenfest und öfters auch am Kirchweihtag der zuständigen Pfarrkirche gespielt. Auch bei gelegentlichen Messfeiern benützte man die Orgeln, doch mussten Taufen, Hochzeiten und Beerdigungsgottesdienste üblicherweise in der Pfarrkirche stattfinden. Über die Organisten wissen wir ausgesprochen wenig, im allgemeinen waren es Lehrer und Geistliche, aber auch Mitglieder der einheimischen Orgelbauerfamilien Biderbost, Carlen und Walpen. Ältere Oberwalliser Orgelkompositionen sind und nicht bekannt. Zudem wissen wir nicht einmal, welche Musikwerke gespielt wurden. Die sakrale Musikpflege des Wallis wäre daher noch zu untersuchen.[7]

---

7 In diesem Zusammenhang sei auf folgende Schallplatten von Walliser Kirchen-Orgeln hingewiesen, auf denen jedoch keine 'einheimische' Musik zu hören ist:

Vouvry: Gallo 3086 (Lausanne), 'L'Orgue de Vouvry', Guy Bovet.

Vouvry und Valeria in Sion: Telefunken SAWT 9498-B, 'Die Alte Orgel', Siegfried Hildenbrand.

Sion, Valeria-Orgel: CBS S 72441, 'Historische Orgeln der Schweiz', E.Power Biggs (auch andere Orgeln).

Sion, St.Theodu̇r und Ernen: Jecklin 119, 'Historische Orgeln der Schweiz', Marinette Extermann.

Ernen: Kaiser-Electronic Basel 7485, 'Historische Orgeln der Schweiz', Guy Bovet.

Visperterminen: Gallo 30102, Guy Bovet aux orgues historiques de Visperterminen (Pfarrkirche und Kapelle).

Raron und Reckingen: PELCA PSRK 41017/20, 'Orgellandschaften der Schweiz', Bernhard Billeter.

NICHT MEHR BESTEHENDE KAPELLENORGELN

In einigen Kapellen sind wohl Orgeln bezeugt, leider aber nicht mehr vorhanden. Die Dispositionen sind unbekannt, und wir wissen nur bedingt, weshalb und wann sie abgebrochen oder wohin sie versetzt worden sind. Es handelt sich um:

- Bürchen: Kapelle der Schmerzhaften Muttergottes in der Wandfluh.
- Ried-Mörel: Muttergotteskapelle 'Zen Hohenflühen'.
- Saas Almagell: Ehemalige Kapelle an der Stelle der heutigen Pfarrkirche.
- Saas Balen: St. Antoniuskapelle 'zum langen Acker'.
- Saas Fee: Muttergotteskapelle 'Zur Hohen Stiege'.
- Ulrichen: Ehemalige Kapelle an der Stelle der heutigen Pfarrkirche.

Weitere Orgeln befanden sich offenbar auch in den Kapellen von Betten, Termen, Staldenried und eventuell auf der Belalp. Die Angaben im 'Haushaltungs- und Tagebuch' des Orgelbauers Gregor Carlen (1819-1869) sind unklar. Er soll Reparaturen am 26. April 1851 für Fr. 12 und am 7. November 1854 für Fr. 28 in Betten, sowie am 3. August 1855 für Fr. 20 in Termen ausgeführt haben. Er habe auch die alte Kapellenorgel von Staldenried am 17. September 1860 für Fr. 120 erhalten. Schliesslich war Konrad Carlen (1849-1926) am 25. Juli 1887 zum Stimmen auf der Belalp, für Fr. 30.[8]

Die Kapellen in Gamsen (St. Sebastian) und Brig (St. Sebastian sowie St. Antonius Eremita) haben zwar 'Orgelemporen'[9], doch können keine Orgeln nachgewiesen werden. Vermutlich standen auch Orgeln in den Hauskapellen des Stockalperschlosses in Brig und im alten Stockalper-Hospiz auf dem Simplon, doch fehlen und Beweise.[10]

DIE HEUTIGEN KAPELLENORGELN

Nachfolgend berichten wir über die uns interessierenden historischen Instrumente in der ungefähren chronologischen Reihenfolge ihrer Entstehung. Die beiden nicht spielbaren Kapellenorgeln aus dem Anfang des 20. Jahrhunderts bescheiben wir nicht näher und verweisen auf unsere frühere

---

8 Archiv Paul Heldner, Glis; R.18, p.7, p.9-11 und p.14.
9 Vgl. *Kunstführer* (Anm. Nr.3), S.340 und S.343-344.
10 Vgl. Peter Arnold, *Der Simplon*, Brig, 1947, S.123; und André Beerli, *Unbekannte Schweiz*, Bd. *Wallis*, Genf o.J., S.264; die erwähnte Chronik des Joseph Bieler von ca.1650 konnte bisher nicht gefunden werden.

Publikation.[11] Der Vollständigkeit halber geben wir jedoch die Dispositionen bekannt:

Geschinen (Pfarrei Münster, St.Sebastianskapelle)

MANUAL   (C-g''')

Montre 8'
Bourdon 8'
Salicional 8'
Prestant 4'
Flûte octav. 4'

PEDAL   (C-f)

Bourdon 16'
Pedalkoppel

Goppisberg (Pfarrei Mörel, St.Johanneskapelle)

MANUAL   (C-f''')

Principal 8'
Bourdon 8'
Voix céleste 8'
Flöte 4'
Oktavkoppel

PEDAL   (C-c)

Subbass 16'
Pedalkoppel

Am Schluss der acht Einzelbeschreibungen folgt zusätzlich als Anhang der Bericht über die Orgel im Simplon-Hospiz. Der Gottesdienstraum in diesem grossen Gebäude hat den Charakter einer Hauskapelle, wurde indessen als Kirche konsekriert. Es handelt sich um ein Instrument eigener Prägung, wie es sonst im Oberwallis nicht vorkommt.

---

11 Bruhin, *op.cit.,* S.198-199.

VISPERTERMINEN

Abbildung 2.
Visperterminen, Orgel in der Waldkapelle.

In 1600 m Höhe über Meer, etwa 300 m höher gelegen als die Pfarrkirche, befindet sich am Ende eines Kapellenweges mit Stationshäuschen, die Wallfahrtskapelle der Heimsuchung Mariae, auch *Waldkapelle* genannt. Der barocke Rechteckbau mit eingezogenem Chor wurde aufgrund einer Stiftung im Jahre 1652 erbaut. Nach dem Erdbeben vom 25.Juli 1855 musste die Kapelle teilweise neu aufgebaut werden, und 1965 erfolgte eine umfangreiche Restaurierung.

Die Orgel wurde ursprünglich von Johann In Albon, Bannerherr des Zenden Visp (gestorben am 4.Juli 1619), wohl für die Kirche von Visp gestiftet. Es ist fraglich, ob sich die von Leo Kathriner auf einem Balg gefundene Jahreszahl '1563' auf das Baujahr der Orgel bezieht. Möglicherweise wurde das Instrument 1749 (Datum der Rosenkranzkapellen) oder 1818 beim Ersatz der Visperorgel, in die Waldkapelle versetzt. Archivalische Angaben konnten bisher nicht gefunden werden. Im Jahre 1965 wurde die Orgel von Firma Th.Kuhn AG, in Männedorf (Kanton Zürich), vorsichtig wiederhergestellt.

Die kleine Gehäuseorgel hat einen etwas primitiv bemalten Unterbau von 110 cm Breite, 67 cm Tiefe und 140 cm Höhe. Der polychrome Oberteil ist 160 cm breit und weist zwei bemalte Flügel auf. Die auf Holzrahmen bespannte Leinwand zeigt geöffnet die Verkündigung, links die Hl.Maria mit dem Hl.Geist, rechts den Engel mit Gottvater. Geschlossen links Johannes den Täufer und rechts den Apostel Johannes. Auf der Aussenseite des linken Flügels befindet sich über der Jahreszahl 1619 das Stifterwappen des Johannes In Albon. Von ikonographischem Interesse sei der Hinweis auf eine Darstellung der beiden Johannes am Hochaltar der Kapelle St.Johan von Altendorf (Kanton Schwyz), der aus dem Anfang des 16.Jahrhunderts stammt.

Beidseits des Manuals, das braune Untertasten und schwarz gestrichene Obertasten aufweist, sind je drei grob geschnitzte, vertikal bewegliche Registerhebel angebracht.

Rechts neben der Orgel befinden sich zwei fünffaltige Keilbälge (je 113 x 54 cm), die mittels Seiles aufgezogen werden. Der Winddruck beträgt zirka 40 mm ws.

> Tastenumfang: Manual C-a'' (gis'' fehlt, kurze Oktave)
> Pedal C-c (angehängt, kurze Oktave)

DISPOSITION

Cop(ula)	8' (C und D aus Holz hinter dem Gehäuse)
Principal	4' (Prospekt)
Octavo	2'
Vox ME..LE..	2' (Flötenregister, repetiert bei c' auf 4'; C-h gedackt)
Quint	1⅓'
Mixtur	2fach, 1' + ⅔' (repetiert bei cis' auf 2' + 1⅓' und bei c'' auf 4' + 2⅔')

Das Pfeifenmaterial ist nicht ganz einheitlich, und vermutlich ist das angehängte Pedal ohne eigene Register eine spätere Zutat. Es ist allerdings anzunehmen, dass die Hauptstimmen aus dem Anfang des 17.Jahrhunderts stammen. Im Prospekt steht Principal 4' mit allen Labien auf gleicher Höhe, die Seitentürme zeigen je 6 Pfeifen, der niedere Mittelteil 11 Pfeifen. Die Aufteilung erinnert an die Orgel von Valeria in Sitten.

MENSUREN

Copula 8'

C	c	cis'	d'	c''	g''	a''
117/117	77/77	37/37	49	29	21,5	20,5
33	19	10	28	18	13	11,5
11			14	8,2	6	5

Principal 4' (Prospekt bis d'')

C	c	c'	c''	g''	a''
75	38	22	12	9,2	*
50	27	14,5	9	8	
13	8,8	5,5	3,5	2,7	

Octavo 2'

C	c	c'	c''	a''
41	24	15	8	*
27	13,5	10	6	
8,5	5,5	4,1	2,7	

Vox ME..LE 2' (C-h gedackt, ab c offen, repetiert bei c' auf 4')

C	c	h	c'	c''	a''
48	28	17	22,5	13	9
32	18	11	14	9,5	7,5
12,5	8	5	5,5	4	3,2

Quint 1⅓' (repetiert bei c'' auf 2⅔')

C	c	c'	c''	a''
28	15,5	9	10	*
19	9,5	7	7,5	
6,1	4,2	3	3	

Mixtur 2fach (1' + ⅔', ab cis' 2' + 1⅓', ab c'' 4' + 2⅔')

C				c		c'	
1'	24	⅔'	16	11,5	*	7	6,5
	13		11	8		6,5	5,5
	6		5,5	3,5		2,5	2,3

cis'				c''				a''
2'	11,5	1⅓'	8	4'	12	2⅔'	10,5	*
	9		7		10		9	
	3,1		3,2		3,5		2,5	

Die obigen Mensuren haben wir im Jahre 1958 aufgenommen. Damals fehlten einzelne Pfeifen, die jedoch 1965 ersetzt wurden.

BIBLIOGRAPHIE

Bruhin, S.226.
Kathriner, S.103-105.

---

* Die fehlenden Mensuren wurden leider bei der Restaurierung anno 1965 nicht aufgenommen.

DISCOGRAPHIE

Guy Bovet aux orgues historiques de Visperterminen: Werke von G.F.Telemann, Gallo 30102 (Lausanne), Face 2.

MÜNSTER (BEZIRK GOMS)

Auf dem Biel (Hügel) oberhalb des Dorfes am Eingang zum Münstigertal steht seit zirka 1680 die *Antoniuskapelle*, die um 1775 umgestaltet und vergrössert wurde. Es ist eine typische Walliser Barockkapelle in malerischer Lage.

Auf der Empore, die derjenigen in der Reckinger Pfarrkirche nachgebildet ist, befindet sich eine Orgel, die Ende des 18. oder zu Beginn des 19.Jahrhunderts erbaut worden ist. Archivalische Unterlagen liessen sich bis jetzt nicht finden.

Das einst bunt marmorierte Gehäuse wurde 1961 unvorteilhaft in braun/gold neu gefasst, doch am Werk wurde seit 1959 nichts mehr geändert. Eine Revision drängt sich aber jetzt auf. Die Orgel hat eine Gesamthöhe von 465 cm. Die gedrechselten Registerziehknöpfe sind beidseits des Manuals angeordnet, das braune Untertasten und schwarze Obertasten aufweist. Hinter dem Gehäuse befinden sich drei Faltenbälge (je 187 x 65,5 cm), die an Seilen über Rollen aufgezogen werden können.

Um das klanglich hervorragende Instrument zu schonen, sollen die Mensuren und weitere Einzelheiten erst bei einer umfangreichen Reinigung aufgenommen werden.

Tastenumfang: Manual C-c''' (kurze Oktave)
Pedal C-c (angehängt, kurze Oktave)

DISPOSITION

Principal	8'
Suavial	8' (ab c')
Octav	4'
Copel	4'
Quint Flauten	2⅔'
Superoctav	2'
Tert (!)	1⅗'
Quint	1⅓' + 1' (repetiert bei cis'' auf 2')
Mixtur	3fach, 1', ⅔', ½' (rep. bei c' und c'' in die Oktave)
Pass	16' (Pedalregister)

Abbildung 3.
Münster-Goms, Orgel der St.Antoniuskapelle.

BIBLIOGRAPHIE

Bruhin, S.206.
Walter Ruppen, *Die Kunstdenkmäler des Kantons Wallis,* Bd.I, Basel, 1976, S.141-150.
Louis Carlen, *Geschichte der Familie Carlen,* Visp, 1975, S.36, nennt Josef Anton Carlen (1772-1849)
als Erbauer der Orgel.

RECKINGEN

Abbildung 4.
Reckingen, Kapellenorgel in der zerstörten St.Antoniuskapelle im Jahre 1958.

Die Kapellenorgel von Reckingen hat ein bewegtes Leben hinter sich. Ursprünglich stand sie in der abgelegenen Kreuzkapelle auf dem Stalen im Blinnental, südöstlich des Dorfes. Diese Kapelle stammt aus dem Jahre 1769 und besitzt noch heute die für die Orgel bestimmte hölzerne Empore. Anlässlich einer Reparatur der Kirchenorgel von Reckingen wurde im Frühjahr 1888 von Conrad Carlen die 'Kapellenorgel im Kreutz' noch geputzt und gestimmt. Später wurde das Instrument in die näher beim Dorf gelegene, 1690 errichtete Antoniuskapelle versetzt, die anlässlich des Lawineunglücks vom 24. Februar 1970 vollständig zerstört wurde. Orgelbauer Hans J. Füglister konnte die Orgel ausgraben und instandstellen. Nun steht das klanglich ausgezeichnete Instrument seit November 1979 leihweise in der Pfarrkirche von Obergesteln, nachdem es vorher in der Pfarrkirche von Münster benutzt wurde.

Es handelt sich um eine kleine, bunt marmorierte Gehäuseorgel aus dem Ende des 18. Jahrhunderts. Das Manual hat braune Untertasten und hellbraune Obertasten. Rechts daneben befinden sich hölzerne, seitlich verschiebbare Registerhebel, die nach aussen gestossen die Register einschalten, zum Spieler gezogen abstellen.

Es bestand ein kleiner Magazinbalg für Handbetrieb, links neben der Orgel.

Tastenumfang: Manual C-c''' (kurze Oktave)
                Pedal C-c (angehängt, kurze Oktave)

DISPOSITION

Holzgedackt	8′
Praestant	4′ (Prospekt)
Flöte	4′
Octave	2′
Quint	1⅓′
Superoctave	1′
Bass	8′ (Pedalregister, Holzgedackt)

Die Mensuren und weitere Einzelheiten sollen bei der nächsten Versetzung aufgenommen werden.

BIBLIOGRAPHIE

Bruhin, S.212-213.
Walter Ruppen, *Die Kunstdenkmäler des Kantons Wallis,* Bd.I, Basel, 1976, S.320, 322, 324-327.

SAAS GRUND

Abbildung 5.
Saas Grund, Orgel in der Dreifaltigkeitskapelle, vor der Kapellenrestaurierung im Jahre 1975.

In der kürzlich renovierten *Dreifaltigkeitskapelle* in Hornlauenen, die 1735 neu erbaut worden ist, befindet sich eine klangschöne, unveränderte Orgel, die aufgrund der *Chronik des Thales Saas für die Thalbewohner,* von 1851, aus dem Jahre 1806 stammt. Archivalische Unterlagen konnten bisher nicht gefunden werden. Die Unterseite der Windladen sind mit Seiten eines Walliser Kalenders aus dem Jahre 1795 abgedichtet.

Die aufgehängte Holzempore ist über eine Aussentreppe von der Nord-wand her erreichbar. Das original braun lasierte Gehäuse mit schwarzen und roten Verzierungen ist maximal 463 cm hoch und 77,5 cm tief. Der Unterbau hat eine Breite von 214,4 cm, der Aufbau eine solche von 276 cm. Links und rechts neben dem Manual, das braune, frontal offene Untertasten und schwarze Obertasten aufweist, befinden sich je 4 hölzerne Registerhebel, die nach aussen geschoben die Register einschalten. Die Registernamen sind nicht mehr bezeichnet.

Links neben der Orgel befinden sich 2 dreifaltige Bälge (je 200 x 101 cm) mit einem hölzernen Wagebalken für Handbetrieb. Der Winddruck am Kanal beträgt ca.46 mm ws.

Tastenumfang: Manual C-c''' (kurze Oktave)
Pedal C-c (angehängt, kurze Oktave)

DISPOSITION

Principal	8' (C-F Holz, offen, hinter dem Gehäuse, im Prospekt ab G)
Gedackt	8' (C-H Holz)
Suavial	8' (ab c')
Octav	4'
Superoctav	2'
Quinte	1⅓'
Mixtur 3fach	
Subbass	16' (Pedalregister, Holzgedackt, hinter dem Gehäuse)

MENSUREN

Die Mensuren wurden im April 1975 aufgenommen. Gegenwärtig wird die Orgel gereinigt und gestimmt, nachdem sie seit 25 Jahren keine Stimmung und Reinigung mehr erlebt hat.

Principal 8' (ab G im Prospekt)

C	G	c	c'	c''	c'''
150/120	105	83	46	21	15
118	69	55	32	16,4	10,5
22	21	17,8	10,5	5,8	4

Gedackt 8' (C-H Holz)

C	c	c'	c''	c'''
125/107	86	50	29	19
103	56	30	17	12,5
23	23	15	8,5	5

Suavial 8′ (ab c′)

c′	c″	c‴
44	25	15,5
28	17	10,5
10	6	3,5

Octav 4′

C	c	c′	c″	c‴
83	46	25	15	10
52,5	28	18	10,5	7
17	10	6,5	4	2,5

Superoctav 2′

C	c	c′	c″	c‴
45	25	14,8	9,6	7,3
28	17	10	7,5	5,5
11,5	6,8	3,6	2	1,5

Quinte 1⅓′ (repetiert bei dis″)

C	c	c′	c″	dis″	c‴
31,5	18,5	11,5	8,2	10	7,8
20	13,2	8,5	6,1	7,2	6
8	4	2,7	1,8	2,2	1,7

Mixtur 3fach (repetiert bei g und g′)

C						c		
1⅗′	29,5	1′	25	⅔′	18	17,5	15	11,7
	18,6		16,5		12,5	11	10,5	7,6
	7,8		6,5		4,3	4,8	3,5	2,6

g						c′		
2′	26	1⅗′	22	1⅓′	20	21,5	18,2	16,5
	15		13,5		11,8	12,5	11	9,2
	5		4,3		4	4,2	3,2	3

g′						c″		
4′	26	2⅔′	20	1⅗′	14,5	21,5	16,7	12,1
	15		11		8,8	12,8	9	7
	6		3,8		3	4	3,2	2,2

c‴		
14	10,5	8,5
8	6,4	5
2,3	1,5	1,3

Subbass 16' (Pedalregister, Holz, gedackt, hinter dem Gehäuse)

C	225/180	*c*	136/109
	178		107
	48		30

BIBLIOGRAPHIE

Bruhin, S.216.

LEUK

Abbildung 6.
Leuk, Prospekt der Orgel in der Ringackerkapelle.

Südlich von Leuk Stadt, auf einer Geländeterrasse über der Rhone, steht der wohl prächtigste Barockbau des Kantons Wallis, die grosse Marien- oder *Ringackerkapelle,* die 1690 bis 1694 auf historischem Boden erbaut worden ist.

Auf der steinernen Empore über der Vorhalle befindet sich auf einem Holzpodest eine prächtige, fast 6 m hohe Orgel, die nach unzuverlässigen Angaben zu Beginn des 18.Jahrhunderts von Matthäus Carlen (1691-1749) erbaut worden sein soll. Auf dem niedern Mittelteil steht das imposante Wappen der Familie de Werra, das nach Angaben aus dem Jahre 1959 von Albert de Wolff, Sitten, heraldisch erst seit 1806 benützt wird. Die Geschichte der Orgel ist nicht eindeutig, obwohl Reparaturen von 1763 bis 1957 bezeugt sind. Heute ist das Werk teilweise spielbar. Infolge Undichtigkeiten kann die Stimmung nicht halten, und alle Teile sind zudem stark verstaubt oder defekt. Eine Renovation wäre sehr erwünscht.

Die in Blautönen bunt gefasste Gehäuseorgel ist an der Rückseite teilweise offen. Das Pfeifenwerk im Gehäuse ist vollständig und macht einen homogenen Eindruck. Die gut gearbeiteten Pfeifen könnten alle aus dem Anfang des 19.Jahrhunderts stammen. Nach der linken Register-Staffelei zu schliessen war früher offensichtlich ein Register mehr vorhanden. Die sehr schön aus Holz gefertigte Spiel- und Registertraktur funktioniert einwandfrei. Die Pedalregister stehen frei hinter dem Gehäuse. Anstelle der Pedal-Quinte, von der einzelne Pfeifen fehlen, andere defekt sind, war früher ein 3faches Register vorhanden.

Das Manual zeigt Untertasten aus Ebenholz mit goldgeprägten Fronten. Die Obertasten sind mit Knochen belegt. Beidseits des Manuals sind S-förmige seitlich verschiebbare Registerzüge aus Holz angebracht. Ungewöhnlich ist auch bei diesem Instrument, dass die Züge zum Spieler gezogen abstellen, nach aussen gestellt die Register einschalten. Rechts neben der Orgel steht ein Magazinbalg von 1889 für Handbetrieb, dem seit wenigen Jahren ein elektrischer Motor beigefügt ist (Bastelarbeit!).

Tastenumfang: Manual C-c''' (kurze Oktave)
Pedal C-f (angehängt, kurze Oktave)

DISPOSITION

Manual

Montre	8′
Salicional	8′ (ab c′, Walliser Suavial-Register)
Bourdon	8′ (C-H = Holz)
Prestant	4′
Doublette	2′
Cornett	3fach
Fourniture	3fach
Quinte	1⅓′

Pedal

Soubass	16′ (Holz)
Octave-Bass	8′ (Holz)
Violoncelle pédale (Quinte 5⅓′)	

BIBLIOGRAPHIE

Blätter aus der Geschichte von Leuk, Nr.4, 1950, 23 S. 'Die Ringackerkapelle'.
Bruhin, S.203.
Kathriner, S.108-109.

ZENEGGEN

Abbildung 7.
Zeneggen, Kapellenorgel.

Über dem Dorfe Zeneggen, auf dem Biel (Hügel), steht die *Wallfahrtskapelle der vierzehn Nothelfer,* die zu Beginn des 19.Jahrhunderts neu gebaut worden ist. Der Bau weist ein Tonnengewölbe mit einem eingezogenen, halbrund geschlossenen Chor auf. Auf der hölzernen Empore befindet sich eine bescheidene Orgel, die erst 1916 in die Kapelle gestellt worden ist.

Die Orgel soll nach den unzuverlässigen Angaben des Conrad Carlen von Peter Joseph Carlen (geb. 1781, wohnhaft in Visp) für die damalige Dreifaltigkeitskapelle von Zeneggen erbaut worden sein, die der heutigen Kirche von 1881 weichen musste. Im Jahre 1850 arbeitete Gregor Carlen (1818-1869) an der Orgel, und im März 1877 versuchte sich ein italienischer Musiklehrer mit einer Reparatur. Seit mindestens 1955 ist das Werk unspielbar, doch ist gelegentlich eine Restaurierung vorgesehen.

Das Gehäuse hat eine Höhe von beinahe 4 m und eine Tiefe von 43,5 cm. Der Unterbau ist 204 cm breit, der Oberteil 226 cm. Es sind verschliessbare hölzerne Flügel vorhanden. Die ganze Orgel ist ocker, blau und grün gefasst. Das Manual besitzt schwarze Untertasten, die frontal roh sind, und mit Knochen belegte Obertasten. Die hölzernen Registerhebel sind rechts neben dem Manual angebracht. Sie sind seitlich verschiebbar und werden ausnahmsweise umgekehrt verwendet (d.h. nach aussen gestellt = ein, zum Spieler gezogen = ab).

Links neben der Orgel befinden sich zwei dreifaltige Keilbälge (je 162 x 65 cm), die durch Hebel betätigt werden.

Tastenumfang: Manual C-c‴ (kurze Oktave)
　　　　　　　Pedal C-c (angehängt, kurze Oktave)

DISPOSITION (nicht angeschriebene Register)

Principal	8′
Spitzflöte	4′
Oktave	2′
Mixtur	3fach (2⅔′, 1⅓′, 1′)
Bass	8′ (hölzerne offene Pedalpfeifen hinter dem Gehäuse)

Da bei der geplanten Restaurierung die Mensuren aufgenommen werden, wurde vorläufig darauf verzichtet.

QUELLENANGABEN

Pfarrarchiv Zeneggen, *Buch der Kapelle auf dem Biel ab 1842* (unter Kapellenvogt Adolf Kenzelmann) ‘1916, Die Installierung der alten Orgel Fr.150’.
　　Inschriften im Orgelgehäuse nach Fotos von Jakob Kobelt, Mitlödi:
　　1 Verfertigt d.11.Oct.1850/als Jos. Anton Schaller/Kapellenvogt war/und zwar ein sehr tätiger.
　　2 1850 d.14.August/Gregor Carlen/Organist u.Orgelmacher/in Gliss.
　　3 Bartolomeo Str..Cott../Organista che restaurò il presente Organo/nel mese di Marzo 1877 – Italiano/magistro di musica e di scuola comunale.

BIBLIOGRAPHIE

Bruhin, S.227/228.
Kathriner, S.98, 100, 119, 120.

RITZINGEN

Abbildung 8.
Ritzingerfeldkapelle.

Zwischen Ritzingen und Gluringen steht einsam die *Muttergotteskapelle im Ritzingerfeld,* deren Ursprung ins 15.Jahrhundert zurückgehen soll. Der heutige Bau stammt von 1687, wurde aber erst 1693 eingesegnet. Am 9.Februar 1807 zerstörte eine Lawine die Nordmauer des Schiffs sowie schon eine Orgel. Noch im gleichen Jahr begann man mit dem Wiederaufbau der Kapelle. Der Raum hat heute eine Länge von ca. 23 m und ein Raumvolumen von rund 1400m³.

Im Jahre 1813 wurde die Orgel neu erstellt von Joseph Anton Carlen (1772-1849) von Gluringen, unter Mitwirkung seines Vaters Felix Alois Carlen (1734-1816). Als Sonderfall haben wir über den Orgelbau genaue Aufzeichnungen finden können, die nachstehend zitiert werden.

Auf der Holzempore steht die braungestrichene Gehäuseorgel mit
Goldverzierungen. Der Unterbau ist 222 cm breit, 87 cm tief und 163 cm hoch.
Das Oberteil hat an der breitesten Stelle 333 cm, und die Aussentürme sind bis
294 cm hoch.

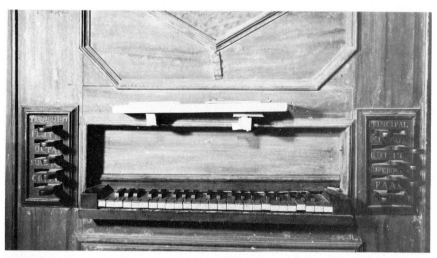

Abbildung 9.
Orgel der Ritzingerfeldkapelle, Manual mit Registerstaffeleien.

Das Manual weist Untertasten aus Buchsbaum mit gepressten Front-
ornamenten auf; die Obertasten sind schwarz gebeizt. Die hölzernen
Registerhebel sind beidseits des Manuals angeordnet und lassen sich seitlich
verschieben. Auch hier: Hebel nach aussen gestellt = Register gezogen. Rechts
neben der Orgel befinden sich zwei vierfaltige Bälge für Fussbetrieb (je 202 x
99 cm). Der Winddruck auf der Lade beträgt ca. 36 mm ws.
Das Pfeifenwerk ist vollständig erhalten, die Orgel ist aber stark verschmutzt
und nur teilweise spielbar. Eine Generalrevision ist geplant, nachdem die
Kapelle renoviert worden ist. Um das Werk zu schonen, sollen die Mensuren
erst bei der Demontage aufgenommen werden.
Tastenumfang: Manual C-c''' (kurze Oktave)
                Pedal C-c (angehängt, kurze Oktave)

DISPOSITION

Principal   8' (Ton C aus Holz hinter dem Gehäuse, Ton c'''
                                       Metall hinter den Prospektpfeifen)

Copell	8′ (C-H Holz gedackt, ab c Metallgedackt)
Suawial	8′ (ab c′)
Octaf	4′
Flütten	4′ (konisch)
Tranzquint	2⅔′ (konisch)
Superoctaf	2′
Quint	1 ⅓′ (repetiert bei fis″ in 2⅔′)
Mixtur	3fach, 1⅗′, 1⅓′, 1′ (rep. bei c, g, c′, g′, c″, g″)
Paas	16′ Subbass Holz + 8′ Spitzflöte Holz (Pedalregister hinter dem Gehäuse auf einer Lade mit Sperrventil)

QUELLEN

Pfarrarchiv Biel: D 66 (blaues Heft) Notizen des Pfarrers Joseph Anton Jost, begonnen 1807 'Angaben über die Kapelle auf dem Ritzingerfeld, die am 9.Februar 1807, in der Nacht, von einer Lawine zerstört wurde'.

(ab S.15, Nr.182-189:)

1813, den 22. Heuet hat man mit dem H.Anton Carlen Orgelmacher von Gluringen gerechnet, und zwar erstlich hat man ihnen die zerschlagene Rustig von der alten Orgel gelassen.
2 Zinn von der alten Orgel hatte man ihnen eingehändigt Liffer 105, welche nirgends aufgeschrieben stehen.
3 Zinn, und altes Bley, welches man von den Gemeinden eingezogen hatte, hat man ihnen gegen u 147½, das u rechnet man durcheinander zu G 5, machen also zusammen 737½ G Werth.
4 Das Fein-Zinn, welches man von Herrn Loato Krämer zu Brig gekauft hat, war u 38, das u zu G 17, at also getragen, welches man heut mit Geld bezahlt hat 646 G Geld.
5 Das Zinn, welches man von Herrn Felix Carlen von Gluringen gekauft hat, war u 50½, das u G 12, hat also getragen welches man heut ebenfalls mit Geld bezahlt hat   606 G Geld
6 Der Lohn für die Orgel zu machen hatte man accordiert für drey hundert Wallis pfund, welches man heut mit barem Geld bezahlt hat, machte also   4000½ G Geld
7 Zum Zeichen der Zufriedenheit hat man ihm 3 Luisdor an Geld zu Trinkgeld auch hat gegeben – macht   480 G Geld
Die Orgel sind schön, und herrlich, so vill man weiss, und verstehet, und überall hört. Die gemachten Zinnpfeifen, wie sie wirklich in der Orgel stehen, wägen u 280¾ –
Am selben Tag hat man dem Herrn Anton Carlen ein Abendessen gegeben, wo auch die Herrn Vorsteher gegenwärtig waren, Brot und Käs hat Herr Joseph Ignaz Biderbosten von Ritzingen Kapellenvogt der Kapellen ferrechnet. Wein hat man gebraucht 3 Mass, dise tragen   27 G Geld
den 24. Heuet hab ich dem Lagger Tuna von Reckingen für das Laubwerk an der Orgele zu schnitzlen an Geld bezahlt   110 G Geld
im brachet hab ich 24 Büchlein Gold aus der Schweiz kommen lassen für die Orgel zu vergülden, haben mich gekostet samt Portolohn, welches ich an Geld bezahlt hab   320 G Geld
1813 im Frühling hat man den Herrn Orgelmacheren 2 Massen Brantwein gegeben, hat gekostet   40 G Geld
1814 im Hornung hat man dem Herrn Felix Carlen, Orgelmacher die Läden an Geld bezahlt, welche er von den Seinigen zugethan hat, weil er lieber das Geld als die Läden wollte, er sagte 13 Klafter zugethan zu haben, das Klafter zu G 10, macht   130 G Geld

1814, den 31ten May hab ich dem Peter Bonaccio Krämer zu Biel für Leim, Brandenwein, Oel, und einige Farben, welche er uns angeschafft hat, für die Orgel zu malen an barem Geld bezahlt   82 G Geld
in selbem Tag hab ich dem Mahler Johan Joseph Pfefferle bezahlt für die Orgel zu vergulden, und zu mahlen, welches ohne die Kost die ich der Capellen verehret hab, weil er immer bey mir in der Kost war getragen, und hab ihm an barem Geld bezahlt   201 G Geld
Ich hab zusammengerechnet, was Herr Johan Joseph Walter zehnden fnder von Selkingen für die Capelle an Läden...

(S.6 von hinten, Nr.73:)

1813, den 22 Heuet hat man dem Herrn Anton Carlen Orgelmacher das überbliebene Zinn verkauft für u 15, hab also empfangen   200 G

BIBLIOGRAPHIE

Bruhin, S.214-215.

VISP

In der 'Riti' von *Eyholz* steht die grosse barocke Kapelle Mariae Himmelfahrt, direkt an der Autostrasse Visp-Brig. Die Kapelle dürfte bereits 1665 erbaut worden sein, die Errichtung eines Altares durch die Kaufleute Peter Kurtz und Heinrich Kalbermatter im Jahre 1671 ist erwiesen. Bei einer Länge von 16,5 m beträgt das Raumvolumen der Kapelle zirka 1100 m^3.[12]

Über der Arkadenvorhalle befindet sich die Sängerempore, die mit drei grossen Bogen gegen die Kapelle hin geöffnet ist. Vor dem mittleren Bogen steht auf einem zierlichen Holzbalkon eine kleine Orgel, über deren Geschichte man noch recht wenig weiss. Aufgrund der Angaben von Leo Kathriner soll nach den ungenauen Aufzeichnungen des Conrad Carlen die Orgel von Franz Joseph Carlen (1779-1843) stammen. Bei der soeben durchgeführten Orgelrestaurierung fand man tatsächlich auch Notenblätter und Briefe an Franz Joseph Carlen, Orgelmacher in Glis, datiert von 1828 bis 1830, an den Innenseiten der Bälge. Nach Ansicht von Jakob Schmidt stammen Bälge, Pfeifen, Spielmechanik und die gesamte Pedalanlage aus derselben Werkstatt, während das Gehäuse und die von Carlen stark über-arbeitete Manualwindlade früher, vielleicht kurz nach der Erbauung der Kapelle, entstanden sein dürfte. In jener Zeit hatte die Orgel ein wesentlich

---

12 Die Kapelle drohte buchstäblich einzusinken, weshalb der ganze Bau im März 1977 pneumatisch um 1,7 m gehoben und neu fundamentiert wurde. Bei der Niederschrift dieser Zeilen im August 1979 ist die Renovation der Kapelle noch nicht ganz abgeschlossen.

Abbildung 10.
Visp, Orgel der Ritikapelle in Eyholz, vor der Restaurierung im Jahre 1979.

enger mensuriertes Prospektregister, 9 statt nur 6 Pfeifen in den kleinsten Feldern, ein Gedackt 8' statt der Spitzflöte, ein durchgehendes Register auf der Schleife der Vox humana und vermutlich noch kein Pedal. Spuren im Unterbau des Gehäuses deuten auf einen Keilbalg mit Schöpfer, was die grössere Tiefe des Gehäuse-Unterbaues erklären würde.

Die seit ungefähr 1954 unspielbare Orgel wurde 1978-1979 durch Firma Goll AG, Luzern (Jakob Schmidt und Beat Grenacher), vorbildlich restauriert, wobei alle alten Teile belassen wurden. Die beiden historischen vierfaltigen Keilbälge (je 193 x 83 cm) hinten auf der Sängerempore können nach wie vor von Hand betätigt werden. Einer davon lässt sich heute mit einem Elektro-gebläse füllen. Der Winddruck beträgt 46 mm ws.

Über einem Unterbau von 177 cm Höhe, 161 cm Breite und 71 cm Tiefe steht ein fünfteiliger Flachprospekt (Gehäusebreite 203 cm, Tiefe 50 cm) mit zwei dominierenden, segmentgiebelbekrönten Seitenfeldern und drei kleinen Zwischenfeldern unter einem durchlaufenden, im Mittelfeld halbkreisförmig überhöhten Abschlussgesimse, das perspektivisch einen Rundturm vortäuscht, wie bei den Orgeln von Bellwald und Niedergesteln. Gesamthöhe der Orgel 450 cm.

Die Erneuerung der crèmefarbigen Fassung mit Blumenornamenten von Gehäuse und Empore besorgte der Restaurator W. Mutter in Naters. Die noch vorhandenen Orgelflügel sind nur geöffnet ausgemalt und zeigen Flöten-spieler und Blumenmotive. Hinter dem Gehäuse stehen auf eigener Lade am Boden acht offene Pedal-Holzpfeifen (C-H).

Tastenumfang: Manual C-c''' (kurze Oktave)
Pedal C-c (angehängt, kurze Oktave)

Die Manualtasten aus Buchsbaumholz sind frontal mit einem bronzierten Papierprägeschildchen beklebt. Die Obertasten sind mit Knochen belegt. Rechts neben dem Manual befinden sich die hölzernen, seitlich verschieb-baren Registerhebel. Im Orgelinnern stehen auf diesen Hebeln in deutscher Schrift die unten aufgeführten Registerbezeichnungen. Die Reihenfolge in der Front von oben nach unten entspricht der Pfeifenaufstellung im Gehäuse von vorne nach hinten.

DISPOSITION

Principal	(4', im Prospekt)
Mixtur	(2fach, 1' + ⅔')
Quint	(1⅓')
Superoctaf	(2')
Voxumana	(8', ab c', Labialstimme)
Flutten	(8', Spitzflöte)
Paso	(8', Pedalregister, Holz offen)

MENSUREN (Aufnahmen von J.Schmidt)

Spitzflöte 8' (C-c Holz, ab cis sehr dünnwandiges Metall)

C	c	cis	c'	c''	c'''
119/109	87/76	98/34	59/21	35/12,2	22,4/10,2
53/58	43/48	55	33	20	13
30	19	15	11,5	7,3	6

Vox humana 8'

	c'	c''	c'''
	48	27,5	16,2
	33	19,2	11,8
	10,3	6,8	4,2

Principal 4' (C-c' = 33 Pfeifen im Prospekt)

C	c	c'	c''	c'''
84	47	27,4	15,3	10,6
58	34	18,8	10,4	7
13,7	9,3	5,5	4,2	3,1

Superoctav 2'

C	c	c'	c''	c'''
46,5	26	15,8	11,2	8,2
32,4	18	11	8,4	6,2
10,3	6,2	3,8	3,2	2,1

Quinte 1⅓' (repetiert bei fis'' in 2⅔')

C	c	c'	h'	fis''	c'''
33,5	20,8	13,8	10,6	12,3	10,5
23,5	14,8	9,7	7,2	8,8	8
7,4	6,0	3,9	2,1	2,5	1,9

Mixtur 2fach (1' + ⅔', rep. bei c' in 2' + 1⅓' und bei fis'' in 4' + 2⅔')

C			c		
1'	25,3	⅔'	19,4	15,8	12,6
	17,8		13,6	11,3	8,6
	5,6		4,3	4,1	3,1

c'			c''			g''	
2'	15,2	1⅓'	12,5	2'	10,5	2⅔'	10,2
	11,6		8,8		8		7,1
	–		3,4		–		2,7

Pedalbass 8'

C	c
143/125	89/77
A = 39	23

BIBLIOGRAPHIE

Bruhin, S.196.
Kathriner, S.100 und S.110.

SIMPLON

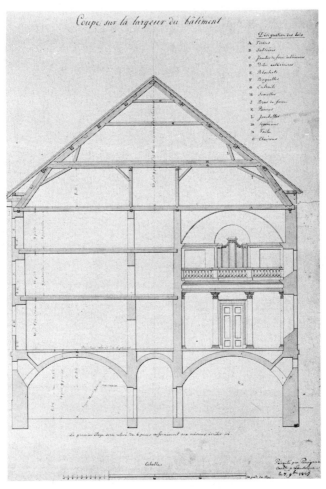

Abbildung 11.
Simplon-Hospiz, Architekturplan von 1827 für den Einbau einer
Orgel in der Hauskapelle.

Das berühmte *Simplon-Hospiz* liegt 800 m südlich und 8 m unter dem 2005 m
hohen Scheitelpunkt des Simplonpasses. Es wurde 1801 auf Befehl Napoleons
erbaut, jedoch erst um 1835 von den Regulierten Augustiner Chorherren vom

Grossen St. Bernhard vollendet, die das Haus auch heute noch betreuen.

Im Hospizgebäude befindet sich eine 'Hauskapelle', die vom Bischof von Sitten, Maurice Fabien Roten, am 20. Juni 1832 konsekriert worden ist: Dieses Gotteshaus hat ein Raumvolumen von 1100 m³ und eine Holzempore, auf der eine renovationswürdige Orgel steht. Dieses Instrument dürfte aus dem Anfang des 19. Jahrhunderts stammen und befand sich früher vermutlich in einem andern Raum. Die von Architekt Perregaux, Lausanne, am 8.11.1827 vorgelegte Zeichnung mit der kleinen Orgel wurde nie ausgeführt.

Abbildung 12.
Simplon-Hospiz, Orgelprospekt.

Ueber die Herkunft der heutigen Orgel sind wir im Ungewissen. Nach Quaglia soll sie 1836 erbaut worden sein. Im Archiv des Simplon-Hospizes fand sich lediglich ein unsigniertes Handschreiben vom 18.7.1842, wonach Johann Baptist Carlen (1777-1864) und sein Sohn Johann Fridolin (1819-1909) die Orgel mit 16 Registern erbaut haben sollen. Die Angaben über den Tod des Vaters sind jedoch unzutreffend, so dass wir nicht wissen, ob es sich nur um einen Textentwurf handelt.

Der spätbarocke Orgelprospekt mit Principal 8′ steht getrennt vom Gehäuse. Auch war der Mittelturm vermutlich höher. Die Pfeifen von 4 Seitenfeldern sind intoniert, aber nicht mehr angeschlossen.

Die Nische für das Manual ist grösser als üblich und entspricht einem Tastenumfang bis c''''. Es ist auch anzunehmen, dass früher 2 Manuale vorhanden waren. Die Registerhebel sind beidseits des Manuals angeordnet. 3 Registerhebel sind entfernt.

Die Mechanik ist verändert, die Abstrakten aus Holz, die Winkel teilweise und die Lager alle aus Metall. Die originalen Schleif-Windladen aus Lärchenholz sind geteilt und gingen von C bis c''''. Die Ventile befinden sich heute hinter der Orgel, waren ursprünglich aber vorne. Auch die Pedalladen sind gegenüber früher wohl versetzt.

Rechts neben der Orgel befindet sich ein Doppelfalten-Magazinbalg von zirka 1930. Die Betätigung erfolgt mittels 2 Fuss-Schöpfern.

Tastenumfang: Manual C-g'''
                       Pedal C-f

DISPOSITION

Manual

Bourdon	16' (ab c, Holzpfeifen bis dis')
Principal	8' (Prospekt bis dis')
Bourdon	8' (Holz bis cis, Bezeichnung auf Pfeifen 'Copel')
Gambe	8' (Zink, Bezeichnung auf Registerknopf 'Gampe')
Aéoline	8' (Zink, ursprünglich 2 Register)
Voix céleste	8' (ab c, Zink)
Prestant	4'
Flûte	4' (Spitzflöte)
Doublette	2'
Cornet 5f.	(ab c', hochgebänkt, 8' aus Holz bis dis')

Pedal

Soubasse	16'
Cello	8'
Flûte	8'
Pedalkoppel	(Fusswippe)

Die meisten Originalpfeifen sind noch vorhanden. Die Zinkpfeifen sind nicht die ursprünglichen. Das interessante Werk hat leider keine Klangkrone mehr und die Windversorgung ist defekt. Die Orgel ist seit ungefähr 10 Jahren nicht mehr spielbar.

QUELLEN

1 Handschreiben: 'Infra subsignatus fidem praebeo publicam, Anno a reparata Salute Millesimo Octingentesimo, Quadragesimo secundo in Mense Julii ornatum Dominum Joannem

Fridolinum Carlen de parochia Natriensi Deseno Brigensi ortum in condecorata Hospitii Montis Semproniensis Ecclesia nova quae Pater Ejus Organeda peritissimus consultus Dominus Joannes Baptista Carlen communitatis Natriensis Praeses incaepto opere; more / pro(h) dolor / nimium matura correptus disposuerat sexdecim Registrorum organa laudabilissimo cum successu in genuinum construxisse omnium instrumentorum optime resonantium concentum, et maximo nostrae contentionis et satisfactionis encomio peritus inordinem perfecisse, ita equidem, ut omnium ad quos Organorum conficiendorum vel tonorum perfectionem procurandorum causa devenerit, tam mores suos propter egregios, quam exquisitam sibi propter artis cognitionem benignissima susceptione, imo et plena Confidentia dignus prefertur Dominus Fridolinus Carlen undequaque sit existimandus. In quorum proinde fidem has manu propria sigilloque exaratas dedi Litteras.

In Monte Hospitii Semproniensis. Anno 1842 die 18va Julii' (Unterschrift und Siegel fehlen).
2 Rechnung vom 4.9.1931 des 'Henri Carlen Carlen, Facteur d'Orgues, Brigue (Valais)': Accord et petites réparations à l'orgue, frais de voyage y compris Frs. 30.--.
3 Johann Imahorn, Vortragsmanuskript vom 28.9.1944 für den hist.Verein des Oberwallis über alte Orgeln im Wallis: '... 1849 hat Gregor Carlen im Simplon-Hospiz eine Orgel von 16 Registern erstellt. Das Werk hatte eine Zungenstimme Clarinette 8. Der P.Organist liess sie herauswerfen ohne jemand zu fragen, wahrscheinlich weil ihm das viermalige Stimmen im Jahre seine Arbeitszeit zu schwer belastete, und unser Orgelbauer H.Carlen musste ihm die hochromantischen Stimmen der Aeoline und Gamba einbauen. Ich habe sie nachträglich gehört und gespielt und hat mich sehr enttäuscht! Diese 2 neuen verderben den ganzen Charm, passen so wenig hinein wie ein 'Aelpler ins Schloss von Versailles'.

BIBLIOGRAPHIE

Bruhin, S.218-219.
L. Quaglia, *La Maison du Grand-Saint-Bernard des origines aux temps actuels,* Aosta, 1955, p.561.

Abbildungsnachweis

Abbildung 4, 5, 7, 8, 12: R.Bruhin.
Abbildung 3, 6, 9, 10: O.Ruppen.
Abbildung 2, 2a: J.Sarbach.
Abbildung 1 aus der Landkartensammlung der Walliser Kantonsbibliothek in Sitten.
Abbildung 11 aus dem Archiv des Simplon-Hospiz.

Hardenberg, Zelter und Orgelbauer Buchholz

Franz Gerhard Bullmann

Carl Friedrich Zelter begeisterte sich früh am Orgelbau: 'Im zehnten Jahre baute ich mir im Garten eine Orgel aus kleinen Latten und Bretterwerk; auf das Pedal wendete ich besonderen Fleiß, daß es ordentlich konnte getreten werden'.[1] Vielleicht hatte er es jedoch nur zu einer Art Spieltisch gebracht, die Applikatur zu studieren. Kompositionsversuche und Musizieren waren ihm dann wohl wichtiger, neben der vom Vater geforderten Ausbildung zum Maurermeister. Mit einer Kantate[2] zur Einweihung der für die St.Georgen-Kirche zu Berlin von Ernst Marx (1727-1799) erbauten Orgel[3] trat Zelter fast vierundzwanzigjährig vor die Öffentlichkeit; auch Friedrich Wilhelm Marpurg war zugegen.

Vierunddreißig Jahre später bat Staatskanzler Karl August von Hardenberg den 'ersten Kenner und Liebhaber der schönen Musik' um Besuch und Ratschlag: 'Ich habe zu Neu-Hardenberg eine schöne neue Landkirche, die ich gern mit einer Orgel schmücken möchte'.[4] Zelter – obwohl nicht genannt – war angesprochen, und er verband den Wunsch Hardenbergs sogleich mit dem Gedanken an die gute Gelegenheit zu einer neuen Kirchenmusik, was er unter dem 11.Februar 1817 auch Goethe wissen ließ: 'Fürst Hardenberg hat mir aufgetragen, ihm eine neue Orgel in Neu-Hardenberg (ehemals Quilitz), 9 Meilen von hier, erbauen zu lassen. Diese Orgel wird gegen das Reformations-jubiläum fertig sein, und dazu möchte ich gern etwas fertighaben. Ein altes Stück sollte man doch wohl dazu nicht nehmen...'[5] Die Wahl eines Berliner Orgelbauers dürfte Zelter nicht schwer gefallen sein. Er benannte Johann Simon Buchholz (gleichen Alters wie Zelter), der u.a. bei Ernst Marx gelernt

---

1 *C.F.Zelter Eine Lebensbeschreibung.* Nach autobiogr.Mss.bearb.von W.Rintel, Berlin, 1861, S.5.
2 Ebenda, S.104-111.
3 Beschreibung der Orgel: siehe F.Bullmann, *Die rheinischen Orgelbauer Kleine-Roetzel-Nohl,* Teil II, München, 1974, S.80 f.
4 P.G.Thielen, *K.A.v.Hardenberg,* Berlin, 1967, S.416. Brief Hardenbergs an Ungenannten, 14 Dezember 1816. C.Lowenthal-Hensel ergänzt in ihrem Katalog *Hardenberg und seine Zeit* (hrsg.vom Geheimen Staatsarchiv Preußischer Kulturbesitz, Berlin, 1972, Katalog-Nr.126) den Adressat C.F.Zelter.
5 Der Briefwechsel zwischen Goethe und Zelter, hrsg.v.Max Hecker, Band I, Leipzig, 1913.

und eine Reihe stattlicher Orgeln gebaut hatte und in eben diesem Jahre 1817 zusammen mit seinem sehr geschickten Sohn Carl August die Orgel in der Domkirche zu Berlin[6] erstellen sollte.

Der am 8.Februar 1817 von 'Carl Friedrich Zelter, Professor der Königl. Akademie der Künste' und 'Johann Simon Buchholz, Orgelbauer wohnhaft Neue Grünstrase No:6' unterzeichnete und mit dem Namenzug 'genehmigt Carl Fürst von Hardenberg' versehene Vertrag[7] wird hier auszugsweise wiedergegeben: 'Hauptexemplar. Zwischen dem Königl. Professor Herrn Zelter und dem Herrn Orgelbauer Buchholz allhier ist dato folgender Contract geschlossen worden. §1 Herr Buchholz verbindet sich, für Seine Durchlaucht, den Königlichen Staats Kanzler, Herrn Fürsten von Hardenberg eine Orgel mit zwei Manualen zu 54 Tasten, einem freien Pedal zu 24 Tasten, zwanzig klingenden Stimmen und sechs und zwanzig Registerzügen, nach der von dem Königl. Schul-Inspector Tschockert angefertigten,... und genehmigten Disposition vom 28ten Januar d.J. ganz neu anzufertigen und nach geschehener Verrichtung in der Kirche zu Neu-Hardenberg aufzustellen. §2 Seine Durchlaucht wollen dem Herrn Buchholz für dieses Werk, die nach dem Anschlage erforderte Summe von 1235 rth... in Courant auszuzahlen gehalten seyn... § 3 Dagegen verbindet sich Herr Buchholz, das Werk nach der beigehefteten Disposition, sauber und fleißig anzufertigen, die Arbeit sogleich anzufangen, und unabläßig damit fortzufahren, damit solche spätestens den Dreißigsten September dieses Jahres aufgestellt und fertig vor Augen stehe... § 4 Sollte wider Verhoffen, dieser lezte Punkt nicht in Erfüllung gehen, und das Werk nicht am 30.September d.J. ganz und gar fertig seyn; so werden dem Herrn Buchholz, wie derselbe sich hierdurch gefallen läßt, als eine Conventional=Strafe für jede Woche über dem 30.September 35 rth... abgezogen. §5 Da die äußere Ansicht der Orgel eine Aenderung erwartet, welche nach der Architektur der ganzen innern Kirche sich richten soll, so versteht es sich von selbst, daß die veranschlagte Bildhauer-Arbeit, wenn sie nicht beliebt werden sollte, mit Funf und Dreißig Thalern von dem Anschlage abgezogen wird, womit Herr Buchholz einverstanden ist... §7 Der Herr Professor Zelter, welcher von Seiner Durchlaucht..., zu Schließung dieses Contractes beauftragt ist, behält sich vor, das Werk, nachdem es fertig ist, von bekannten Orgelkennern und Organisten prüfen zu laßen...' Zuvor, am

---

6 C.v.Ledebur, *Tonkünstler-Lexicon Berlins,* Berlin, 1861, S.78 f.

7 Geheimes Staatsarchiv Preußischer Kulturbesitz, Berlin. Rep.92 Hardenberg (Depositum). Beleg 114. Auf den Vertrag machte Frau Dr.Lowenthal-Hensel freundlich aufmerksam und nahm ihn in ihren Ausstellungskatalog zum 150.Todestag Hardenbergs auf (siehe Anmerkung 4). Neuerlich ermöglichte sie in großer Hilfsbereitschaft die Einsicht in ein Konvolut *Belege zur Rechnung über Einnahmen und Ausgaben bei der Privatkasse Hardenbergs.*

28.Januar 1817, waren Disposition und Kostenanschlag von Zelter und Tschockert[8] unterschrieben.

DISPOSITION, VON C ZU f''', I.E. 54 TASTEN

HAUPTMANUAL		OBERMANUAL		PEDAL	
1 Principal	8'	*1* Prestant	4'	*1* Subbaß	16'
2 Bourdon	16'	*2* Gedact	8'	*2* Principal	8'
3 Trinuna	8'	*3* Fama Disc.	8'	*3* Portunal	8'
4 Octav	4'	*4* Nassat	2⅔'	*4* Octav	4'
5 Quinte	2⅔'	*5* Blockflöte	2'	*5* Posaune	16'
6 Waldfloete	2'	*6* Larigot	1⅓'	*6* Fagott	8'
7 Fagott Baß	8'	*7* Sifflöt	1'		
8 Trompette	8' Disc.				

2 Sperrventile, Gabel=Koppel am Oberklavier, Tremulant im Hauptwerk

Aus den Bemerkungen zur Disposition seien noch angegeben: '*1* Principal 8 Fuß... kommt von groß F an in Prospect zu stehen... *3* Trinuna 8 Fuß. Die erste Oktave aus reinem und gesunden trocknen Holze, die Continuation aber wird aus Berliner Probezinn angefertiget nach der eigenthümlichen zilindrischen Mensur und Intonation, d.h. etwas stärker als Viola di Gamba... *3* Fama 8 Fuß Disc. Die Pfeifenkörper werden aus Probezinn nach eigenthümlicher Beschaffenheit konstruirt und intonirt... *6* Posaune 16 Fuß... erhält eine besondere Windlade... und wird zuhinterst in der Orgel gelagert... Das Gebläse, 36 Grad Stärke, wird nicht in den Thurm, sondern zur Rechten neben die Orgel gelagert... Das Orgelwerk wird endlich in Kammerton, d.h. nach der Stimmung der Königl. Orchestres eingestimmt.' Buchholz erklärte sich am 28.1.1817 bereit 'dieses Orgelwerk nach obiger Vorschrift für den aller genausten Preis 1235 rth Courant... neu anzufertigen'. Schon Anfang Juli war 'das Werk bis zur Abholung nach Neu-Hardenberg fertig', worauf Hardenberg dem Orgelbauer vertragsgemäß 300 Thaler Courant anweisen ließ.[9]

Daß dem Orgelbauer in der Prospektgestaltung sehr enge Grenzen gesetzt wurden, war sicher nicht allein durch die allgemeine Formulierung des fünften Vertragsparagraphen umrissen. Vielmehr waren Karl Friedrich Schinkels

---

8 Tschockert erhält hierfür am 9-7-1817 fünf St. Friedrichsdor und quittiert als 'Schul-Inspektor zu St.Hedwig, als Orgel Disponent u.Revisor'. Siehe Anmerkung 7, Beleg 125. Nach Ledebur, s.o., S.79, lieferte er auch den Plan für die Orgel der Domkirche.
9 Siehe Anmerkung 7, Beleg 126.

Autorität und Gesamtkonzept bestimmend, wie die Kirche zu Neu-
Hardenberg außen und innen im Detail auszuschauen hatte; Schinkel befaßte
sich auch mit Orgelprospektzeichnung.[10] In dem langgestreckten, recht-
eckigen, verputzten Backsteinbau von verhältnismäßig großen Abmessungen
erhielt die Orgel ihren Platz auf der Westempore, eingefügt in den klassi-
zistischen Stil, Schinkel sprach an anderer Stelle von 'rein antiken' Formen.[11]

Aus anderem Grund mußte Zelter sich bescheiden, wie aus dem Brief vom
21.Dezember 1817 an Goethe teilweise hervorgeht: 'Die neue Orgel in Neu-
Hardenberg ist zum Reformationsfeste glücklich fertig worden, und ich habe
sie wie die Kirche selbst, woran vieles verbessert worden, durch eine mäßige
Musik eingeweihet, die unter vielem Wirrwarr hat fertig werden müssen'. So
sind uns aus der ein Jahr zuvor von beiden konzipierten großen Kirchenmusik
zum Reformationsjubiläum nur die Entwürfe Goethes zugänglich.[12]

---

10 Nach Ledebur, a.a.O., S.353, erbaute Friedrich Marx für die Kirche von Hohenofen bei
Neustadt '1817 ein Orgelwerk, dessen Aeusseres, nach Schinkels Zeichnung, ganz aus Eisen
gegossen war; die Pfeifen waren nach einer neuen Erfindung von Zink'.
11 Die Kunstdenkmäler der Provins Brandenburg, Band VI, Teil 1 Lebus, Berlin, 1909, S.116ff.
Karl Friedrich Schinkel. Lebenswerk. H.Kania und H.H.Möller, Mark Brandenburg, Berlin, 1960,
S.124ff. Nach 1945 wurde Neu-Hardenberg umbenannt in Marxwalde. Die geringen Kriegs-
schäden an der Kirche wurden beseitigt.
12 Vgl.u.a.Beilage zum Brief Goethes an Zelter vom 14. November 1816, in der es heißt, ein Werk
'im Sinne des Händel'schen *Messias*, in welchen Du so wohl eingedrungen bist, würde sich wohl
am besten schicken'. Th.Fontane nennt den 13.Oktober 1817 als Tag der Einweihung der Kirche;
siehe *Wanderungen durch die Mark Brandenburg. Das Oderland,* Berlin o.J., S.162.

Cavaillé-Coll on Electricity in Organ Building

Fenner Douglass

As a consequence of correspondence and comments published by Albert Peschard (1899)[1], J.W.Hinton (1909)[2], and the late Marcel Dupré (1972)[3], widespread credence has been given to the notion that Aristide Cavaillé-Coll (1811-1899) actually favored electro-pneumatic action in organs. Evidence cited by these authors is far from convincing and should be re-examined from a broader point of view.

Peschard, the inventor of the earliest form of electro-pneumatic action, was not the first to seek Cavaillé-Coll's support for the use of electricity in organ building; but he was the first to claim that old age and infirmity had prevented Cavaillé-Coll from jumping on the electric bandwagon. Once Cavaillé-Coll was dead, Peschard lost no time in publishing his somewhat limited correspondence with the great organ builder. He apparently hoped thereby to gain high level recognition for his early role in an expanding commercial activity that had passed him by.[4]

Hinton, an ardent promoter of the 'electric organ' in England, admitted that 'no little anxiety was shown by organ builders, both in Europe and in the States, to ascertain the attitude which Cavaillé-Coll would assume in respect of the new system of electro-pneumatics'.[5] In seven pages he managed to accomplish little more than to suggest that a man in his eighties was incapable of making intelligent decisions.[6] He could not otherwise explain the fact that Cavaillé-Coll had suppressed the electro-pneumatic action at St.Augustin (Paris) just the year before his death.

---

1 A.Peschard, *Notice biographique sur A.Cavaillé-Coll et les orgues électriques,* Paris, 1899.
2 J.W.Hinton, *Story of the electric organ,* London, 1909.
3 Marcel Dupré, *Recollections,* New York, 1972.
4 Cavaillé-Coll died on October 13, 1899. Peschard's *Notice biographique...* appeared the next month.
5 Hinton, *op.cit.,* p.75.
6 Could Hinton have forgotten that only a few years earlier his countryman William Gladstone was elected to his fourth term as prime minister of England at the age of eighty-three (1892)?

As for Marcel Dupré, self-proclaimed protector of the old Cavaillé-Coll organ at. St.Sulpice (Paris), one senses no ambivalence toward electric action. He was for it. Thus, in his *Recollections,* we note that he invoked Cavaillé-Coll's posthumous sanction by putting words in his mouth: 'Albert Peschard, organist of the Abbaye aux Hommes (Saint-Etienne) in Caen and a physics teacher at that city's lycée, invented the electro-magnet used in organ key-chest actions. He approached Cavaillé-Coll, hoping to collaborate with him, as Barker had. But Cavaillé-Coll declined with these moving words: 'I am old I am sick, and I am poor. I am unable even to think about undertaking such an extensive project. These things are for the future'. He had, therefore, foreseen the numerous refinements that were to be made in organ construction, thanks to electricity'.[7] What Cavaillé-Coll could not have foreseen was that only thirty years after his death the company bearing his name would be building electric 'unit' organs for Parisian theatres, incorporating sostenuto devices on all keyboards. Marcel Dupré, a partisan of such 'improvements', praised the last organ built by this *Société Anonyme de Facture d'Orgues (Cavaillé-Coll)* in 1930: '...la mécanique électrique est d'une instantanéité absolue, l'attaque précise et douce, les combinations ajustable sûres et rapides. En un mot, l'instrument est digne du nom de l'illustre maison Cavaillé-Coll...'[8]

Aristide Cavaillé-Coll's career was not only one of the longest in organ-building history, but one of the most fascinating. His father, to whom he was apprenticed in the 1820's, and his grandfather before him, passed on in practical experience a priceless heritage of the classical tradition, while Dom Bédos provided the textbook. It is quite clear that Cavaillé-Coll leaned heavily on those traditional techniques throughout his long life. Yet his inquisitiveness led him at an early age into numerous experiments: a revision of the accepted procedures for winding, a design for a harmonium, the application of the free reed principle to pipe organs, the invention of a system for operating manual couplers by foot. These were some of the ideas that occupied his mind before he set out for Paris at the age of twenty-two. The key to his success, in an age when novelty was a prerequisite in artistic endeavor, lay in his eagerness to try new approaches, even daring ones; and from the start he set out to achieve new goals. Nevertheless his reputation rested on the craft learned from his father, a sure guarantee of the quality of all work that left his shop. Such an extraordinary combination of innovative talent, technical conservatism, and political wisdom is seldom found in organ builders. For fifty years Cavaillé-

---

7 Dupré, *Recollections,* p.18.
8 Quoted from a pamphlet: *Le grand orgue de la salle Pleyel,* 1930.

Coll was considered a leader on the international level, and in France the chief of them all.

We all know that there are sharp differences between classical and romantic organs, and that progress in the romantic movement hinged upon the invention of a successful assist for the manual key action. Cavaillé-Coll, acutely aware of this need, was the first to collaborate with Charles Spackman Barker (1806-1879), the inventor of that all-important pneumatic device, and he continued to use the *machine Barker* as improved from time to time. Unquestionably Barker's invention expanded the organ's previous limitations in terms of size, sonority, and wind supply. But its utility was not limited to operating pallets in the wind chests. The pneumatic motors were put to work moving sliders, operating combination pistons, and even moving swell shades gradually. Without the Barker machine or some comparable innovation, Cavaillé-Coll would not have been able to develop his famous harmonic stops, which provided the basis for a new approach to tonal design. His system of multi-pressure bellows would not have been feasible, nor the use of sub- and super-octave couplers, nor the reverse position console. The simple pneumatic pouches, tripped by the action of the keys, the stop-knobs, or pistons, were operated by the same wind that fed the pipes, and they apparently fulfilled the needs of the medium. To Cavaillé-Coll the inconvenience of maintaining a more complex instrument was a small price to pay for such benefits.

Once established, Cavaillé-Coll did not isolate himself. Rather, he travelled extensively in Germany, Holland, and England; contributed to many industrial exhibitions; wrote papers for *the Académie des Beaux Arts;* and corresponded with the leading organ builders and theoreticians, Walcker, Bätz, Hill, Töpfer and Dr.Gauntlett. He championed the establishment of international pitch, and tried the inventions of his colleagues, such as Walcker's chest with a separate pallet for each pipe.[9] But he was not one to pick up every new fashion because of its novelty or its stylish attraction. He did not like free reeds although he did manufacture them to sell to other organ builders; he made pipes for export voiced on wind pressures up to 15′, while his own organs were winded on less than half that amount; he specified a 61-note manual compass for English customers while supporting a 56-note standard at home; and he proposed a stoplist for Norway that never would have suited a French customer in his time.

Cavaillé-Coll was truly an extraordinary man. Here are the words of Albert Dupré, father of Marcel, and organist at Saint-Ouen, Rouen: 'Aux inspirations de l'artiste, à la science consommée du technicien, il ajoutait les plus

---

9 Walcker's system was used for the *Montres* at St.Vincent-de-Paul, Paris, 1852.

précieuses qualités de l'homme, celles qui commandent l'affection, la sympathie, la reconnaissance, les sentiments les plus nobles et les plus exquis du coeur. Il était bon, bienveillant, indulgent pour tous, d'une aménité et d'une familiarité touchante avec ses harmonistes, ses élèves, qui cachaient des âmes d'artistes sous la modeste blouse de l'ouvrier, et, malgré cela, toujours grand, imposant le respect et l'admiration'.[10]

One of Cavaillé-Coll's many correspondents was Dr. Henry John Gauntlett (1806-1876), the radical Englishman who campaigned against the old G compass manuals in English organs. Gauntlett had suggested that all the organs built for the Great Exhibition in 1851 be wired up to a single console, so that they might be played separately or together. It was he who took out the first patent for the application of electricity as a communication between the keys and the pallets (1852), and who foresaw that electricity could be used to activate the pneumatic machines. It is quite likely that in the course of their dialogue Gauntlett told Cavaillé-Coll about his scientific activity. But Cavaillé-Coll did not offer to test any of his ideas.

On June 15, 1855, Cavaillé-Coll wrote to Mr. Alexander Hutter in Bern: 'M. J'ai reçu en son temps la lettre que vs m'avez fait l'honneur de m'adresser le 7 Mai (cet que vs me rappelez par celle du 12 du courant) pour me donner communication de l'idée que vs avez eu de remplacer le mécanisme ordinaire des orgues par les aimants électriques. Je regrette, M., de vs avoir fait attendre ma réponse; mes occupations ordinaires m'ont empêché d'étudier la question que vs voulez bien soumettre à mon appréciation et par conséquent de répondre à votre lettre avec l'attention que j'aurais voulu.

En attendant que je puisse vs donner d'autres explications voici ce que je puis vs dire sur ce sujet.

Je ne me suis nullement occupé personnellement de l'application des aimants électriques à l'orgue, ns avons un autre moyen pour rendre les claviers faciles à toucher par l'action du système de leviers pneumatiques inventé par M. Barcker et que ns avons simplifié et perfectionné. L'application de l'électricité me parait possible et donnerait, je crois, la simplification que vs avez en vue; mais l'entretien d'une batterie électrique pour faire jouer un instrument pendant seulement quelques heures toutes les semaines, me parait assez dispendieux pour qu'on le faire entrer en ligne de compte.

Le système des *leviers pneumatiques* a l'avantage de trouver la force motrice dans l'élement même qui sert à la production du son; il faut de l'air comprimé

---

10 Quoted from A. Dupré, *Étude sur Aristide Cavaillé-Coll,* Rouen, 1919, p.32.
11 This letter is drawn from my forthcoming book, *Cavaillé-Coll and the musicians.* See Cavaillé-Coll-archives, *Lettres* II, 2998.

pour faire sonner les tuyaux et ce même air comprimé sert également à vaincre le résistance du mécanisme ordinaire.

Je dois vs dire également, M., afin que vs sachiez à quoi vs en tenir sur votre idée que déjà depuis plusieurs années M. Froment un de nos plus habiles ingénieurs, constructeurs d'appareils électriques m'a montré dans ses ateliers un clavier servant à faire marcher un jeu de carillon et que postérieurement, un facteur d'orgue expressive M.Stein à Paris a pris un brevet d'invention pour l'application de l'aimant électrique aux claviers d'orgues.

Je m'informerai des dates tant de l'application de M. Froment que de celles du brevet Stein et je vs les transmettrai.

Après cela, M., si vs pensiez devoir vs assurer la propriété de vos idées par la prise d'un brevet d'invention en France je me mets à votre disposition pour faire en votre nom tout ce qu'il vs plaira de me demander.

Veuillez en attendant agréer, M., mes remerciements pour votre communication et les très humbles salutations &.

P.S. Veuillez présenter mes civilités à M. Mandel quand vs le verrez ainsi qu'à M. Haas le facteur de l'orgue de la Cathédrale de Berne'.

In this letter we see Cavaillé-Coll encouraging another to go ahead with experiments in electricity, admitting that to simplify the organ's action with batteries, wires, and magnets was possible. However, he himself rejected the idea politely but firmly, on the basis of principle. The pneumatic machines were to be preferred because they drew energy from the organ's own source of energy, the wind, which also fed the pipes. Expense, inconvenience, lack of dependability, or the danger of fire were sufficient reasons for anyone to avoid electricity in those early days, and Cavaillé-Coll knew that much about it. But here he chose a larger issue. Believing that electricity did not belong in the organ, would he be likely to change his mind when someone found a way to make it work?

Of course, electricity gained its adherents. That is proven by the following passage, published the same year, 1855, concerning Stein's work (from *Nouveau manuel complet de l'organiste*, 1855).[12]

'ORGUES ÉLECTRO-MAGNÉTIQUES

Nous ne terminerons pas ce petit volume sans entretenir nos lecteurs d'une perfection remarquable apportée tout récemment dans le mécanisme de

---

12 Georges Schmitt, *Nouveau manuel complet de l'organiste, Manuels Roret,* Paris, 1855. Georges Schmitt was organist at the church of *St.Sulpice,* Paris.

l'orgue, et qui, tout en le simplifiant, donne à l'exécution tous les avantages qu'elle pouvait espérer, à tel point que nous ne croyons pas qu'il soit possible de faire plus tard à cet admirable instrument des modifications d'une plus haute importance.

Tous les organistes savent qu'avant l'invention de Barker, les claviers étaient d'une dureté telle qu'elle ne permettait pas à l'artiste de donner à son jeu toute la douceur et toute la célérité dont il pouvait avoir besoin pour produire certains effets qu'on ne peut obtenir sans ces conditions. Aujourd'hui, grâce au levier pneumatique de Barker introduit surtout dans les grandes orgues, les touches n'ont plus cette dureté d'autrefois, mais le mouvement ne se communique pas encore avec toute la vitesse qu'on pourrait désirer, et les différentes pièces si nombreuses du mécanisme sont susceptibles de se déranger à chaque instant.

Cette promptitude tant désirée vient enfin d'être obtenue par M.Stein fils. La voie de sa découverte était, il est vrai, toute tracée, car on sait que chaque fois qu'il s'agit d'obtenir des résultats rapides en mécanique, c'est ordinairement à l'électricité qu'on s'adresse; c'est ainsi que l'ancien télégraphe a dû céder le pas au télégraphe électrique qui permet de transmettre la pensée, pour ainsi dire aussi vite que la pensée elle-même peut se produire, et cela, à des distances considérables.

Ce qui restait à faire pour M.Stein fils, était donc de trouver la manière d'appliquer à l'orgue les avantages de l'électro-magnétisme, et nous pouvons dire de suite qu'il l'a fait d'une manière heureuse.

Il lui a suffi, pour remplacer tout le mécanisme si compliqué des abrégés, d'un simple fil de métal qui part de la touche pour aller aboutir à un électro-aimant placé sous la soupape. Même simplicité pour le jeu des registres et pour celui des accouplements.

Les soufflets eux-mêmes sont mis en mouvement par le même procédé. On conçoit dès lors tous les avantages marquants qui résultent d'un pareil système, et quelle précision se trouve apportée de la sorte dans toutes les parties de l'instrument. Rapidité de mouvement pour l'ouverture et la fermeture des soupapes qui s'appliquent ainsi hermétiquement contre les gravures, et régularité dans la force du vent, telles sont les qualités qu'on pouvait rêver dans la facture des orgues et qui se trouvent ainsi résolues.

On peut dire que M.Stein fils vient de faire faire à son art un pas immense, et que sa belle conception est appelée à opérer une révolution totale dans le mécanisme de l'orgue. Il faut espérer que désormais l'orgue e mécanisme de l'orgue. Il faut espérer que désormais l'orgue électro-magnétique viendra se substituer aux orgues anciennes et faire disparaître de cet instrument tout le cortège innombrable des pièces accessoires. On nous pardonnera de ne pas donner ici de plus amples détails de cette curieuse invention qui est la propriété de l'auteur.

D'ailleurs, M.Stein fils a construit un orgue qu'il se propose d'envoyer à l'exposition universelle qui doit avoir lieu à Paris, et chacun pourra se rendre compte des avantages que nous avons signalés.

Il nous reste à désirer que le grand orgue destiné au Palais-de-Cristal de Sydenham soit un orgue électro-magnétique, et nous faisons des voeux sincères pour l'exécution de ce projet.'

Stein and Son did, indeed, exhibit their organ played by electricity in the Pais Exhibition of 1855. According to Hinton, it 'contained many defects – prominent among which was the fact that the electric current proved insufficient to reliably govern the larger pallets'.[13] Cavaillé-Coll doubtless saw it, but was not impressed enough to change his views.

Cavaillé-Coll's conversations with Froment extended also to the question of the use of electric motors for supplying the wind to organs. On July 13, 1855, he wrote this following letter to a potential customer.

'M. Duvivier à St-Ouen près La Ferté-sous-Jouarre.

M. J'ai l'honneur de vs adresser ci-joint la description que vs m'avez demandée de l'orgue de salon que j'ai établi pour Mme Viardot.

Je joins à ma lettre un croquis de plan de l'emplacement où est posé l'orgue et les dimensions exactes du buffet. Ainsi que vs pourrez le remarquer, la forme irrégulière de l'emplacement a rendu ce travail difficile et dispendieux; le prix de dix mille francs que je vs signale n'est pas seulement le prix net, mais bien le prix de revient sans bénéfice, je suppose toutefois que le même instrument établi dans des conditions plus naturelles ns laisserait un petit bénéfice.

Quant au mécanisme pour faire mouvoir la soufflerie cela serait possible et facile à établir, c'est un gros tourne-broche dont je ne connais pas l'importance mais je suppose que pour 7 à 800f on pourrait le faire établir. Toutefois je ne suis guère partisan de ce genre de machine car en admettant qu'elle puisse fonctionner dix minutes ce qui serait beaucoup, il faudrait bien la moitié de ce temps pour remonter le poids qui serait assez lourd pour faire marcher un orgue de cette importance.

Lorsque j'ai établi l'orgue de Mme Viardot j'aurais voulu appliquer un moteur électrique à la soufflerie mais après avoir consulté l'habile ingénieur M. Froment sur ses observations j'ai dû renoncer à cette application.

Le soin et la dépense qu'exige l'entretien d'une batterie électrique sans compter les difficultés et les dépenses d'installation du 1er appareil de l'avis même du constructeur ns avons dû renoncer à cette idée.

---

13 Hinton, *op.cit.,* p.25.

Jusqu'à présent le plan simple et le plan économique est de souffler au moyen d'une pédale ou de faire souffler par un enfant au moyen d'un levier.

Si votre intention était de faire l'acquisition d'un orgue comme celui de Mme Viardot, vs pourriez m'envoyer le plan de la place que vs destinez à l'instrument et je vs transmettrai mon avis.

Dans le cas où vs voudriez circonscrire la dépense de cet instrument dans de plus étroites limites, je vs adresse ci-joint la description de 2 modèles d'orgues également à 2 claviers d'un prix de 6000f, l'autre de 5000f, non compris le buffet qui serait établi d'après vos indications simplement ou avec luxe.

Je désire, M. que ces renseignements remplissent l'objet que vs vs êtes proposé et vs prie d'agréer en attendant vos ordres les très humbles salutations de votre dévoué &.'

A few years later (1861), Albert Peschard, a teacher and organist in Caen, solicited the aid of Barker to work out his idea of applying electricity to the Barker pneumatic machines, rather than directly to the pallets in the windchest. This was shortly after Barker had embarked on his own organ building business in partnership with Verschneider, the respected voicer formerly with Ducroquet. Peschard's electro-pneumatic system was patented on June 6, 1894, and its first application was accomplished by Barker-Verschneider in a small organ at Salon (Bouches-du-Rhon). The only large instrument built by the partners was the famous electro-pneumatic instrument at St.Augustin, Paris (1866-1868).

Cavaillé-Coll remained interested, but aloof. Peschard had not failed to seek his support by sending him a copy of the bulletin of *the Société des Beaux-Arts de Caen,* describing his electro-pneumatic system. Though Cavaillé-Coll responded with typical warmth and encouragement, nothing came of the conversations.

Some time later, Barker made a final attempt to penetrate Cavaillé-Coll's reserve, a meeting described by Cavaillé-Coll in a letter to Peschard on February 2, 1866. The relationship between these two early collaborators had been continuously strained since Barker had charged Cavaillé-Coll a double royalty for the second use of his pneumatic machine in 1842.

Cavaillé-Coll told Barker discreetly that he was still not interested: 'J'ai dit à M.Barker, ce que je pense d'ailleurs, que si une application électrique devenait utile dans mes travaux, j'aimerais mieux lui demander de la faire lui-même que de m'en occuper'.[15]

---

14 See note 12 above; *Lettres IV*, 3012.
15 Peschard, *Notice biographique... (op.cit.),* p.9.

Had Cavaillé-Coll responded with enthusiasm to Barker's and Peschard's overtures, it is barely possible that electro-pneumatic action might have taken hold in France at this juncture. But two more important deterrents caused a temporary moratorium on developments. Those were the Franco-Prussian War of 1870, and the problems encountered with the organ at St.Augustin. During the siege of Paris, Barker's shop was ruined, and at sixty-four years of age he left France never to return. In England, his electro-pneumatic action, which had been patented there in 1868, was ceded to Brycesson of London. Meanwhile, Cavaillé-Coll, whose projects were largely funded by the Imperial government, was confronted once again with an almost insurmountable financial crisis.[16] Though his imposing new workshop and residence on the Avenue du Maine were intact, the activity had practically ground to a halt. Very few organs were built for about a decade. This was no time for Cavaillé-Coll to embark on uncertain and costly ventures. Furthermore, he may not have changed his mind on the subject of the introduction of external sources of energy to the organ.

As to the second deterrent to continuing development of electric action in France, there were difficulties with and objections concerning the organ at St.Augustin from the day it was inaugurated. Cavaillé-Coll had doubtless heard of them, and Peschard alluded to certain criticisms with considerable pique: 'La réception fut brillante, mais, dans cette deuxième application, il se produisit plus tard certains accidents, indépendants d'ailleurs du système en lui-même. Il devenait nécessaire sans doute, dans l'intérêt de l'industrie nouvelle, de signaler et d'étudier ces dérangements fortuits. Mais que dire de ces commentaires, de ces récits fantaisistes mis en circulation et propagés à l'étranger avec une mauvaise foi audacieuse et une perfidie plus méprisable il est vrai que dangereuse!'[17]

Reviewing general developments in electric action between 1868 and 1890, Hinton observed: '... very powerful magnets, with costly batteries, were used *directly*, to do comparatively severe and heavy work in opening the valves, admitting air to the pneumatic bellows or motors, which acted on the soundboard pallets. These large magnets involved strong electric currents, costly to produce, and, as will be seen, difficult to control.

The main drawback and danger resulting from these strong currents was the possibility of *permanently* magnetising the electro-magnet, thus causing a

---

16 We recall that after the Revolution of 1848, when he was in similarly desperate straits, Cavaillé-Coll's men had been out of work for more than six months.
17 A.Peschard, *Premières applications de l'électricité aux grandes orgues,* Paris, 1890, p.27.

cipher; or, if the magnetising were but transient, at least a failure of 'repetition'.[18]

Other difficulties mentioned by critics of Peschard's system were the danger during staccato playing of splashing mercury from the dipping contacts, the increased demands for wind in a system requiring both exhaust and pressure bellows, and the frequent need to replace batteries. The Committee charged with examining a new organ with electro-pneumatic action built by Merklin at Valenciennes (1891) stated the following about the Barker-Peschard instrument at St.Augustin: 'L'instrument resta défectueux. Barker mourut sans en avoir pu corriger les imperfections et le système tomba dans l'oubli.'[19] In 1886, after discussing the difficulties experienced at St.Augustin, Bonnel, of Lyon, concluded: '... cette action suppose une assez grande force, et, pour obtenir cette force, il fallait un courant d'une intensité suffisamment grande et néanmoins suffisamment constante... le système employé à Saint-Augustin est condamné à rester une oeuvre stérile et isolée; il exige trop de dépense électro-magnétique, et les inconvénients qui en résultent sont énormes'.[20]

It was Merklin, of Brussels and Lyon, who moved most aggressively with electro-pneumatic action, having obtained exclusive rights for France to the invention patented (1883) by Schmoele and Mols, of Philadelphia (USA). Though Debierre, of Nantes, had occasionally used electricity during the previous decade, there was no activity in Paris until Merklin broke the stalemate. The instrument was an *orgue de choeur*, installed in the chancel of the Church of Ste.Clotilde in 1888. César Franck, the renowned organist at the *grand orgue* of Ste.Clotilde, was a member of the committee charged with approving the project. The *Rapport* began: 'Un orgue du système électro-pneumatique vient d'être placé dans une des plus importantes Églises de Paris, C'est un évènement dans la facture, au point de vue des ressources qu'offre le système d'après lequel les facteurs l'ont construit. Le lecteur se tromperait s'il pensait trouver à Sainte-Clotilde la réédition d'un système essayé, il y a quelque vingt ans, par le regretté Barker.'[21] Full of the customary praise, the report emphasized the committee's approval of the use of electric action to solve a difficult architectural problem. The console was situated among the choir pews, at some distance from the pipes, which were placed on either side of the chancel; the wind supply was hidden behind the altar.

---

18 J.W.Hinton, *Organ construction,* London, 1900, p.102.
19 *L'Orgue électrique de l'église Notre-Dame à Valenciennes,* 1891, p.14.
20 J.Bonnel, 'Rapport sur le concours pour le prix du Prince Lebrun', from *Memoires de l'Académie des Sciences, Belles-Lettres et Arts (classe des Sciences) de Lyon,* XXVIII, 1885-1886, p.10-11.
21 *L'Orgue de choeur de l'église Sainte Clotilde à Paris,* Paris, 1888, p.3.

Many years earlier, in 1858, before the *grand orgue* at Ste.Clotilde was finished, Cavaillé-Coll had leased a small *orgue de choeur* to the church for interim use, a gesture that often resulted in a sale. Now, his old friend, César Franck, had declared himself in favor of an organ built by his chief competitor, and with electric action, as well. The following year (1889) Franck was again included among the experts reporting on a Merklin electro-pneumatic instrument for a Parisian church: St.Jacques-du-Haut-Pas. This organ included a truly controversial feature, namely a single, console placed behind the altar, which served not only for playing the *orgue de choeur* a short distance from it, but also for the *grand orgue* at the other end of the church, 80 meters away.

There were objections. In the 1905 edition of the *Encyclopédie Roret* we note strong words of warning about the use of electricity to make organs playable at such a great distance.[22] Lavignac was quoted thus: 'pour l'organiste une torture de l'oreille dont un sourd pourrait seul s'accommoder'. Then came the following: 'c'est le premier pas vers les systèmes permettant aux organistes de jouer l'office chez eux... et s'entendre jouer eux mêmes par téléphone!'

Cavaillé-Coll would probably not have reproached Franck for approving Merklin's solution at Ste.Clotilde, or even, perhaps for the controversial location of the console at St.Jacques-de-Haut-Pas. But it must have given him pause when he lost a large contract to Merklin on the basis of this procedure. At Valenciennes, in 1891, Merklin offered to make both organs playable from one console, and won the contract.[23]

These events must have been a source of considerable frustration for Albert Peschard. In 1890, he published *Les premières applications de l'électricité*, in which he sought politely to remind the public of his work as a pioneer in the development of electro-pneumatic action, and of the similarities between his system, patented in 1864, and that of Schmoele and Mols, being used by Merklin. But his patriotic ego was very much aroused in 1892 when the following statement appeared in *L'Aquitaine:* 'Les orgues électriques sont d'origine américaine. Inventées par MM.Schmoele et Mols, de Philadelphie, elles eurent à lutter d'abord contre le scepticisme des facteurs francais. Seul, M.Merklin comprit bientôt que l'avenir était là. Paris n'avait point consacré la merveilleuse innovation lorsque l'église Sainte-Clotilde l'adopta (1888)'. Peschard pounced angrily on this statement in a pamphlet published that very month.[24]

---

22 The following quotations are drawn from Guedon, *Nouveau manuel complet de l'organiste, Manuels Roret,* Paris, 1905, p.166.
23 From *Progrès du Nord,* June 27, 1891, as quoted in *L'Orgue... à Valenciennes (op.cit.),* p.30.
24 See A.Peschard, *L'Orgue électrique n'est pas d'origine américaine,* Paris, 1892.

Despite the success Merklin was enjoying with his electric action, there seems to have been no substantial change in Cavaillé-Coll's viewpoint during the last decade of his life. However, there is one remarkable action that was not mentioned by Peschard in his attempts to win Cavaillé-Coll to his own cause. The incident takes us back to the organ at St.Augustin in Paris, and can be considered Cavaillé-Coll's last statement on electricity in organ building, cancelling out his many diplomatic responses made to those who were eager for his endorsement.

The care of the Barker-Peschard instrument at St.Augustin had been entrusted to Férat, who was connected with the Barker-Verschneider enterprise until he left Paris in 1889. At that point, Cavaillé-Coll was awarded the contract for maintenance. In a letter to Peschard (1890), Cavaillé-Coll noted that his twenty-six year old son, who had been experimenting with electricity, was given responsibility for the instrument at St.Augustin. This letter, published by Peschard after the death of the great builder, formed the core of Peschard's argument that Cavaillé-Coll was sympathetic to electricity. The text of the letter follows, dated October 4, 1890, as quoted by Peschard:[25] '... J'apprends avec satisfaction que vous allez publier un ouvrage sur l'application d'électricité aux orgues. Or, vous avez été l'un des premiers promoteurs du nouveau système, il vous sera donc facile d'en faire l'historique... Je n'ai pas oublié vos instances pour m'initier dans vos découvertes; mais, après avoir fait ma part dans une autre direction, je n'ai pas eu le courage d'entreprendre de nouvelles études pour lesquelles je n'étais pas préparé.'

'Aujourd'hui, un de mes fils, agé de vingt-six ans, s'est occupé d'électricité et a déjà fait quelques bonnes études expérimentales. C'est à lui que j'ai confié la restauration de l'orgue de Saint-Augustin. Cet orgue est encore aujourd'hui l'oeuvre la plus importante qui ait été faite d'après le système électrique.

Dans le premier travail de restauration, nous n'avons rien changé au système qui fonctionne d'ailleurs très convenablement après vingt-cinq ans de service.

Il est question de faire plus tard un travail sérieux au point de vue de l'harmonisation et de la composition des jeux, mais M. Gigout, le savant organist de Saint-Augustin, est bien d'accord avec nous pour conserver le système électrique avec les améliorations dont il est susceptible...'

Shortly afterwards, Cavaillé-Coll's son left the business. But that would not have served to warn Peschard of what would occur, as the letter quoted above gives no hint that Cavaillé-Coll might have been dissatisfied with the operation of the notorious electro-pneumatic action. In 1898, on the eve of his

---

25 See Peschard, *Notice biographique... (op.cit.),* p.13.

retirement, Cavaillé-Coll chose to discard the electro-pneumatic action altogether, and to replace it with his own conventional pneumatic machines and tracker action.

Cavaillé-Coll's reasons for deciding on this 'act of vandalism', as Hinton called it[26], may never by fully known. Was it, as Hinton states, 'through utter senile impotency'? Cavaillé-Coll was, after all, eighty-seven years old. Or was it the only way the seasoned old builder could see to give that instrument a reliable future? He was sacrificing an old and genial association, but felt the professional obligation to re-emphasize part of the creed that had governed most of his artistic career: 'Le système des leviers pneumatiques a l'avantage de trouver la force motrice dans l'élément même qui sert à la production du son'.

---

26 Hinton, *Story of the electric organ,* p.81.

's-Hertogenbosch, orgelstad in de 16e eeuw

Lucas van Dijck

Het is te danken aan Maarten Albert Vente dat we thans weten dat 's-Hertogenbosch een orgelstad van belang is geweest. Menig Brabander voelt zich gevleid, dat een van Ventes boeken *Die Brabanter Orgel* genoemd is, en terecht. Een van de grootste orgelbouwers uit de Nederlanden, Hendrik Niehoff, leefde en stierf in de Brabantse hoofdstad. Dank zij de jubilaris Vente is het bekend hoe rijk de Bossche archieven zijn aan gegevens over musici en instrumentenbouwers. Het is altijd wat pijnlijk wanneer iemand die rijkdom intuïtief voelt, maar zelf niet in de gelegenheid is om die bronnen te bestuderen. Doet een ander dat echter wel, dan is hij genoodzaakt bepaalde tot dan toe gemaakte gevolgtrekkingen en conclusies te corrigeren of minstens aan te vullen. De jubilaris zal het mij niet kwalijk nemen, wanneer ik enkele gevolgtrekkingen uit eerdere publikaties van zijn hand moet aanvullen of corrigeren, te meer omdat hij me zelf enkele jaren geleden aangespoord heeft de Bossche archieven te bestuderen. Zie hier het eerste resultaat, dat vooruitloopt op een latere bronnenpublikatie over de cultuurgeschiedenis van 's-Hertogenbosch.

Keren we terug naar de naam Niehoff. We wisten al dat de orgelbouwer Hendrik Niehoff zich in 1542 in de stad 's-Hertogenbosch had gevestigd mede omwille van de Illustere Lieve Vrouwebroederschap: 'Item M.Henricken Nijehoff orgelmaker voir zijn gagie hem bij den gemeynen brueberen overmits dat hij hier metter woene is comen omme onse organen te onderhouden inne goede accorde ende anders dair aen van noode wesende, des sall ons lief vrouwe dat stoff leveren ende hij sall den arbeyt doen ende alsoe hem gegeven hem vervallen te Lichtmisse anno XV^c XLJ V Car.g.'.[1] Hoewel meester Hendrik toen pas in de Brabantse hoofdstad kwam wonen, was hij al eerder in de stad werkzaam geweest. Vanaf april 1533 dateerden de eerste kontakten met de Broederschap en later met de kerkmeesters van de St.Janskerk. Het is hier niet

---

Tenzij ander vermeld wordt hieronder het *Rijksarchief in Noord-Brabant* bedoeld. Indien de letter 'R' wordt vermeld, betekent dat *Rechterlijk Archief 's-Hertogenbosch*.

1 's-Hertogenbosch, Archief Ill.L. Vrouwebroederschap, rekening 1541-1542.

de bedoeling alles opnieuw te vermelden wat Vente, Smijers en anderen reeds genoemd hebben. Laat ik me beperken tot geheel nieuwe zaken en tot correctie van vroeger vermelde feiten.

Hendrik vinden we in een civiel-rechtelijke procedure op 12 december 1536[2], maar het is niet bekend waarover die zaak handelde. Kort na zijn vestiging in de stad was hij in een proces gewikkeld met de prior van het naburige klooster Baseldonck van de Wilhelmieten, op 10 oktober 1542.[3] Vermoedelijk betrof het een proces over de bouw van een orgel?

In oktober 1538 handelde hij enkele zaken af met zijn broer Herman betreffende het orgel in de kerk te Breukelen, dat zij samen gebouwd hadden.[4] Een verrassende vondst blijkt het burgerrecht van Hendrik te zijn. Op 20 september 1549, dus enkele jaren na zijn vestiging aldaar, blijkt hij genoemd te worden 'onse innewoenende medebourger'.[5] De inschrijving in de registers der poorters blijkt echter onvindbaar. De Bossche archivalia blijken veel meer nieuws te verschaffen over de familie Nijhoff en aanverwanten. Helaas moet ik daardoor de genealogie Nijhoff nogal ingrijpend veranderen.

Toen Nijhoff vanuit Amsterdam naar 's-Hertogenbosch kwam was hij getrouwd of getrouwd geweest met een Kampense vrouw, genaamd Bertke, de dochter van Goeswijn Voerst uit Kampen. Zij schonk hem vier kinderen –waarvan Claas, de oudste (?), in Amsterdam geboren werd – te weten:

1: CLAAS, zie II
2: GEERTRUID, zie IIa
3: HENDRIK, zie IIb
4: REGINA, zie IIc

Reeds voor 25 augustus 1543 blijkt hij hertrouwd te zijn met de in 's-Hertogenbosch geboren Anna, de dochter van Peter Jan Claasz. en van Aartke, de dochter van Jan die Buyser.[6] Zij had enkele broers en zusters, waarvan er een priester was. De kinderen van Hendrik en diens tweede vrouw hadden dus een oom die priester was.[7] Anna overleefde haar man lange tijd en maakte haar testament op 24 november 1587. Zij stierf vóór 6 september 1588; ze zal dus in het voorjaar van 1588 overleden zijn[8] en was toen ongeveer 27 jaar weduwe. De

2 R.194.
3 R.200. Zie over Hendrik en de Wilhelmieten; *Taxandria 2,* p.288-289.
4 R.1330, f.18.
5 R.1352, f.420v, 20-9-1549.
6 R.1843, f.408, 29-12-1548; R.200, f.-, 25-8-1543.
7 R.1843, f.508.
8 R.1416, f.282.

erfdeling van haar ouders' nalatenschap vond plaats op 12 januari 1551[9], waarbij enkele grote renten in het bezit kwamen van het gezin Nijhoff. De flinke tweede vrouw, die zeer vaak optrad als handelende partij voor de schepenen van de stad, zorgde niet alleen voor de vier stiefkinderen, doch schonk haar man nog eens zes kinderen, te weten:

    5: ARND, zie IId
    6: BERTA, zie IIe
    7: CLARA, zie IIf
    8: PETER, zie IIg
    9: DAVID, zie IIh
   10: CHRISTINA, zie IIj

Over Hendriks eigen herkomst weten we helaas weinig nieuws. Wel is nu de naam van zijn vader bekend, niet Nicolaas zoals men tot nu toe aannam, maar Luger. Tientallen oorkonden bevestigen deze nieuwe hypothese, hoewel het vreemd is dat geen van de latere kinderen van Hendrik zo genoemd wordt.[10] De naam Luger en het feit dat de eerste vrouw van Hendrik uit Kampen kwam, bevestigen de indruk dat Hendrik uit het Noord-Oosten van Nederland of richting Munster kwam. Meester Hendrik, zoals hij meestal genoemd wordt, overleed tussen 6 augustus 1561 en 3 januari 1562.[11] Hij zal dus in het najaar 1561 gestorven zijn. Uit de Bossche archivalia kan men veronderstellen, dat zijn ouders reeds overleden waren voor 1541, omdat men anders bepaalde volmachten met betrekking tot de afwikkeling van hun goederen verwacht zou hebben. Niet geheel duidelijk is de vermelding van Hendrik (senior of junior?) als voogd van moederszijde van de kinderen van Peter die Leeuwe en van Barbara Gielijsz.Sijmonsz.[12]

Muzikaal gezien brengen de archivalia zo goed als geen nieuws. Op 13 januari 1557 machtigt Hendrik Cornelis Jacobs, stadsbode van Delft.[13] Hield het wellicht verband met een door hem gebouwd orgel in Delft? In 1549 blijkt hij zakelijke belangen te hebben in Schoonhoven, wellicht ook daar omdat hij er een orgel gebouwd had?[14] Meer leveren de archivalia wat dit betreft niet op.

Terug naar de familiale en financiële aspekten van Hendrik. Via zijn eerste vrouw bleek hij gegoed te zijn in Kampen. De kinderen uit het eerste huwelijk wikkelden deze zaken af in 1562 (via hun oom of grootvader Goeswijn Voerst)

---

9 R.1844, f.23.
10 R.1363, f.29v, 29-7-1553; R.1381, f.408v, 31-1-1562.
11 R.1379, f.448v en f.459v; R.1846, f.94.
12 R.1922, f.-, 12-8-1560.
13 R.1373, f.186.
14 R.1352, f.420v, 20-9-1549.

en in 1568 via een priester.[15] Hendrik zelf kocht vanaf 1543 de ene rente of cijns na de andere en belegde zijn kapitaal op degelijke wijze. Het is interessant te zien dat zijn vrouw Anna vaak als partij optrad, omdat haar man waarschijnlijk elders zijn orgels bouwde. Bijlage I vermeldt alle cijnzen en renten in het bezit van het echtpaar. Men kan Hendrik een voor die tijd welvarend man noemen, zonder dat hij echt 'miljonair' was. Hij kocht een eigen huis, gelegen in de Colperstraat (later Verwerstraat) van Hendrik Ghijsselen op 5 maart 1545.[16] Terwijl het ouderlijk huis in de Colperstraat voorlopig aan de kinderen toebehoorde, kocht de weduwe Anna Nijhoff in Vught een landhuis met zomerhuis op 5 december 1564. Zij verkocht het pas in 1579 op 30 april door, zodat verondersteld kan worden dat zij er 15 jaar als weduwe (alleen?) in gewoond heeft.[17]

De gehele familie Niehoff nam in 1562-1563 deel aan een loterij ten bate van de stad 's-Hertogenbosch: Anneke, toen al weduwe van Hendrik Niehoff genoemd, kocht liefst 19 loten; haar kinderen Peter, David, Arnd, Bertke en Clara kochten ieder 6 loten. Jaaxke, de vrouw van zoon Claas Niehoff, kocht eveneens enkele loten. Zij waren de kinderen die nog leefden én die nog in 's-Hertogenbosch woonden. Andere musici, die aan de grote loterij deelnamen waren: Frans, organist te 'Nyekercke' in Amersfoort; Aert ten Hooff (te ?); Christoffer, organist te Groningen; Mr.Hendrik van Ludick, klokkenspeler te Groningen; de organist van Den Haag (niet met name genoemd); Jan Clercx, organist te Oirschot; Jacob van Hoefflant, organist te Gorinchem; en verder nog de musici: heer Jaspar, basconter te Kampen; Jan Hermans, schalmeispelers-vrouw; Claas Backer, tambour te Leiden; Henrik de Holtshaepen, trompettist te Maastricht; Jan Arnts, muzikant in de Oude Kerk te Amsterdam; Jan Davits, harpsspeler te ?.[17a]

De kinderen van Hendrik gingen allen hun eigen weg, waarbij slechts de oudste zoon, Claas, het orgelbouwvak inging.

II CLAAS: geboren te Amsterdam, voor 5 januari 1562 getrouwd met Jacoba of Jaaxke, de dochter van Adriaan Zegers die Ruyter en van Margaretha van Bladel.[18] Bekend door de aankoop van renten en cijnsen[19] en door aan- en

---

15 R.1381, f.408v, 31-1-1562; R.1393, f.7; zie ook de ingangen op de archieven van de stad Kampen, waar enkele gegevens te achterhalen waren.
16 R.1343, f.233.
17 R.1413, f.156; R.1386, f.71.
17a Gemeente-archief 's-Hertogenbosch, C.166, Loterijrekening 1562-1563.
18 Not.2662, 18-11-1587; R.1853, f.412, 27-7-1604; R.1415, f.125, 8-5-1585; R.1381, f.81, 5-1-1562;
19 R.1382, f.298, 26-10-1562; R.1382, f.299, 26-10-1562; R.1416, f.443, 3-4-1590, R.1437, F.63; R.1395, f.140, 24-4-1571; R.1420, f.537, 30-3-1589; R.1367, f.405; R.1394, f.507, 12-7-1571; R.1451, f.146v, 18-6-1608.

verkoop van huizen.[20] De erfdeling van zijn goederen vond plaats op 27 juli 1604.[21] Hij verwierf het burgerrecht op 11 mei 1559, zodat hij voor ongeveer 1533 geboren zal zijn.[22] Op 21 november 1562 machtigde hij zijn vrouw vanuit Sint Truiden. Vermoedelijk werkte hij toen aan het orgel aldaar.[23] In 1586 verkocht hij mede namens Arnoldus Jansz (= Lampeler), orgelmaker te Keulen, een huis in de Colperstraat.[24] Wellicht is nog interessant de verkoop van een cijns, destijds verkregen van de 'reparatiemeesters' van de kerk van de Franciscanen te 's-Hertogenbosch. Had Claas deze cijns gekregen als salaris voor werkzaamheden aan het orgel der Franciscanen?[25] Op 3 april 1590 vond de erfdeling plaats van bepaalde erfgoederen van wijlen Claas Niehoff.[26] Kinderen van Claas Niehoff:

1: Zeger, zie III
2: Adriaan, zie IIIa
3: Jacob, zie IIIb
4: Margriet, zie IIIc
5: Marijke, zie IIId
6: Hendrik, zie IIIe

IIC GEERTRUID: trouwde Dirk Hendriks van Tulden en was reeds overleden op 29 juli 1553. Waarschijnlijk lieten beiden geen kinderen na.[27]

IIb HENDRIK: slechts één maal vermeld, op 3 januari 1562, toen hij in het buitenland woonde.[28] Waarschijnlijk zonder kinderen na te laten overleden.

IIc REGINA: trouwde Herman Peters Jacobs Brey, hoedenmaker, en overleed voor 3 januari 1562[29]. Hun zoon Jacob trouwde Clara Wachtmans die hem twee kinderen schonk, Michiel en Regina. De naam Wachtmans zou kunnen duiden op West-Brabant. De orgelbouwer Claas Niehoff was voogd over zijn 'oomzegger' Jacob Brey.[30]

IId ARND: trouwde Elisabeth, dochter van de Bosschenaar Jan IJsbrants de

---

20 R.1419, f.7v, 5-5-1586; R.1393, f.117, 19-3-1569; R.1437, f.95, 15-1-1599.
21 R.1853, f.412.
22 Gemeente-archief 's-Hertogenbosch, poortersboeken, d.d. 11-5.1559.
23 R.1416, f.443, 3-4-1590.
24 R.1419, f.7v.
25 R.1394, f.507.
26 R.1451, f.146v, 18-6-1608.
27 R.1363, f.291v, 29-7-1553.
28 R.1846, f.94-96.
29 R.1846, f.94.
30 R.1455, f.53v, 7-5-1610; R.1922, f.-, 1-12-1561.

oude.[31] Via haar erfde hij het huis De Colve of de Gouden Colve.[32] Verschillende aankopen en verkopen van renten en cijnsen door hem zijn bekend.[33] Het echtpaar had ten minste één zoon: Jan Nijhoff (zie IIIf).

IIe BERTA: genoemd naar de overleden eerste vrouw van haar vader, trouwde Johannes Woutersz Rinck. Enkele akten uit 1594 en 1595 vermelden hen beiden.[34]

IIf CLARA: huwde eerst Herman Michiel Rombouts en vervolgens op 3 februari 1596 Balthus, zoon van mr.Frans van Balen, schepen-president van de stad.[35] Enkele malen verkocht zij een cijns, afkomstig van haar ouders.[36] Zij had geen kinderen.

IIg PETER: trouwde juffrouw – aanduiding voor een welvarende en rijke vrouw – Catharina van der Nootghuyssen (te Leuven?). Zij schonk hem de volgende kinderen:[37]

1: juffr.Anna, die trouwde met Sebastiaan Christiani (Brussel)
2: juffr.Johanna, die trouwde met Jan Crabeel (Kampenhout)
3: juffr.Margriet, die trouwde met Jan van Cranendonck of Cranenbrouck (Leuven)
4: Antonius, woonachtig te Dordrecht

Peter was lakenscheerder van beroep[38] en woonde waarschijnlijk te Leuven, waar hij het tot grote welvaart bracht. Nog tot aan 1626 was deze tak Niehoff gegoed te 's-Hertogenbosch.[39] Op 29 juli 1598 verdeelde de kinderen van Peter de erfgoederen, hen aangekomen van hun fameuze grootvader Hendrik Niehoff.[40] Peter leefde toen al niet meer.

IIh DAVID: getrouwd met N.N., die hem een dochter schonk, namelijk Cornelia Niehoff, getrouwd met de secretaris van Puttershoek, Judocus Peters. In 1621 zijn Cornelia en Judocus nog in leven.[41] David overleed voor 1598.[42]

31 R.1407, f.286v, 27-4-1592.
32 R.1407, f.30, 2-1-1591; R.1431, f.590v, 17-8-1593.
33 R.1420, f.416, 26-11-1588; R.1420, f.433v, 1588; R.1420, f.308v, 1588; R.1420, f.313, 1588; R.1406, f.286v, 5-6-1589; R.1406, f.182v, 16-12-1587; R.1420, f.308v, 13-9-1588; R.1420, f.313, 14-9-1588; R.1412, f.398, 29-3-1577; R.1407, f.286v, 27-4-1592; R.1407, f.30, 2-1-1591.
34 R.1433, f.3; R.1433, f.322, 9-7-1594; R.1466, f.234v, 8-6-1594; R.1466, f.107, 18-12-1595.
35 R.1532, f.317v-318, 26-3-1621;
36 R.1431, f.300, 19-6-1592; R.1420, f.416, 26-11-1588; R.1408, f.11, 20-10-1593; R.1431, f.473, 11-12-1592.
37 R.1532, f.317v, 26-3-1621; R.1416, f.282, 7-9-1588; R.1470, f.397v-399;
38 R.1383, f.286, 20-3-1562.
39 Not.2685, f.3, 1-2-1626.
40 R.1470, f.397v, 29-7-1598.
41 R.1532, f.317v, 26-3-1621.
42 R.1470, f.398v, 29-7-1598; zie ook: R.1532, f.317v.

IIj CHRISTINA: getrouwd met Jan Herman Peters; verkocht in de jaren 1562-1569 enkele cijnsen.[43]

De familie Niehoff zwierf dus al na een generatie uit naar het zuiden (Leuven-Brussel) en naar Dordrecht en Puttershoek. Vermoedelijk woonden ook Hendrik, Regina, Berta, David en Christina buiten 's-Hertogenbosch. De twee zonen Claas en Arnd bleven in de stad wonen, terwijl ook hun zusjes Geertruid en Clara er bleven. Waarschijnlijk was de hele familie katholiek. De derde generatie zullen we slechts kort aantippen.

III ZEGER: trouwde Henrica, de dochter van Frans van Balen en van Anna Geck. Hij overleed voor 1 oktober 1631, toen de erfdeling van zijn goederen plaatsvond.[44] Hij had ten minste twee zonen, te weten Nicolaas en Franchois. NICOLAAS: advocaat, getrouwd met Willemke, dochter van Jasper Willem Adriaans van Heeswijk. Hij was geboren in ongeveer 1595.[45] FRANCHOIS: notaris te 's-Hertogenbosch, getrouwd met Heylken Roeckarts, dochter van Dirk en van Elisabeth Peter Jansz van Heeswijk.[46] Zij hadden meerdere kinderen, onder anderen Andreas (= Hendrik, Capucijn, overleden in 1693), Nicolaas (Capucijn, overleden in 1701) en Zeger (= Ambrosius, Augustijn, overleden in 1683).[47] De verdere familiegeneraties zouden nader uitgezocht moeten worden.

IIIa ADRIAAN: trouwde Anna, de dochter van Wouter Sanders van Horssen en van Marijke Ambrosius Willems van Gerwen.[48] Hij overleed voor 15 oktober 1626.[49] Beiden testeerden op 29 september 1622.[50] Zij hadden onder meer een dochter Maria Nijhoff.[50a] De weduwe Nijhoff hertrouwde met Peter Jansz. Schoenmakers.[51]

IIIb JACOB: orgelmaker te Keulen. Verdere levensloop reeds bekend. Hij is de enige van de kleinkinderen van Hendrik, die zich als orgelbouwer ontplooide.

---

43 R.1381, f.607v, 22-8-1562; R.1392, f.22, 15-11-1568; R.1392, f.167, 7-5-1569.
44 Not.2684; de akte zelf was onvindbaar; zie verder over dit echtpaar: R.1420, f.236v, 22-6-1588; R.1420, f.294v, 27-8-1588; R.1421, f.169v, 7-12-1589; R.1439, f.188, 14-6-1600; R.1852, f.123, 27-8-1588.
45 R.1380, f.338, 20-7-1645; zie verder: not.2684, 17-9-1650; not.2686, 25-2-1650; not.2668, fol.291v, 24-7-1643 (hij woonde 'in den Vergulde Voetboog')
46 R.1857, f.102, 22-4-1626; not.2669, f.153v, 10-7-1647; not.2698, fol. 150v, 13-6-1656. R.1538, f.39, 2-12-1636.
47 P. Hildebrand, *De Kapucijnen in de Nederlanden en het prinsbisdom Luik,* VII, Antwerpen 1952, p.57 en p.288; *Augustiniana 25* (1975), p.337.
48 R.1429, f.262v, 6-7-1624;
49 R.1538, f.30, 15-10-1626;
50 R.1501, f.238, 18-2-1626.
50a R.1453, f.269, 18-8-1609.
51 R.1429, f.502, 28-7-1628; f.550, 3-4-1629.

IIIc MARGRIET: trouwde Joost Albertsz Scheentkens. Zij hadden ten minste twee kinderen, nl. Nicolaas en Maria.[52]

IIId MARIJKE: overleden voor 7 augustus 1628.[53] Vermoedelijk ongetrouwd gebleven.[54]

IIIe HENDRIK: verder onbekend.

IIIf JAN: burger van 's-Hertogenbosch en schrijnwerker van beroep.[55] Tekent: Jan Aertssen Nijenhoff.[56] Overleden voor 23 augustus 1641. Gehuwd met Elisabeth, dochter van Dirk Schenck.[57] Zij hadden twee dochters, Catharina en Geertruid, die zich 'Van Nieuhof' noemden.[58]

De familie Nijhoff is waarschijnlijk aan het begin van de 18e eeuw te 's-Hertogenbosch uitgestorven.

Om de familie Nijhoff heen treffen we ook *andere orgelmakers,* terwijl de archieven ons nog enkele gegevens van veel oudere orgelmakers opleverden.

LAMPELER VAN MILL: deze naam treffen we nergens aan, maar de mensen zelf wel, zij het onder andere namen. Arnd Jansz. (Lampeler), aanvankelijk orgelmaker te 's-Hertogenbosch, in samenwerking met Claas Niehoff, getrouwd met Ida, dochter van Jan Gijsbert Jan Molenmakers, was eigenaar van een huis te 's-Hertogenbosch 'achter 't Wild Verken'. Op 24 juli 1593 verkocht Ida het als weduwe.[59] In 1589 had zij al als weduwe een cijns te 's-Hertogenbosch verkocht en werd toen genoemd, Ida, weduwe van meester Arnoldus van Wijck, de zoon van Johannes Waterleter.[60] Deze naam Water-leter was onbekend. Arnd Jansz. Lampeler moet overleden zijn te Keulen voor 30 maart 1589.[61] Zie verder enkele andere akten, waarbij goederen en rechten van Arnd verkocht werden.[62]

JAN VAN GEMERT: deze Dominicaan-orgelbouwer te 's-Hertogenbosch, die onder meer aan het broederschapsorgel werkte, deed zijn eerste mis in 1454-

---

52 R.1542, f.548, 3-12-1631;
53 R.1542, f.548, 3-12-1631.
54 Not.2685, f.3, 1-2-1626; R.1528, f.121v, 23-12-1626.
55 Not.2685, f.3, 1-2-1626;
56 R.1559, f.547, 23-8-1641.
57 idem.
58 Not.2669, f.193; op 20-11-1648 kwiteerden zij hun voogd Nicolaas Van Nijehoff voor het door hem gevoerde beleid.
59 R.1450, f.101, 12-11-1607.
60 R.1420, f.537, 30-3-1589.
61 Idem.
62 Not.1450, f.101, 12-11-1607; not.1422, f.184v, 24-7-1607; R.1420, f.227, 9-6-1588; R.1442, f.168, 16-2-1602; R.1419, f.7v, 5-5-1586.

1455. Hij moet dus geboren zijn rond 1430.[63] Zie verder over hem enkele andere akten uit 1483 en 1491.[64]

Meester JAN VAN WEERT: van deze bijna onbekende orgelbouwer vonden we een akte van 25 september 1629, als hij te Leuven woont en in 's-Hertogenbosch optreedt voor de schepenen.[65]

ANTONIUS RIXTEL: evenals Jan van Gemert een Dominikaan en orgelbouwer. Restaureerde het orgel voor de Broederschap in 1612-1613.[66]

Meester WILLEM BOEST VAN HEYST: deze wegens heterodoxie ter dood gebrachte orgelbouwer vinden we enkele malen vermeld in de archieven te 's-Hertogenbosch tussen 1500-1531. Onder meer blijkt daaruit dat zijn vader Peter heette, en dat hij een huis in de Verwerstraat bezat.[67]

HANS GOLTFUSS (zijn handtekening luidt HANS GELLFUSS): blijkt geboren te zijn in 1595-1596. In 1629 was hij in een proces gewikkeld met Mr.Hieronimus Robbrecht, orgelmaker te Keulen, inzake het orgel door hem en door wijlen Florens Hocque gemaakt voor het klooster te 'Reecken'.[68] Andere gegevens over Goltfuss met betrekking tot het orgel van de St.Janskerk te 's-Hertogenbosch laat ik gaarne ter bestudering over aan pupil Van der Harst.

JASPAR JANSZ RUTGERS SCHENKELS: uit het land van Münster. Zijn naam was nog niet (geheel) bekend. Vanaf minstens 1547 werkte hij als assistent van Hendrik Nijhoff in 's-Hertogenbosch. Hij wordt uitdrukkelijk 'uit het land van Munster' genoemd.[69] Zijn vrouw was Cornelia N., die hem de volgende kinderen schonk:

1: Catharina, getrouwd met Herbert Jans Herberts die Leeuwe, schrijnwerker, aan wie zij drie kinderen schonk: Jaspar, Margriet en Jenneke
2: Cornelis
3: Franchois, getrouwd met N.N., die hem schonk: Marike (die huwde met Jacob Hendriks Saren te Helmond); Jaspar; Barbara (die huwde met Gerard Peter Mauwarts te Helmond); Jenneke (die trouwde met Laureyns Jansz)
4: Cecilia

---

63 Archief Ill.L.Vrouwebroederschap, rek.1454-1455.
64 R.1252, f.306, 17-5-1483; R.1260, f.288, 15-6-1491.
65 R.1541, f.1, 25-9-1629.
66 Archief Ill.L.Vrouwebroederschap, rek.1612-1613.
67 R.184, f.-, mei 1531; R.1285, f.136v, 28-7-1515; R.1288, f.20, 31-10-1516; R.1286, f.539, 23-7-1517; R.1294, f.187, 7-1-1521; *Taxandria 46* (1939), p.79 en p.127; A.F.O.van Sasse van Ysselt, *Nieuwe catalogus van oorkonden...*, p.385.
68 Not.2667, f.194v-195, 25-8-1633; not.2664; f.-, 9-2-1622.
69 R.1347, f.301v, 12-8-1547.

De kinderen verkregen het tochtrecht in het ouderlijk huis na de dood van hun vader op 1 juni 1565.[70] Dat huis, bij de Oude Schut gelegen, had de orgelmaker Jaspar gekocht van Lambertus van der Poorten.[71] Op 12 november 1562 was Jaspar al overleden, toen de kinderen voogden werden toegewezen.[72] Op 28 april 1574 bedankten de twee jongste kinderen hun voogden, van wie Arnd Jansz. (Lampeler) er een was.[73]

OTTO JANSZ: bekend als orgelmaker vanaf april 1543[74] tot 14 juni 1566, toen hij inmiddels overleden was.[75] Evenals Jaspar Schenkels was hij een assistent van Hendrik Niehoff. Hij trouwde Anna, bakkersdochter van Herman Jansz. van der Heyden en van Beatrix N,[76] die hem de volgende kinderen schonk:

1: Cornelia, getrouwd met Albert Bartholomeusz van Megen

2: Marijke, getrouwd met Jacob Petersz van der Straten

Anna, de vrouw van Otto, overleed in 1565-1566, toen haar doodschuld aan de Broederschap betaald werd,[77] terwijl haar dochter Cornelia zich als lid van dezelfde Broederschap opgaf in 1556-1557.[78] De erfdeling van de goederen van het echtpaar Jansz.van der Heyden vond plaats op 14 juni 1566.[79]

Een man die misschien geen orgelbouwer was, maar toch vermelding verdient, was PHILIP PETERSZ HEYMERIX, getrouwd met Anneke van Oeffelen. Hij woonde te 's-Hertogenbosch en maakte zijn testament op 23 september 1658. Zijn vrouw testeerde op 30 januari 1663. Bij de inventarisatie van hun goederen op 22 maart 1674 wordt melding gemaakt van in huis aanwezige orgels, blaasbalgen, pijpen, muziekboeken 'violons', en dergelijke. Ik vermoed dat hij een 'amateur-orgelbouwer' is geweest.[80]

Al met al een duidelijk en absoluut volledig overzicht van het aantal orgelbouwers in 's-Hertogenbosch van ongeveer 1500-1650, naast datgene wat er al bekend was. Interessant zijn voornamelijk de twee volgende feiten.

---

70 R.1386, f.353v-354, 1-6-1565;
71 Idem.
72 R.1922, 12-11-1562;
73 R.1398, f.154, 28-4-1574. Zie verder: R.1456, f.246v, 26-2-1611; R.1352, f.420v, 20-9-1549; R.1922, 12-11-1562; R.1401, f.24, 20-11-1575; R.1417, f.137v, 18-8-1580.
74 R.201, 10-10-1543;
75 R.1847, f.283, 14-6-1566.
76 Idem.
77 Archief Ill.L.Vrouwebroederschap, rek. 1565-1566.
78 Idem, rek. 1556-1557.
79 R.1847, f.283; zie verder: R.185, april 1545; R.1397, f.163v, 16-5-1573.
80 Not.2798, f.-, 22-3-1674.

I De enkele orgelbouwfamilies die er in de 16e eeuw leefden: de families Niehoff, Jansz., Schenkels, Lampeler van Mill en Boest van Heyst, zijn op geen enkele manier aan elkaar verwant geweest, noch in het begin, noch later. Ook hebben deze familieleden voor zover nu bekend geen orgelbouwers van buiten getrouwd, tenzij nader onderzoek anders zou uitwijzen. Dit is in zoverre vrij uniek, dat in andere beroepen verwantschap wel aantoonbaar blijkt te zijn.

II Het is nu, nadat ongeveer 75% van de archivalia onderzocht is, absoluut evident dat er in die tijd geen andere orgelbouwers in 's-Hertogenbosch gewoond en gewerkt hebben. Allen kwamen zij tot redelijke welvaart (de familie Niehoff tot rijkdom), allen bleven zij trouw aan de Katholieke kerk, behalve Willem Boest van Heyst.

Ik hoop de jubilaris Vente met deze overladenheid van gegevens een waar genoegen te hebben gedaan, al moet ik er bij vermelden dat de archieven nog meer te bieden hebben. In 1453 op 28 april bijvoorbeeld verscheen voor de Bossche schepenen Lijsbeth, de weduwe van Andries VENTE. Of hun dochter Geertruid Vente tot de voorouders van beroemde orgelbouwers heeft behoord, vermelden de bronnen niet. Het gaat de heer Vente met zijn Bossche voorouders (?) nog vele jaren goed.

BIJLAGE I

OVERZICHT VAN DE GOEDEREN EN RECHTEN VAN HENDRIK NIJHOFF EN DIENS VROUW ANNA

datum aankoop	datum verkoop	cijns of pacht of goed	gelegen te	gekocht door	bronnen	bijzonderheden
30-5-1522*		5½ gulden	Den Bosch		R.1420,f.313	geërfd via schoonouders
30-1-1544*		6 gulden	Oirschot	Hendrik	R.1408,f.11	
15-5-1544*		9 gulden	Schijndel	Hendrik	R.477,	
5-3-1545*		huis in de Colperstraat	Den Bosch	Hendrik		R.1343,f.233
21-3-1546*		6 gulden	Empel	Anna	R.1466,f.234v R.1347,f.164	
31-3-1546*		6 gulden	Oirschot	Hendrik	R.1853,f.412 R.1347,f.170v	
6-7-1546	2-11-1556	1 mud rogge	Os	Hendrik	R.1373,f.54 R.1344,f.390v	
18-4-1547*		9 gulden	Veghel	Hendrik	R.1431,f.473 R.1454,f.310	
25-8-1547	25-9-1550	1½ mud rogge	Empel	Anna	R.1347,f.305v	
15-2-1548*		6 gulden	Oirschot	Hendrik	R.1406,fol.182v	
19-10-1548*		6 gulden	Knegsel	Anna	R.1351,f.14v	
voorjaar 1549*		6 gulden	Oirschot	Hendrik	R.1351.f.89v	
3-6-1549*		3½ gulden	Den Bosch	Hendrik	R.1420,f.416	
5-11-1550*		1 mud rogge + 6 gulden	Enschot	Hendrik	R.1454,f.310 R.1357,f.24	
18-2-1551*		1 mud rogge	Breugel	Hendrik	R.1357,f.119v	
16-9-1551		1 mud rogge	Boxtel	Hendrik	R.1355,f.445v	

18-11-1551*		1 mud rogge	Nuenen	Hendrik	R.1358,f.31	
15-12-1551	6-8-1561	1 mud rogge	Macharen	Hendrik	R.1379,f.459v	
16-12-1551*		1 mud rogge	Boxtel	Anna	R.1846,f.94	
30-12-1551		1 mud rogge	Littoyen	Hendrik	R.1358,f.59v	
12-1-1552*		7 gulden	Den Bosch	Hendrik	R.1360,f.93v	deels geërfd via schoonfamilie
29-3-1552*		6 gulden	Rosmalen	Anna	R.1359,f.349	
30-8-1552*		3 gulden 1 mud rogge	Nuenen	Anne	R.1360,f.354v	
12-4-1553*		cijns	Den Bosch	Hendrik	R.1454,f.310	
21-6-1553		3 gulden	Nuenen	Anna	R.1363,f.280	
13-7-1553*		11½ gulden	Veghel	Hendrik	R.1853,f.412	
16-11-1553*		6 gulden	Veldhoven	Anna	R.1364,f.61	
15-5-1555		3 gulden	Nuenen-Mierlo	Anna	R.1366,f.269	
15-7-1555*		3 gulden	Mierlo	Anna	R.1366,f.296v	
17-11-1555		6 gulden	Stratum	Anna	R.1431,f.473v	
20-11-1555*		1 mud rogge + 3 gulden	Oirschot	Hendrik	R.1376,f.39	
3-9-1556*		1 gulden + 2 kapoenen	Sint-Oedenrode	Anna	R.1527,f.7v R.1406,f.286v	
2-11-1556*		1 mud rogge	Rosmalen	Hendrik	R.1373,f.54	
6-4-1558*		1 mud rogge	Den Dungen	Hendrik	R.1375,f.185	
27-1-1559*		1 mud rogge	Veghel	Hendrik	R.1375,f.417	
12-3-1559		perceel land	Geffen	Hendrik	R.1420,f.416	
10-4-1559*		1 mud rogge + 3 gulden	Heeze	Hendrik	R.1377,f.112v	
12-8-1559		9 gulden	Schijndel	Hendrik	R.1853,f.412	
15-6-1559*		6 gulden	Oerle	Hendrik	R.1384,f.299	
12-3-1560*		perceel land	Geffen	Enna	R.1377,f.409v	Genaamd 'Oyversnest'.
5-8-1561*		5 gulden	Lith	Hendrik	R.1379,f.448v	
3-9-1561*		6 gulden	Geldrop	Hendrik	R.1380,f.338	
2-5-1562		1 mud rogge	Vught	Anna	R.1381,f.165v	
2-10-1562		1½ mud rogge	Geldrop	Anna	R.1383,f.2	
5-12-1564	30-4-1579	landgoed	Vught	Anna	R.1413,f.156 R.1386,f.71	Goed 'Muyserick'?
4-5-1566		huis	Den Bosch	Anna	R.1818,f.50	
	1568	8 gulden	Kampen	het gezin	R.1393,f.7	
17-5-1571	22-3-1572	perceel land	Heeze-Leende	Anna	R.1396,f.116v	
(15-6-1559?)	23-3-1577	12 gulden	Oerle	Anna	R.1412,f.398	Van haar ouders.
		6 gulden	Veldhoven	Anna	R.1381,f.607v	
*		5 gulden	Oisterwijk	Hendrik	R.1846,f.94	
*		1 mud rogge	Nuenen	Hendrik	R.1846,f.94	
*		1 mud rogge	Drunen	Anna	R.1846,f.94	
*		6 gulden	Geffen	Anna	R.1846,f.94	
*		1 mud rogge	Drunen	Hendrik	R.1846,f.94	
*		3 gulden	Oirschot	Anna	R.1846,f.94	
*		5½ gulden	Vught	Hendrik	R.1846,f.94	
*		1 mud rogge + 4½ gulden	Sint-Oedenrode	Anna	R.1846,f.94	
*		12 gulden	Schiedam	Hendrik	R.1846,f.94	Rente op de stad.

---

* Het betreffende recht of goed was nog in het bezit bij de erfdeling van de goederen van wijlen Hendrik Niehoff op 3 januari 1562. Dit betekent tevens dat de niet van een * voorziene rechten en goederen reeds vóór die datum zijn verkocht of afgelost. Onderzoek in de plaatselijke archieven van de hier genoemde dorpen zou meer gegevens kunnen opleveren.

BIJLAGE II

GENEALOGIE NIJHOFF

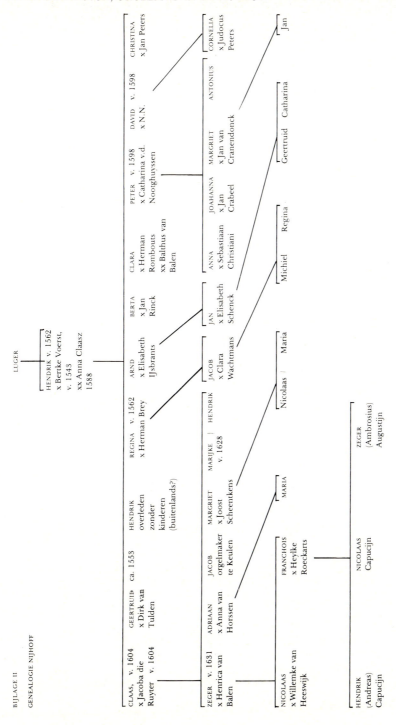

Le sort des orgues dans la province de Brabant (Belgique) suite aux suppressions de couvents par Joseph II (1783-1789)

Jean-Pierre Felix

CONTEXTE HISTORIQUE[1]

Par l'édit du 17 mars 1783, Joseph II décréta la suppression, dans les Pays-Bas, de quelques couvents jugés inutiles; il s'agissait des maisons de contemplatifs. A cet effet, l'empereur institua un comité ayant pour mission de disperser ces communautés, de gérer ensuite leurs biens et leurs revenus, d'allouer des pensions aux ex-religieux, etc. Ce fut le rôle du Comité de la Caisse de Religion qui fut installé le 26 mars 1783 et tint séance jusqu'en 1787. 161 communautés furent ainsi dispersées, dont une bonne trentaine en Brabant.

Il n'est pas question d'apprécier ici ces mesures. Si les avis sur les motivations de l'empereur restent toujours partagés, il est bien évident que ces suppressions entraient dans la cadre d'une politique qui avait pour aboutissement la disparition de tous les monastères des Pays-Bas. En outre, il est couramment admis qu'il s'agissait des vues personnelles de l'empereur et qu'il voulut les réaliser avec obstination, contre le voeu des populations, des représentations des évêques, des Etats, et même de ses propres conseillers.

Toujours est-il que les fonctionnaires qui furent chargés de diriger les opérations de la suppression s'acquittèrent scrupuleusement de leur tâche. Le soin qu'ils apportèrent à la rédaction des actes du Comité de la Caisse de Religion en témoigne.

La Révolution brabançonne de 1789 mit fin aux réformes de Joseph II et le traité de La Haye du 10 décembre 1790 rétablit officiellement les institutions religieuses d'avant son règne.

Le 26 juin 1794, les Autrichiens étaient définitivement battus à Fleurus et le pays passait sous la domination française. Le 1er octobre 1795, les Pays-Bas furent officiellement annexés à la France.

---

1 J. Laenen, 'Etude sur la suppression de couvents par Joseph II dans les Pays-Bas Autrichiens et plus spécialement le Brabant (1783-1794)', dans: *Annales de l'Académie royale d'Archéologie de Belgique*, LVII, 5e série, VII, 357-464, Anvers, 1905.

Le rétablissement des communautés religieuses fut dès lors de courte durée car à peine eurent-elles le temps de réintégrer lerus bâtiments ruinés et se reconstituer un patrimoine, que la Révolution Française les supprima définitivement, de même que celles qui avaient échappé au décret de Joseph II.

LES ARCHIVES

En fait, les documents relatifs aux suppressions de Joseph II sont groupés en trois fonds, suivant la chronologie des événements:

1 le Comité de la Caisse de Religion[2], établi en mars 1783 et supprimé en 1787;

2 le Conseil du Gouvernement Général[3], qui reprit les attributions du précédent;

3 le Conseil des Finances[4], prit ensuite le relais après la Révolution brabançonne (1789).

Tous ces documents sont conservés aux Archives Générales du Royaume à Bruxelles.

LE SORT DU MOBILIER DES COUVENTS SUPPRIMÉS, ET PARTICULIÈREMENT DES ORGUES

Dès 1782, une enquête générale avait été ordonnée afin d'élaborer un inventaire des biens meubles et immeubles des maisons religieuses que l'empereur avait l'intention de disperser.

Les meubles d'église, comme les ornements sacerdotaux en général, furent divisés en deux classes. La première comprenait les ornements de prix et la seconde les objets d'usage quotidien. Ces derniers furent souvent mis à la disposition des évêques pour être distribués gratuitement aux églises paroissiales dont la plupart étaient encore peu dotées à ce moment; les autres firent l'objet d'enchères où n'étaient admis que le clergé des églises catholiques et les couvents non visés par les suppressions.

Les inventaires, dressés en général très scrupuleusement, prouvent la grande richesse du mobilier des couvents visés; pratiquement tous possédaient un orgue, alors que pour les paroisses, seules les églises des villes importantes en étaient dotées.

---

2 A. Cosemans et J. Lavalleye, *Inventaire des archives du Comité de la Caisse de Religion*, s.d., 190 p.

3 P. et J. Lefevre, *Inventaire des archives du Conseil du Gouvernement Général*, Bruges, 1925.

4 J. et P. Lefevre, *Inventaire des archives du Conseil des Finances*, Gembloux, 1938.

Le prix auquel fut adjugé le mobilier fut très inégal: il était essentiellement lié au nombre de soumissionnaires et à leur acharnement.

Nous allons à présent passer en revue chacun des couvents supprimés, vérifier la présence ou non d'un orgue au moment de la suppression, examiner les diverses soumissions, suivre la destination des instruments, et enfin vérifier s'ils existent toujours. Dans l'affirmative, nous établirons un rapide dossier technique de ces instruments.

AUDERGHEM

Prieuré de Rouge-Cloître (Rode Klooster)[5]
Chanoines réguliers de Saint Augustin
Supprimé le 8 avril 1784

Un orgue s'y trouvait déjà au début du XVIe siècle, puisqu'à ce moment, sous le priorat de Paul Schoof, le Chapitre donna aux chanoines l'autorisation de conserver des orgues qu'ils avaient reçues.[6]

Le 14 mai 1755, le facteur bruxellois Jean-Baptiste Bernabé Goynaut[7] fut chargé de construire un nouvel instrument à un seul clavier mais de composition très complète puisqu'il disposait de 15 jeux.[8]

Clavier
51 touches (C, D-d''')
Bourdon 16

---

5 'Prieuré de Rouge-Cloître à Auderghem', dans: *Monasticon Belge*, t.IV: Province du Brabant, vol. 4, Centre National de Recherches d'Histoire Religieuse, Liège, 1970, p. 1089-1103.

6 Voir 5.

7 Ch. Clerbaut, 'Un facteur d'orgues bruxellois du XVIIIe siècle', dans: *Annales de la Société d'Archéologie de Bruxelles*, t.XV, 1901, p. 79-81.

E.G.J. Gregoir, *Historique de la Facture et des Facteurs d'Orgues*, Anvers, 1865, p. 117. Réédition F. Knuf, Amsterdam, 1972, même pagination.

Gh. Potvlieghe, 'De orgelmakers Bernabé-Goynaut dit Duplessi', dans: *De Brabantse Folklore*, 1963, no. 160, p. 412-432.

J.P. Felix, 'Nouvelles précisions à propos des Goynaut', dans: *L'Organiste*, II, 1970, no. 2, p. 13-16, Idem, *'Jean Baptiste Goynaut bouwde een orgel voor de kerk van Mere (1763-1765)'*, dans: *De Praestant*, XXI, 1972, no. 1, p. 1-3 et idem, dans: *Mededelingen van de Heemkundige Kring van Mere*, XV, 1975, no. 4, p. 29-31.

Idem, 'Jean-Baptiste Bernabé Goynaut bouwde een orgel voor de kerk te Dilbeek (1769-1770)', dans: *Eigen Schoon en de Brabander*, LVII, 1974, no. 1-2, p. 1-5.

Idem, 'Het orgel van Onze-Lieve-Vrouw Lombeek', dans: *De Mixtuur*, no. 23, novembre 1977, p. 520-523; idem, 'L'Orgue de Lombeek Notre-Dame', dans: *The Organ Yearbook* vol.X, 1979, p.140-149.

8 Idem, 'A Corroy-le-Grand, l'orgue du prieuré de Rouge-Cloître' (à paraître).

Prestant 8

Holpijp 8

Octave 4

Flûte 4

Octave 2

Quinte flûte (2⅔)

Tierce (1⅗)

Larigot (1⅓)

Sesquialter II b+d

Mixture III

Cymbale II

Cornet V

Trompette 8 b+d

Clairon 4 b+d

Tremblant doux

Ventil

Rossignol

Pédalier

Accroché; 18 marches

La tuyauterie devait être à base de ⅔ de plomb et ⅓ d'étain.

Une liste des ornements du Rouge-Cloître, dressée lors de la suppression, mentionne *un jeu d'orgues qui passe pour être très bon.*[9]

Il fut vendu non pas à l'église Notre-Dame-au-Lac à Tirlemont, comme on l'a parfois écrit[10], mais bien à l'église de Corroy-le-Grand, qui paya 400 florins à la fin de l'année 1784.[11] Elle acquit aussi le jubé, plus ancien que l'orgue, et daté 1706.

On apprend donc par la même occasion que l'orgue et le jubé de Corroy-le-Grand ne proviennent pas du couvent des Pauvres-Claires de Bruxelles, comme cela a été écrit.[12, 13]

---

9 Bruxelles, Archives Générales du Royaume (A.G.R.), Comité de la Caisse de Religion (C.C.R.), no. 51.

10 Tirlemont, Archives de l'église Notre-Dame au Lac, *Clercke Rekenboecken*: 'voor orgel en doxaal afkomstig Roode Clooster in 1785 is betaelt de som van 612 gulden'. D'après des notes en ma possession et consignées en 1943 par Jan Wauters, archiviste de la ville.

11 Bruxelles, A.G.R., C.C.R., no. 53.

12 J. de Borchgrave d'Altena, 'Notes pour servir à l'inventaire des oeuvres d'art du Brabant. Arrondissement de Nivelles (A-Loupogne)', dans: *Bulletin de la Commission Royale des Monuments et des Sites*, t.VII, Bruxelles, 1956, p. 209.

13 J. Tarlier et A. Wauters, *Géographie et histoire des communes Belges. Province de Brabant. Canton de Wavre*, Bruxelles, 1864, p. 281.

Documentation technique de l'instrument, dans sa disposition actuelle

Console

Traces de l'ancienne console à l'arrière; elles correspondent parfaitement aux jeux prévus sur le contrat. Nouvelle console de H. Loret à l'avant.

Clavier: 56 touches (C-g‴); en chêne, plaqué d'ivoire; feintes en ébène; frontons en bois fruitier mouluré; bras de châssis et traverse inférieure plaqués d'acajou. Il doit s'agir du clavier de Goynaut, complété par Loret.

Pédalier: en caisse; accrochée; 13 marches (C-c°). En toute apparence, il ne s'agit donc pas du pédalier de Goynaut, qui devait être plus étendu.

Tirants de registre: en bois et de section carrée; il s'agit de ceux de Goynaut, réutilisés par Loret.

Sommiers

Il s'agit toujours de l'ancien sommier en chêne de Goynaut, et divisé en 2 parties.

Ordre des coulisses:

Cornet v (depuis c′fis)
Montre 8
Bourdon 16
Bourdon 8
Flûte 4
Doublette 2
Nazard 2⅔
Larigot (1⅓ jusqu'a c′, puis 2⅔)
Sesquialter ii (4 sic + 2⅔)
Fourniture v (autrefois iii + ii)
Bombarde 16 b+d   (séparation
Trompette 8 b+d   c³′/c′-fis)
Clairon 4 (depuis c′-fis)

Mécanique

Il s'agit grosso modo de la traction originale de Goynaut, réutilisée et adaptée par Loret pour la nouvelle console à l'avant.

Tuyauterie

A part le Prestant 4, de Goynaut, pratiquement tout le reste de la tuyauterie est de Loret et est curieusement en zinc.

Soufflerie

La soufflerie originale a disparu.

L'instrument est en très mauvais état et pratiquement inutalisable. Il est classé comme monument historique par Arrêté Royal du 26 mai 1975.

Pièces justificatives

I '*Contrat signé entre le prieur du Rouge-Cloître, Pierre Lambrechts, et le facteur d'orgues bruxellois Jean-Baptiste Bernabé Goynaut pour un orgue à un clavier et 15 jeux* (14 mai 1755). BRUXELLES, Archives Générales du Royaume, Notariat, no. 5.300, notaire F.J. Ghÿs, Bruxelles.

Cejourdhuÿ 14 maÿ *1755* comparurent pardevant moÿ sousigné Etc. et en présence des témoins cÿ après denommes le très reverend S: pierre Lambrechts prieur du couvent du Cloitre Rouge d'une et le Sr Jean baptiste Barnabé Goÿnaut maitre fabricqueur d'orgues d'autre part lequel premier comparant a declaré comme il fait par ces présentes d'avoir donné en entrepris la fabrique des orgues a placer dans leglise dudit Couvent de la maniere suivante a scavoir l'entrepreneur faira Bourdons seize pieds sonants, prestant de huit pieds, holpÿp de huit pieds, octvae de quatre pieds, flute sonante quatre pieds, quinte flute, sonant a la quinte du prestant de quatre pieds, tierse sonant a la tierse de loctvae de deux pieds, octave de deux pieds, larigot sonant l.octave plus haut que la quinte flute, Cornet Cincq tuiaux sur chaque touche, sexquialter deux tuiaux sur chaque touche, le registre coupé, mixture a trois tuiaux sur chaque touche, Cymballe a deux tuÿaux sur chaque touche, trompette de huit pieds coupé, Claron quattre pieds coupé, un Ventil, tremblent doux et un rossignol un tiras de pedale de dix huit touches. Le clavier contiendra cincquante une touches, depuis ut embas jusques a dela re en haut, et trois soufflets suffisans aux orgues sans aucune alteration aux tuÿaux.

L'entrepreneur devra faire deux secrets nouveaux de bon bois et bien secq conforme au clavier travaillant bois sur bois sans cuir entre deux. Les tirants seront de fil de cuivre. Les secrets seront bien fermés crainte de transpiration.

Item tous les tuÿaux parleront bien sans octaviser ronds du dessus d'une grosseur proportionnée deux parties de plomb et une partie d'etain d'angleterre.

Item les tuÿaux de montre seront chargés de feuilles et bien étammés.

Item les regi(s)tres s'ouvriront et fermeront bien et d'une sortie aisée. Les batons d'une longeur d ue (?). Les blancs couvert d'os unis les noirs de bois d'ebenne selon l'usage. L'entrepreneur fournira tout le bois, cuivre, etain, plomb, fer, colle et toutes autres appendances d'orgues il achevera tout l'ouvrage chez luÿ et lorsqu'il placera les orgues susdittes luy et son ouvrier auront la table et le couvert dans ledit couvent.

Item l'entrepreneur s'engage et s'oblige davoir placé les orgues susdittes dans la préditte eglise endeans deux ans a compter d'aujourdhuÿ sujette a la visite des experts que le rendeur denommera et l'entrepreneur repondra des orgues pendant deux ans après lad^e visite.

Item l'entrepreneur aura pour les orgues susditte une somme de treize cent cincquante florins d'argent courant. La moitié de cette somme luy sera payée immediatement apres l'emplacement des dittes orgues et l'autre moitié en deux payements pendant les deux années que l'entrepenneur en répondra.

Item la caisse pour les dittes orgues est a charge du rendeur. La Caisse et les orgues comme ils existent actuellement en la d^e Eglise sera au profit de l'entrepenneur et l'entrepenneur prettera gratis un positiff dans lad^e eglise et le laissera jusques a ce que les orgues d'entreprise seront placées a l'accomplissement de quoÿ les Comp(aran)ts de part et d'autre ont obligé leurs personnes et biens presents et futurs Constituant desuitte invariablement par ces dittes presentes tous porteurs d'icelles pour en leur nom et de leur part respective aller et comparoitre soit pardevant le prédit Conseil de Brabant messieurs les eschevins de cette d^e ville ou ailleurs ou il sera besoin et necessaire pour y faire et laisser condemner volontairement avec depens (...).

(s.) F:P: Lambrechts Prior Rub. Vallis.

jean batiste bernabé goÿnaut.

Gaspar vanpé.

Cecy est la marque x de denis Venderpootere.

Quod attestor

F:J: Ghÿs, Secr.'

II *'Requête de la paroisse de Corroy-le-Grand auprès du Comité de la Caisse de Religion pour obtenir pour 42 pistoles le jubé et les orgues du prieuré supprimé du Rouge-Cloître* (24 septembre 1784). BRUXELLES, Archives Géenérales du Royaume, Comité de la Caisse de Religion, no. 53. Farde Prieuré de Groenendael. (Le document a été erronément classé dans cette farde).

A Messeigneurs les President et Rapporteurs du Comité de la Caisse de religion de Sa Majesté l'Empereur Et Roi.

Exposent avec le plus profond respect, les Curé et maitres d'Eglise de la paroisse de Coroy le grand lez wavre en Brabant.

Qu'ayant depuis plusieurs années porté tous leurs soins á augmenter les revenus de leur fabrique pour se procurer les décorations nécessaires, et maintenir la décence du service divin, ils se trouvent aujourd'hui á même, tant par leurs d^{ts} soins et économies, que par le secours et la bienfaisance de quelques personnes, d'employer une somme á l'acquisition d'une orgue.

Que parmi le nombre de celles qu'ils ont fait examiner dans les couvents supprimés, il n'en est aucune qui leur conviendrait mieux que celle du monastère de Rouge Cloitre; par la raison que le jubé et portail se trouvent construits à peu près sur les mêmes dimensions que l'emplacement de leur eglise à ce destiné, et pourraient par consequent y etre adaptés à très peu de fraix.

Sujet de leur très respectueux recours vers la Bienveillance de vos Seigneuries Illistrissimes.

Les Suppliant très humblement de daigner leur accorder la susdite orgue, jubé et portail et autres boiseries en dependantes pour une somme de quarante deux Pistoles.

C'est la Grace

(s.) A: Sandelin:/: Agent

Le 5 Janvier *1785*.

La procuration a été jointe à la requête du 24 7bre 1784.'

III*'D. Yernau, administrateur du prieuré supprimé du Rouge-Cloître, informe le Comité de la Caisse de Religion de ce que la paroisse de Corroy-le-Grand, qui a déjà obtenu les orgues de ce prieuré, offre 21 florins pour la tribune qui les supportait* (11 janvier 1785). BRUXELLES, Archives Générales du Royaume, Comité de la Caisse de Religion, no. 51.

Prieuré supprimé de rouge-cloître.

Messeigneurs,

par une dépêche du 10 de ce mois, vos Seigneuries ont daigné acquiescer à la demande des maîtres d'église de la paroisse de Corroy, en leur cédant les orgues du prieuré supprimé de rouge cloître pour une somme de quarante quatre pistolles, ils osent aujourd'huÿ recourir deréchef vers vos Seigneuries, pour les prier de leur accorder aussi la tribune sur laquelle reposent les dits orgues, cette boiserie se trouvant construite à peu près sur les mêmes dimentions que l'emplacement de leur église à ce destiné, et comme elle est de peu de valeur, etant meme tres antique ils supplient vos seigneuries de daigner leur ceder cette tribune pour la somme de vingt un florins, ce qui fera en tout une somme de quarante six pistolles à laquelle ils satisferont d'abord. J'ai l'honneur d'etre avec le plus profond respect

Messeigneurs

De vos Seigneuries

Le très humble et très obeissant serviteur

(s.) D. Yernau.

Bruxelles, ce 11 janvier 1785.

Resolu de ceder pour f. vingt un la tribune sur laquelle l'orgue reposoit.

Le 12 janv. 1785.

Annoté.'

IV*'Requête de la paroisse de Corroy-le-Grand auprès du Comité de la Caisse de Religion pour obtenir gratuitement 2 bancs tenant au mur et faisant en quelque sorte partie de la tribune des orgues déjà accordée* (20 avril 1785). BRUXELLES, Archives Générales du Royaume, Comité de la Caisse de Religion, no. 51.

A Messeigneurs

Messeigneurs les Presidens et Gens du Comité de la Caisse de religion.

Remontre en tres profond respect les curé et maitres d'églises de la paroisse de Coroÿ le Grand auxquels vos seigneuries ont daigné accorder les orgues avec leur tribune qui reposoient dans l'eglise du Prieuré supprimé de Rouge Cloître dans la foret; qu'ils desirent d'obtenir encore deux bancs tenant au mur, et faisant pour ainsi dire partie de cette tribune, ces bancs etant de peu de valeur et propres cependant pour ÿ placer des veillards et infirmes qui peuvent encore frequenter les services divins dans la paroisse. Les suppliants esperent que vos Seigneuries daigneront leur accorder ces bancs gratis. accorder ces bancs gratis.

(s.) J:f: de Chataux mambour de l'église
C'est la Grace
N:J: Bertaux Curé de Coroy
Nicolas Marchand echevin.
(suit l'apostille datée du 7 mai 1785).'

AUDERGHEM

Prieuré de Val-Duchesse[14]
Dominicaines
Supprimé le 7 mars 1783

L'inventaire des meubles, établi le 26 mai 1782, mentionne la présence d'un orgue dans le choeur réservé aux religieuses.[15]

Nous ignorons la destination de cet instrument. Il n'est pas exclu, qu'à l'instar des autres meubles, il fut envoyé à l'église du village d'Auderghem, qui était encore à cette époque l'antique chapelle Sainte-Anne.[16]

BRUXELLES

Abbaye de Coudenberg[17]
Chanoines réguliers de l'Ordre de Saint Augustin
Supprimé en 1786

---

14 A. Mignot, *Le Prieuré de Val-Duchesse en 1782*, Editions Universitaires, (Bruxelles), 1969.
15 Bruxelles, A.G.R., Archives Ecclésiastiques (A.E.), no. 11 488[1].
16 V. Tahon, dans: *Annales de la Société Archéologique de Bruxelles*, t.XXIII, 1909, p. 260.
17 D. van Dervehgde, 'Prévôté puis abbaye de Saint Jacques sur Coudenberg à Bruxelles', dans: *Monasticon Belge*, t.IV: *Province de Brabant*, vol. 4, Liège, 1970, p. 963-985.

On sait que Claes van Lier vint entretenir l'orgue en 1541-1543 et en 1552-
1553; Aert De Smet lui succéda en 1574-1575, 1579-1580 et 1605-1609,
puis Mathieu Langhedul en 1621-1623.[18] Ensuite, c'est à François
Noelmans que l'on confia ce travail, dès 1680[19]; puis ce fut le tour de Josse
Van Wyenbergh, de 1692 à 1695[20]; ensuite, Olivier De Boeck[21] dès 1701.
De 1751 à 1754, on s'adressa à Egide Le Blas[22], et dès 1771 à Jean-Baptiste
Bernabé Goynaut[23], que l'on suit ici jusqu'en 1774.

En 1747, on commanda un nouveau jubé à Jean-Baptiste Van der
Haeghen.[24]

Une nouvelle église fut commencée en 1776 mais elle ne fut achevée
qu'en 1787. L'ancien mobilier fut jugé vétuste et le jubé fut vendu à
l'église d'Huldenberg en 1775.[25]

Nous ignorons quel fut le sort exact de l'orgue lors de la suppression
qui fut promulguée en 1786. Il semble bien que l'instrument fut déménagé
dans la nouvelle église, achevée l'année suivante, et qui allait désormais
servir de paroisse. En effet, on déclara que *les parties de cette ancienne orgue ne
se trouvent plus en etat d'etre emploiees*.[26] Deux soufflets, que la paroisse
réclama plus tard, furent remisés à l'ancien couvent des Brigittines.[27]

Le 12 juin 1789, le menuisier Put fut rémunéré pour placer
provisionellement à Coudenberg l'orgue du couvent supprimé des
Lorraines.[28] Le facteur d'orgues Jan Smets perçut à son tour 46 florins 8
sous le 9 septembre 1788 pour avoir replacé l'instrument.[29]

Le curé de Duisburg, dont l'église ne possédait toujours pas d'orgue,
sollicita le 11 juillet 1789 celui de l'ancienne abbaye de Coudenberg.[30]
Après enquête sur sa solvabilité[31], la Chambre des Comptes accepta qu'on
lui cède l'instrument gratuitement, après que celui de l'ancienne abbaye de

18 M.A. Vente, 'Proeve van een repertorium van de archivalia betrekking hebbende op het
Nederlandse orgel en zijn makers tot omstreeks 1630', dans: *Mémoires de l'Académie Royale de
Belgique, Classe des Beaux-Arts*, coll. in-8°, t. x, fasc. 2, Bruxelles, 1956, p. 49-50.
19 Bruxelles, A.G.R., A.E., no. 20749, fol. Cxxiij v°.
20 E. vander Straeten, *La Musique dans les Pays-Bas avant le XIXe siècle*, t. IV, Bruxelles, 1878, p. 200.
21 Bruxelles, A.G.R., A.E., no. 20749, fol. CLvj r°.
22 Ibidem, no. 6234.
23 Ibidem, no. 6235.
24 Ibidem, no. 6835.
25 J.P. Felix, *Orgels en klokken in de O.L. Vrouwkerk te Huldenberg*; dans: *Adem*, 1980, no.3, p.132-134.
26 Bruxelles, A.G.R., A.E., no. 6857.
27 Bruxelles, Conseil du Gouvernement Général (C.G.G.), no. 1388, farde 26.
28 Ibidem, no. 1388, farde 19.
29 Ibidem, A.E., no. 6678.
30 Idem.
31 Idem.

Cambron, qui était destiné à la nouvelle paroisse de Coudenberg, y soit remonté[32]; c'était en séance du 15 août 1789. Comme on le sait, cette procédure ne put se réaliser et le curé de Duisburg commanda en 1793 un orgue neuf à Adrien Rochet, de Nivelles.[33]

Il n'entre pas dans le cadre de ce travail d'examiner les nombreux documents, publiés[34] ou non, relatifs à l'achat d'un instrument soit neuf, soit d'occasion, pour la nouvelle église de Coudenberg.

Pièce justificative

'*Quittance du facteur d'orgues J. Smets pour avoir replacé à l'église de Coudenberg l'orgue du couvent supprimé des Lorraines à Bruxelles* (octobre 1787).
BRUXELLES, A.G.R., Archives Ecclésiastiques, no. 6678.
Spe(ci)ficatie van het los maken en wederom te plaseren het orgel der klooster van de gewesene loreynen bÿ den Savel tot brussel en wederom geplaseert in de prochiale kercke van Coudenberg Gedaen door my j:a:Smets orgel maker tot brussel den 24 october 1787

voor negen dagen devoiren	32 – 12 – 0
aen leym en leer vertinsel soduer en loot	11 – 10 – 0
aen extra depanse	2 – 16 – 0
	46 – 18 – 0

Le soussigné a recu de l'administrateur de l'abbaie supprimée de Coudenberg Cattoir la ditte somme de quarante six florins dix huit sous le 9 7bre 1788
(s.) J: Smets orgel maker.'

BRUXELLES

Chartreux[35]
Supprimé le 5 mai 1783

Rien ne nous permet d'affirmer que l'église de cette chartreuse abritait un orgue au moment de la suppression.

---

32 Idem.
33 J. Bosmans, *Proeve eener beschrijving der gemeente en oude vrijheid Duisburg*, Louvain, 1883, p. 178-179 et p. 193-194.
34 Gh. Potvlieghe, 'De Brusselse Orgelbouwers De Smet en Smets', dans: *De Brabantse Folklore*, no. 169, mars 1966, p. 83-114.
35 M. Soenen, 'Chartreuse de Scheut à Anderlecht', dans: *Monasticon Belge*, t. IV: *Province de Brabant*, vol. 6, Liège, 1972, p. 1385-1427.

Dans la suite, l'église fut mise à la disposition des paroissiens de Ste-Catherine pendant qu'on procédait à la restauration de cet édifice. L'église Ste-Catherine sollicita alors pour cette succursale l'orgue du couvent supprimé de Béthanie, dit des Madelonnettes[36]; c'était en 1785 et cette demande fut agréée. L'instrument fut alors démonté et replacé par Jean-Baptiste II Goynaut.[37]

Nous ignorons le sort qui lui fut réservé dans la suite.

BRUXELLES

Annonciades[38]
Supprimé le 25 mai 1784

On sait que des orgues s'y trouvaient dès le début du XVIIIe siècle puisqu'elltes furent endommagées par une bombe lors du siège de la ville en novembre 1708.[39]

L'instrument fut omis de la liste des ornements établie lors de la suppression, ce qui fit l'objet d'une circulaire datée du 18 septembre 1784.[40]

Il se trouvait toujours au couvent le 5 janvier suivant, quand l'administrateur reçut l'autorisation de le vendre.[41]

Il y eut plusieurs amateurs. D'abord le curé d'Evere, qui était prêt à en offrir 150 à 160 florins[42]; cependant, sa requête, adressée le 22 juillet 1784, était prématurée et on l'invita à resoumissionner au moment de la vente publique. Il y eut aussi le curé d'Essene.[43] Le 9 septembre, le curé de Hamme (vraisemblablement Hamme-lez-Asse) en offrit 120 florins.[44] Nous ignorons la destination exacte de l'orgue qui semble bien avoir été vendu pour 355 florins, le 5 janvier 1785.[45]

Si néanmoins l'orgue est passé à Hamme-lez-Asse, il s'y trouverait

---

36 Bruxelles, A.G.R., C.C.R., no. 52.
37 Voir au chapitre que nous consacrons plus loin au prieuré de Béthanie à Bruxelles.
38 A. Henne en A. Wauters, *Histoire de la Ville de Bruxelles*, t. III, Bruxelles, 1845, P. 580 et sq.
39 Voir 38.
40 Bruxelles, A.G.R., A.E., no. 13502.
41 Ibidem, C.C.R., no. 363.
42 Ibidem, C.C.R., no. 56.
43 Voir 42.
44 Bruxelles, A.G.R., A.E., no. 13502.
45 Ibidem, A.E., no. 12250.

toujours (buffet du XVIIIe siècle, et instrument considérablement remanié en 1829, vraisemblablement par J.J. Loret).[46]

Composition actuelle: Trompette 8, Bourdon 16, Flûte 8, Doublette 2, Flûte 4, Bourdon 8 et Prestant 4. Les 4 derniers jeux sont du XVIIIe siècle. *Cet instrument est actuellement hors d'usage.*

BRUXELLES

Prieuré de Ste Elisabeth au Mont Sion[47]
Chanoinesses régulières de Saint Augustin
Supprimé le 6 mai 1783

Le 16 septembre 1647, la prieuse du couvent signa un acte notarié pour la commande d'un orgue à N. le Royer, qui était aussi chanoine et organiste de Son Altesse.[48] Il s'agissait de Nicolas II Royer[49], qui fut effectivement facteur d'orgues de la Cour à Bruxelles et qui construisit l'orgue de Lede, dont il fut également question dans le contrat. Voici la composition de l'orgue pour le prieuré de Ste. Elisabeth.

Premier clavier (Grand-orgue)
42 touches (octave courte:
C, D, E, F, G, A-a″)
Prestant ou Montre 6 (c.-à.-d. son-
nant 8′ mais 6′ en façade, soit depuis
A; les 3 premiers tuyaux, soit C, D et
E, sont en bourdon à l'intérieur)

---

46 A. Fauconnier et P. Rose, *Het historische orgel in Vlaanderen*, deel IIa: *Brabant. Arr. Halle-Vilvoorde*, Ministerie van Nationale Opvoeding en Nederlandse Cultuur, Rijksdienst voor Monumenten- en landschapszorg, Brussel, 1975, p. 162-165.
47 'Prieuré de Sainte-Elisabeth au Mont Sion', dans: *Monasticon Belge*, t. IV: *Brabant*, vol. 5, Liège, 1971, p. 1289-1315.
48 Bruxelles, A.G.R., Notariat, no. 2568¹. Publié par J.P. Felix, 'L'orgue Nicolas II Royer au cloître de Sainte-Elisabeth du Mont Sion à Bruxelles, dans: *L'Organiste*, IX, 1977, no. 2, p. 130-135.
49 Concernant les facteurs d'orgues Royer et particulièrement Nicolas II:
– Le mérite d'un essai de généalogie des Royer et d'une première classification de leurs oeuvres revient à A. Deschrevel, 'Het Orgel in de O.L. Vrouwkerk te Kortrijk van 1573 tot 1797' (3e partie), dans: *De Praestant,* VII, 1958, no. 3, p. 67-71. Voir note 6, p. 68.
– Idem, dans: *Winklers Prins Encyclopedie van Vlaanderen*, t. 5, Brussel, 1974, p. 145.
– J. Meersmans, *Het Geslacht Le Royer: zuidnederlandse orgelbouwersfamilie der XVIIe eeuw.* Thèse pour l'obtention du grade de licencié en Archéologie et Histoire de l'Art, Section de Musicologie, Katholieke Universiteit Leuven, année académique 1974-1975, 207 pages, p. 11-14 et p. 62-79.

Illustration 1.
Leerbeek. Nicolas II Le Royer (1648). Foto de J.P.Felix.

Bourdon 8
Octave 4
Flûte 4
Superoctave 2
Nazard (2⅔)
Mixture III
Sesquialter (II)
Trompette (8)

Second clavier (positif)
42 touches (idem)
Bourdon 8
Flûte 4
Octave 2
Sifflet (1)
Cromorne (8)

Registres accessoires
Rossignol
Tremblant
'Tire entiere' (=Ventile?)

Pédalier accroché (étendue non précisée)
      Les tuyaux de façade devaient être de fin étain d'Angleterre martelé. L'instrument coûta 1650 florins.
      Les archives sont muettes sur l'histoire subséquente de l'instrument.[50]
      Lors de la suppression, la comptabilité de clôture fait état d'un paiement de 14 florins au profit de Jan Smets, facteur d'orgues bruxellois, pour avoir entretenu l'orgue en 1782.[51]
      Une première vente du mobilier eut lieu le 9 avril 1784, mais l'orgue n'y trouva pas d'acquéreur. Lors de la seconde vente, le curé de Leerbeek l'acheta pour 230 florins.[52]
      Cet instrument se trouve toujours à Leerbeek; il ne provient donc pas de la chapelle 'De Woestijn' à Gooik, comme cela a été écrit.[53,54] Vient confirmer

---

50 Bruxelles, A.G.R., A.E., no. 13103: comptes généraux (1675-1753).
51 Ibidem, A.E., no. 13105, no. 13106 et no. 13107.
52 Ibidem, C.C.R., no. 52: (...) *n° Le curé de Leerebeeck f 230,,0 les orgues et dépendances* (...).
53 A. Fauconnier et P. Roose, *op. cit.*, p. 203.
54 F. Peeters et M.A. Vente, *L'Orgue et la musique d'orgue dans les Pays-Bas et la Principauté de Liège, du 16e au 18e siècle*, Anvers, 1971, p. 194.

cette provenance du prieuré de Ste. Elisabeth le fait que le buffet est daté de 1648, ce qui correspond bien aux prescriptions du contrat; en outre, des caractéristiques de style du buffet, que l'on retrouve à l'orgue de Lede, confirment qu'il s'agit bien d'un orgue de Nicolas II Royer.

L'examen de l'instrument révèle un transformation fondamentale au XVIIIe siècle.

Documentation technique de l'instrument, dans sa disposition actuelle

Buffet
En chêne; style Louis XIII; daté 1648; hauteur pour un 6 pieds; recouvert de peinture brune; pratiquement intact; panneautage latéral original encore présent (65 cm) mais le meuble a été approfondi; portes à l'arrière encore partiellement originales; fût ajouré pour la bonne résonnance du positif qui trouva dès le début cette localisation.

Console
En fenêtre et à l'avant, comme à l'origine.

Claviers
À l'origine 42 touches avec octave courte (C, D, E, F, G, A-a″).
Au XVIIIe siècle: renouvellement pour 50 touches (C, D-d‴).
Actuellement clavier renouvelé au XXe siècle; 55 touches (C, D-g‴) mais garniture après d‴; donc toujours seulement 50 touches actives.

Pédalier
Disparu.

Tirants de registres
XVIIIe siècle; les anciennes étiquettes ont été recouvertes de peinture.

Sommiers
Les deux sommiers à 50 gravures datent du début du XVIIIe siècle. Pas d'inscriptions. Très délabrés.

Ordre des coulisses	*Examen de la tuyauterie*
	(D'une façon générale, les 5 plus petits tuyaux de chaque jeu sont une addition du XVIIIe siècle).
Grand-Orgue	
Montre 8	Depuis c° en façade; 1° octave en sapin, à l'intérieur
Bourdon 8	du buffet.

Prestant 4   XVIIIe siècle; calottes amovibles; cheminées depuis c'.
Flûte 4   Quelques tuyaux renouvellés à la basse.
Doublette 2   depuis c° à cheminée.

Nazard 3   basses bouchées, ensuite à cheminée; les plus hauts
                                  ouverts et de large taille (XVIIIe siècle).
(Coulisse vide, pour une quinte ou une tierce à mensuration de principal).
Sesquialter II (avec reprise).   (XVIIIe siècle)
Fourniture III
Cymbale II
Trompette 8 b+d

Positif   à calottes amovibles et courtes cheminées; les plus
Flûte 4   petits en biberon; tuyaux soudés à l'aide de bolus.

Bourdon 8   octave grave simplement bouchée, ensuite à chemi-
                                  née; les 5 plus petits en biberon; les tuyaux en bois à
                                  longs pieds et bouche très haute.
(Coulisse pour Doublette 2).
(Coulisse pour Cornet III; 26 touches: c'-d'''; XVIIIe siècle).
(Coulisse pour Fourniture II).
(Coulisse pour Cymbale I ou Quinte 1⅓ à répétition en cis).

Plan de la console
□   ■ Montre 8   *Grand-orgue (II)*
■ Bourdon 8   ■ Prestant 4
■ Flûte 4   ■ Doublette 2
■ Nazard 2⅔   □
■   □
□   □
■ Trompette 8 b   ■ Trompette 8 d
□   □   *Positif (I)*
■ Bourdon 8   □
■ Doublette 2   ■ Flûte 4

Mécanique
Abrégés renouvelés.

Soufflerie
    Soufflet en sapin (fin XIXe siècle).
    Porte-vents partiellement anciens.
    Ventilateur électrique.

L'instrument ne reçoit plus aucun entretien et est devenu totalement injouable.

Pièce justificative

'*Contrat signé entre le facteur d'orgues Nicolas II Royer et la prieuse du Prieuré de Ste Elisabeth au Mont Sion à Bruxelles, pour la livraison d'un nouvel orgue* (16 septembre 1647). BRUXELLES, Archives Générales du Royaume, Notariat du Brabant, no. 2.568[1]: Minutes du notaire Du Prenne, acte no. 3.279.

Marché d'une Orgue, a S^{te} + el(isabe)t(h) cy en Bruxelles   -3279.

Ce jourd'huy, le XVj de septembre l'an *1647*: – par devant moy Notaire, et tesmoings en bas denommez, comparut en sa personne, la Reverende mere Prieuse du Cloistre de Ste Elizabeth au mont de Syon, en cette ville de Brux(ell)es, pour elle et au nom du mesme Cl(oist)re, laquelle a en telle maniere, dit et declaré, en confess(ant) par ceste, d'avoir contracte et estre convenue, avecq Monsieur le Chanoine Royer, organiste de son Alt(ess)e, a scavoir qu'icelluy fera, dressera et deposera comme il entreprint, et promit aussy par la p(rése)nte de faire dans l'Eglize dudit Cloistre, une bonne et louable orgue, composee des registres et de toutes aultres pieces, y appertenantes plus amplement descriptes, a l'aultre lez de cettes. Et d'y employer les meilleures estoffes, tent d'estain que de plomb, que sera possible, dont toutes les buses visibles, debvront estre de fin estain d'Angleterre, et bien curieusem(en)t elabourees, co(mm)e de mesme, il debvra f(aire) et livrer, tout ce qu'y appartient de p(ieces) si comme, bois, cuyr, ferrailles, et choses semblables, avecq les portevents, trois soufflez, et poids y necessaires, et finalem(ent) mectra, et posera tout ledit ouvraige en la meilleure forme, et maniere que faire se peult, sur l'hochsale (= okzaal, jubé) de laditte Eglise, au lieu piece a luy designe et estant lad(it)e orgue ainsi bien, et louablement achepvee et placee ledit Sr Royer s'oblige l'entre(te)nir de mesme, en tel bon estat, et a ses fraiz, par l'espace de trois ans, de sorte que ne cessera a charge de lad(it)^e R(évéren)de mere Prieuse, aultre chose du dit ouvraige, que l'orn(emen)t et la Caisse d'Escrinerie, qu'elle debvra faire a ses despend, selon que conviendra, comme aussy tout oeuvre de masonerie, et charpentaige, et aure ledit Sr Royer, pour tout ledit ouvraige, et de le faire, achepver, et poser, au lieu et en toute forme, et maniere que dessus, avant ou environ le jour du noel prochainement venant, ainsy qu'il confessa de l'avoir accepté la somme deseize cent florins une fois, que luy sera payee de par lad(it)e R(évéren)de mere Prieuze, en tels termes, que se trouvera raisonnables, et a contentement de part, et d'aultre, – Sur quoy, fut celcy conclu, et accepté entre ces parties' avecq promesse de s'y tenir, et l'accomplir, ch(acu)n endre soy, soubz obliga(ti)on, et renoncia(ti)on in forma ordinaria/.

(En marge:) memoire Que parties sont accordez de boucher a seize cens cincquante florins, dont ayant le Sr Royer receu led^t cinqu(ant)e.

luy reste encor lad^e somme entiere de seize cent fl.

Actum Bruxellis, aud(it) couvent a l'interieur du veners d'icelluy en p(rése)nce de m(aî)tre Josse pelgroms m(aît)re d'escole et de m(aît)re Joannes de gr(...)

tesm(oings) ayants.

(s.) Sr Guillemine Ymmeloots

Prieuse indigne

N. Le Royer.'

'(En annexe:)

Premier clavier

1. Prestant, ou monstre sonnant ouvert jusq(u)ez f fa ut (six piedz mi, re, ut, a l'unisson de la holpipe couvert)
2. Oct(ave) 4. piez.
3. Holp(ipe) a 8. piez.
4. Flutte a 4. piez.
5. Nazart.
6. Merlun (lire Mixture) a 3 tuyaux.
7. Superoctave.
8. Trompette.
9. Sexquialtera.

Second clavier

1. Holpipe a 8. piez.
2. Flutte a 4.
3. Octave a 2.
4. Sifflet.
5. Chocorne (lire Cromorne).
6. Rossignol en Reg(ist)re.
7. Tremblant.
8. Tire en tiere (=Ventile?)

Clavier a 42 touches

et le pedal.

Le tout, pour le prix de seize cens flor(in)s avecq la monstre d'estain ainsy qu'a l'Eglise n(ot)re dame de Lede et l'entretien a trois ans.

Accorde a l'orig(ina)l

Quod attestor

(s.) Du Prenne Not(ariu)s.'

BRUXELLES

Couvent de Saint-Pierre[55]

Augustines

Supprimé le 30 avril 1783

---

55 A. Henne et A. Wauters, *op. cit.*, t. III, p. 427.

Ce couvent, attenant à l'hôpital Saint Pierre, possédait un orgue au moins depuis 1527 puisque Jan Van Liere le répara à ce moment.[56] Claes de Smet vint à son tour le réparer en 1556-1557 pour 24 florins.[57]

Un certain De Bock, alias de Bouck, était chargé de l'entretien régulier de l'orgue et des clavecins du couvent au moins depuis 1698, et nous le suivons dans cet office jusqu'en mars 1710.[58] En avril 1711, c'est sa veuve qui perçut ses émoluments qui se montaient habituellement à 12 florins à chaque visite.[59] C'était le prix habituel pour un instrument de dimensions qui n'étaient pas des moindres. Il s'agissait en fait d'Olivier De Boeck, facteur d'orgues, et qui était aussi organiste de l'église du Grand-Béguinage; nous en avons traité par ailleurs.[60]

C'est un aide de Jean-Baptiste Forceville qui succéda ici à Olivier de Boeck; il procéda en 1711 à une remise en état plus importante que d'habitude, pour 28 florins.[61]

Apparut ensuite un certain Sieur Pilon, qui vint toujours entretenir l'orgue et les clavecins d'août 1712 à août 1715.[62] Nous avons recontré Jean Pilon dans les comptes de l'église Notre-Dame de la Chapelle à Bruxelles; il s'agissait d'un ancien aide de Le Roy qui avait replacé dans cette église les anciennes orgues des Jésuites de Mons.[63]

Au moins depuis 1719, c'est Joseph Baden, alias Bader, facteur d'orgues venu de Westphalie[64], qui vint entretenir l'orgue et les clavecins; nous le suivons dans cet office jusqu'en avril 1723.[65] Il percevait toujours 12 florins à chaque visite. Nous le retrouvons également actif à ce moment dans divers oratoires bruxellois, notamment à l'église St. Géry, où il livra un nouvel instrument d'une composition particulièrement intéressante.[66]

En 1767 et jusqu'en 1770 au moins, c'est un Boutmy qui vint entretenir l'orgue et les clavecins, toujours pour 12 florins.[67] Il devait s'agir de Guillaume

---

56 E. Frankignoulle et P. Bonenfant, *Notes pour servir à l'histoire de l'art en Brabant*, Bruxelles, 1935, p. 42-43.

57 Idem, *op. cit.*, p. 45.

58 Bruxelles, A.G.R., A.E., no. 13136, fol. 180 r°, 181 v°, 182 r°, 183 v°, 185 v°-v°, 186 r°, 187 v°, 189 r°, 191 r°, 195 r°-v°, 196 v°, 198 v°, 199 r° et 200 v°.

59 Ibidem A.E., no. 13136, fol. 200 v°.

60 J.P. Felix, *Histoirse des orgues de l'église du Grand-Béguinage à Bruxelles*, édité par l'auteur, Bruxelles, 1976, 126 pages, p. 16-17.

61 Bruxelles, A.G.R., A.E., no. 13136, fol. 201 r°.

62 Ibidem, no. 13136, fol. 201 v°, 202 r°, 203 v°, 205 r°.

63 J.P. Felix, *Histoire des orgues de l'église Notre-Dame de la Chapelle à Bruxelles* (à paraître).

64 R. Reuter, *Orgeln in Westfalen*, Ed. Bärenreiter, Kassel, 1965, p. xx-XI.

65 Bruxelles, A.G.R., A.E., no. 13136, fol. 15 v°, 16 v°, 17 v°, 18 r°, 19 r° et 210 v°.

66 J.P. Felix, *Histoire des orgues de l'église Saint-Géry à Bruxelles* (à paraître).

67 Bruxelles, A.G.R., A.E., no. 13139.

Boutmy qui rentra un devis de facture d'orgues pour la chapelle royale.[68]

Au moment de la suppression, en 1783, c'est Wolfgang Dussi, un élève de Jean-Thomas Forceville, qui était chargé de l'entretien de l'orgue, toujours pour 12 florins.[69]

Un inventaire de 1782 mentionne la présence *d'une orgue avec ses dépendances*[70], mais il ne trouva pas d'acquéreur.

En mars 1784, le curé de *Mil St. Martin* (lire Nil-Saint-Martin) s'était bien proposé de l'acheter après estimation par un expert, mais nous ignorons la suite de cette tractation[71]; toujours est-il que l'orgue n'avait pas encore trouvé d'acquéreur lors de la vente du 9 avril suivant.[71]

Nous ignorons toujours le sort qui fut réservé à cet instrument.

Il n'est pas exclu qu'il soit quand même passé à l'église de Nil-Saint-Martin. Il s'y trouve cependant aujourd'hui un instrument livré en 1874 par P.H. Anneessens, de Ninove; on sait en tout cas qu'il succédait à un orgue plus ancien.[72]

BRUXELLES

Brigittines[73]
Supprimé le 22 mai 1784

Si l'église des Brigittines disposait d'un jubé – il fut confectionné en 1673 par l'ébéniste Jacques Van der Schueren[74] – il semble établi qu'elle n'avait pas d'orgue. En effet, la comptabilité[75], qui nous est conservée jusqu'en 1780, ne fait jamais allusion à un facteur ou à un organiste, et pour les solennités – notamment le jour de la fête de Sainte Brigitte – on faisait seulement appel à un

68 J.P. Felix, 'Un devis inédit de facture d'orgues par Guillaume Boutmy pour la Chapelle Royale à Bruxelles (1760)', dans: *Communications des Archives Centrales de L'Orgue*, Musée Royal Instrumental de Musique, Bruxelles, 1976 I, p. 1-6
69 Bruxelles, A.G.R., Chambre des Comptes (C.C.), no. 48224, rubrique 30, et C.C.R., no. 379.
70 Ibidem, C.C.R., no. 52.
71 Ibidem, A.E., no. 13142.
72 Nous n'avons pu vérifier la provenance de l'ancien orgue de Nil Saint-Martin; le registre des délibérations conservé à la cure ne remontant pas au-delà de 1838.
73 A. Henne en A. Wauters, *op. cit.*, t. III, p. 441 et sq.
74 G. des Marez, *Guide illustré de Bruxelles. Monuments civils et religieux*, Editions du Touring Club de Belgique, 1958, p. 173. D'après: Bruxelles, A.G.R., A.E., no. 12430, fol. 36 r°.
75 Bruxelles, A.G.R., A.E., no. 12469 et no. 12502.

maître de chant et sa troupe.[76] En outre, l'inventaire du mobilier qui fut rédigé le 10 octobre 1784, ne fait aucune mention d'orgue.[77]

Le curé de Lillo, près d'Anvers, sollicita le 11 mai 1786 un autel, un jubé, des orgues, un banc de communion et un pavement pour sa nouvelle église.[70] Une semaine plus tard, le Comité de la Caisse de Religion lui accorda l'autel et le jubé des Brigittines.[70] Mais finalement, le curé de Lillo ne prit pas l'autel à cause des grands aménagements que cela impliquerait.[78] Il n'est nulle part question de l'orgue, ce qui confirme que l'église des Brigittines n'en avait jamais abrité.

Le village de Lillo a été rayé de la carte, dans le cadre des recents travaux d'aménagement du nouveau port d'Anvers. Le mobilier est passé à l'église de Lillo-Fort. On y trouve un orgue entièrement neuf; posé à même le sol, il comporte 2 claviers et pédalier et est signé Aerts et Castrel, Duffel. Aucune trace du jubé des Brigittines.

BRUXELLES

Capucines[79]
Supprimé le 24 mai 1784

L'inventaire établi le 4 mai 1782, de même que les suivants, ne fait aucune mention d'orgue.[80]

BRUXELLES

Carmélites déchaussées, dites Thérésiennes[81]
Supprimé le 9 mai 1783

Une chronique du couvent, rédigée au XVIIIe siècle, nous apprend qu'*au dessus du pourtra(il)* (= portail) *de l'Eglise, il y a une tribune où se mettent les musiciens aux*

---

76 Les Maîtres de chant rencontrés furent les suivants: Hausaert, de 1702 à 1712 (A.E., no. 12483 et no. 12484); Derveau, de 1716 à 1726 (A.E., no. 12484 à no. 12488); Joannes Derveau, 1730-1736 (A.E., no. 12489); Van Cools, 1726-1730 (A.E., no. 12488); Brehy, 1731 (A.E., no. 12489); De Greve, 1736 à 1780 (A.E., no. 12490 à no. 12501); F. de Greve, en 1781 et 1783 (A.E., no. 12471 et no. 12509).
77 Bruxelles, A.G.R., A.E., no. 12505.
78 Bruxelles, A.G.R., C.G.G., no. 1379.
79 A. Henne et A. Wauters, *op. cit.*, t. III, p. 568-569.
80 Bruxelles, A.G.R., A.E., no. 12515, no. 12516 et no. 12524.
81 A. Henne et A. Wauters, *op. cit.*, t. III, p. 386-388.

fêtes solemnelles, et une fort belle orgle de la quelle on joue aux grandes solemnitez du couvent (…)[82]

Malgré les interventions des plus hautes personnalités civiles et religieuses, tant belges qu'étrangères, Joseph II promulga la suppression de ce couvent. Quand les fonctionnaires apparurent pour établir l'inventaire des biens, l'ancienne prieuse mourut de saisissement.[83]

L'église, de l'architecte Wenceslas Coberger qui l'avait achevée en 1615, était l'une des plus belles de la ville. Elle fut néanmoins détruite.

L'inventaire[82] ne comprenait pas moins de 280 tableaux.

Une liste des objets pour lesquels aucune offre n'avait été faite lors de la vente du 9 avril 1784, comprenait en rubrique 14: *une petite orgue*.[84]

Le 19 mai 1784, le curé d'Ixelles paya 23 florins pour l'ornement sous rubrique no. 14 donc l'orgue[85]; sans doute ne s'agissait-il que de la tuyauterie, car par recoupement, nous savons qu'en 1804, l'église du Grand-Béguinage, qui avait entre temps été dépouillée de tout son mobilier, acheta le buffet de l'orgue de l'ancien couvent des Carmélites pour contenir la tuyauterie, acquise par ailleurs, de l'orgue E.F. Van Peteghem des Dominicains de Malines; c'est Jan Stephanus Smets qui le remonta.[86]

BRUXELLES

Prieuré Notre-Dame de la Rose de Jéricho[87]
Dames Blanches; Chanoinesses de l'ordre de Saint Augustin
Supprimé le 16 mai 1783

On sait que Josse Van Wyenberg, accordeur d'orgues et d'épinettes, vint accorder l'orgue du prieuré de Jéricho en 1694 et 1695.[88]

Peu avant 1784, c'est Jean-Baptiste II Goynaut qui était chargé de l'entretien de l'instrument; en effet, sa veuve perçut ses émoluments.[89]

---

82 Bruxelles, A.G.R., A.E. no. 12525.

83 Vicomte Ch. Terlinden, 'Le Carmel Royal de Bruxelles', dans: *Cahiers Bruxellois*, t. III, fasc. II.

84 Ibidem, C.C.R., no. 52.

85 Ibidem, C.C., no. 48196.

86 J.P. Felix, *Histoire des orgues de l'église de Grand-Béguinage à Bruxelles* (…), p. 22.

87 A. Despy-Meyer, 'Prieuré de Notre-Dame de la Rose de Jéricho, à Bruxelles', dans: *Monasticon Belge*, t. IV: *Province de Brabant*, vol. 5, Liège, 1971, p. 1247-1271.

88 E. vander Straeten, *op. cit.*, t. IV, p. 200.

89 Bruxelles, A.G.R., A.E., no. 13000: *Journal des recettes et dépenses (1784)*: fol. 7 r°, rubrique 53: 'Dette personnelle du couvent. paié à la veuve Goynaut organiste (sic) pour ou vrages faits aux orgues du couvent ensuite de son etat dans la liste des créanciers sub n° 18 la somme de six florins six sols 6,6'.

L'inventaire rédigé le 4 juin 1782 mentionne un orgue situé au-dessus du choeur des religieuses.[90]

Le curé de Meise l'acquit pour 150 florins le 24 mai 1784.[91]

Nous ignorons tout sur la paternité et l'importance de cet instrument.

Cet achat est confirmé dans les archives de l'église de Meise.[92]

L'orgue actuel de cette église a été renouvelé en 1897 par les frères Van Bever pour 4750 F; il s'agit d'un instrument à un seul clavier et pédalier, et comportant 13 jeux: Boudon 16, Soubasse 16, Flûte ouverte 8, Montre 8, Prestant 4, Bourdon 8, Salicional 8, Voix Céleste 8, Flûte 4, Gambe 8, Quinte 3, Doublette 2, Trompette 8 b+d.

Bourdon 8, Flûte 4, Quinte 3 et Doublette 2 sont des jeux anciens réutilisés par Van Bever. G.Loncke[93] y voit deux périodes: l'une des environs de 1600, l'autre de la fin du XVIIIe siècle.

L'ancien buffet d'orgues a malheureusement été supprimé.

BRUXELLES

Couvent de Notre-Dame de Lorraine[94]
Chanoinesses régulières de Saint Augustin
Supprimé le 24 mars 1787

La comptabilité de 1694-1695 atteste la présence d'un orgue puisqu'on dépensa 15 florins sous pour les raccommoder.[95]

L'inventaire établi au moment de la suppression, en 1787, mentionne la présence d'un orgue.[96] Il passa momentanément à l'église de Coudenberg, de

---

90 Ibidem, A.E., no. 12998: 'op de choor der Religieusen (...) 85. Item een orgel staende boven de gemelde choor'.
91 Ibidem, A.E., no. 13000, fol. 27 v°, rubrique 234: 'reçu du curé de meys la somme de cent cinquante florins pour lorgue de ce couvent sub no. 23: 150'. On en trouve la confirmation à: ibidem, A.E., no. 12998; C.C., no. 48198, rubrique 234.
92 Meise, Archives à la curé: *Manuale*.
– p. 192: '1784 quando quidem ex suppressis Monialibus de Jericho acceperimus pro 150 florenis organum'.
– p. 203: 'in het silve jaer (1784) hebben wij ons orgel gekocht van 150 gulden, hetwelk eertijds gedient heeft aan de gesupprimeerde nonnekens van Jericho'.
Signalé par G. Loncke, *Historisch rapport over het orgel in de Sint-Martinuskerk te Meise*, 1976.
93 G. Loncke, *op. cit.*, p. III-7.
94 A. Henne et A. wauters, *op. cit.*, t. III, p. 417; voir aussi: P. Pieyns-Rigo, 'Couvent de Notre-Dame de Lorraine, à Bruxelles', dans: *Monasticon Belge*, t. IV: *Province de Brabant*, vol. 5, Liège, 1971, p. 1362-1371.
95 Bruxelles, A.G.R., A.E., no. 13075.
96 Ibidem, C.G.G., no. 1590.

l'abbaye du même nom, et qui était devenue paroisse. L'autorisation de l'y placer fut accordé le 29 septembre 1787. Cet orgue figure en effet *per jnterim* dans un inventaire du mobilier de l'église de Coudenberg, établi vers 1789.[97]

Les Carmes déchaussés de la ville avaient bien sollicité l'orgue des Lorraines, mais ce fut en vain.[98]

BRUXELLES

Prieuré de Béthanie[99]
Madelonnettes
Supprimé le 14 mai 1783

La première pierre de l'église fut posée en 1662[100]; vers 1668, on paya 600 florins pour un jubé en bois.[101] Nous ignorons quand apparurent les orgues; celles-ci furent en tout cas remplacées peu avant 1763, comme en témoigne la comptabilité[102]; le nom du facteur n'est cependant pas précisé.

Une première vente du mobilier et des effets du couvent eut lieu le 9 avril 1784 mais l'orgue n'y trouva pas d'acquéreur.[103] Une nouvelle liste des objets restant disponibles fut alors dressée[104]; la rubrique 14 mentionne le petit orgue. On sait qu'il retint l'attention de 2 amateurs: le curé de l'hôpital Saint-Jean à Bruxelles, qui en offrit 42 florins, et celui de l'église de Rossem, qui était prêt à payer 52 florins 10.

Ces tractations n'aboutirent pas car l'orgue passa en fait à l'ancienne église des Chartreux, devenue succursale de la paroisse Ste. Catherine. On possède encore la lettre de sollicitation de l'instrument[105], avec apostille.

La comptabilité de l'administrateur du couvent relative au démontage et au remontage nous apprend que ces travaux furent conduits par Jean-Baptiste II Goynaut, aidé du maître-charpentier Guillaume Ronie et d'un certain Menten

97 Ibidem, A.E., no. 6852.
98 Ibidem, C.C.R., no. 54 bis, p. 189.
99 P. Pieyns-Rigo, 'Prieuré de Béthanie, à Bruxelles', dans: *Monasticon Belge*, t. IV: *Province de Brabant*, vol. 5, Liège, 1971, p. 1187-1200.
100 Bruxelles, A.G.R., A.E., no. 12368, fol. 143.
101 Ibidem, A.E., no. 12368, fol. 370.
102 Ibidem, A.E., no. 12373: Comptes de 1763-1766, fol. 9 v°.
103 Ibidem, A.E., no. 12375.
104 Voir 103.
105 Bruxelles, A.G.R., C.C.R., no. 52.

Van Benthen, dont nous ignorons les activités exactes.[106]

Nous ne savons rien du sort qui fut réservé dans la suite à l'instrument.

BRUXELLES

Pauvres Claires[107]
Soeurs Grises/Récolletines/Soeurs du Tiers Ordre de St. François
Couvent de Bethléem
Supprimé le 21 mai 1784

Il a été écrit naguère que l'orgue et l'autel majeur de ce couvent passèrent à l'église de Corroy-le-Grand.[108] C'est faux, comme nous l'avons démontré plus haut puisque cette église abrite l'orgue du prieuré de Rouge-Cloître à Auderghem.

En fait, rien ne nous dit que l'église des Pauvres Claires disposait d'un orgue; une chronique nous apprend d'ailleurs qu'elle *etoit petite et ne renfermoit rien de remarquable*.[109]

---

106 Ibidem, A.E.,
- no. 12378: Compte de 1785, dol. 9 v°: 'Du meme dito (= 30 juin 1785) rubrique 72. Autres paiemens assignés sur la Caisse de Religion pour oeuvres pies.
Paié ensuite de lauthorisation du Comité du janvier 1785, a Jean Baptiste Goÿnaut organiste la somme de cinquant six dix sols en acquit de ses devoirs et debourses pour deplacer les orgues de leglise de ce couvent les transporter et les replacer dans leglise des cy devant Chartreux actuellement succursale de Ste. Catherine   56.10;
– no. 12379: Compte de 1786, fol. 1 r°-v°: 'Du 20 dito (Novembre 1785), rubrique 3. Autres paiemens assignés sur la Caisse de Religion pour oeuvres pies. Paié ensuite de lauthorisation du Comité du 3 Janvier 1785 a guilliaume Ronie maitre charpentier de son etat douvrages pour placer l'orgue de ce couvent dans leglise succursale de Ste Catherine   25.11.9'.
– ibidem, fol. 7 r°: 'Rubrique 47. Autre paiement assigné sur la Caisse de Religion pour oeuvres pies. Du 23 dito (Mars 1786) paié ensuite d'autorisation du comité du 3 janvier 1785 a N. Van Benthem Menten la somme de quatorze florins sept sols en acquit de son etat d'ouvrages pour le deplacement de l'orgue du couvent supprimé de cette entremise et le replacement de la meme orgue dans leglise des cÿ devant chartreux   14.7'.
107 A. Henne en A. Wauters, *op. cit.*, t. III, p. 538-539.
108 Voir 12.
109 Abbé Mann, *Abrégé de l'histoire ecclésiastique civile et naturelle de la ville de Bruxelles et de ses environs, avec la description de ce qui s'y trouve de plus remarquable*, Bruxelles, 1785, t. II.

BRUXELLES

Riches Claires[110]
Urbanistes
Supprimé le 28 avril 1783

La comptabilité du couvent, conservée depuis 1573, ne nous donne aucune indication sur la présence d'un orgue.[111] On sait quand même que le facteur d'orgues François Noelmans, d'abord ouvrier puis successeur d'Antoine Lannoy à partir de 1661, livra un nouvel orgue pour cette église.[112] L'événement dut se produire entre 1667 (construction de la nouvelle église) et 1677 (document qui en fait mention à propos de l'entretien). Nous ignorons la composition de cet instrument, contemporain de celui que livra le même Noelmans à l'église du Grand Béguinage vers 1680, et dont le buffet se trouve maintenant à celle des Minimes.[113]

Plusieurs paroisses sollicitèrent l'obtention de l'orgue des Riches Claires au moment de la suppression. Celle d'Essene, près d'Asse, en offrit 250 florins dès août 1783, mais le Comité répondit que cette demande était prématurée et conseilla de la renouveler au moment de la vente publique.[114] En juin 1784, le curé de Tubize en offrit 400 florins mais l'administrateur du couvent lui demanda de renouveler l'offre lors d'une prochaine vente qui aurait lieu dans quelques mois.[115] On verra plus loin que cette paroisse acquit en fait les orgues du prieuré de Nizelles. A son tour, la paroisse d'Etterbeek offrit 150 florins pour les orgues des Riches Claires, mais l'administrateur du couvent signala *que cette offre est nullement proportionnée à la valeur de la chose.*[116]

En mars 1785, le curé d'Etterbeek, dont l'église n'avait toujours pas d'orgue, haussa son offre à 200 florins. L'administrateur émit alors un avis favorable mais demanda que pour éviter les déplacements de poussière, l'orgue ne soit pas démonté avant que les tableaux n'aient été enléves.[117, 118]

---

110 A. Henne et A. Wauters, *op. cit.*, t. III, p. 170-171.
111 Bruxelles, A.G.R., A.E., no. 13294 à no. 13310.
112 J.P. Felix, *Histoire des orgues de l'église Saint-Géry à Bruxelles* (à paraître).
113 Idem, 'Le doyen des buffets d'orgues bruxellois', dans: *Cahiers bruxellois. Revue d'histoire urbaine*, t. XXI, 1976, Bruxelles, 1977, p. 91-95.
114 Bruxelles, A.G.R., C.C.R., no. 56.
115 Ibidem, C.C.R., no. 502.
116 Voir 115.
117 Voir 115.
118 Bruxelles, A.G.R., C.C., no. 48247.
'n° 131. 31 dito (janvier 1787). Produit des meubles et effets.- Reçu du Curé d'Etterbeek la somme de deux cent florins en aquit de pareille so(mm)e pour la quelle les orgues de ce couvent ont êté cedées a l'usage de l'église dudit lieu par depeche du Comité du 21 mars 1785   200-0-0'.

Quant au buffet d'orgues à proprement parler, on sait qu'il fut cédé gratuitement, ce qui n'empêche pas qu'il soit également passé à l'église d'Etterbeek.[119]

Un document nous dévoile les problèmes qu'entraînaient ces suppressions pour les organistes, mais aussi la sollicitude dont fit preuve le Comité de la Caisse de Religion. On possède en effet une requête de Judocus Joseph De Boeck, organiste des Riches Claires, par laquelle il demandait une continuation de ses gages jusqu'à ce qu'il retrouve une autre place; c'était le 24 juin 1783.[120] L'administrateur, considérant qu'aucun engagement ne rendait cette place inamovible, estimait qu'elle n'avait *pas l'ombre la plus legere de fondement*; néanmoins, le Comité accorda une année de gages en guise de gratification.

HERENT

Prieuré de Bethléem[121]
Chanoines réguliers de Saint Augustin
Supprimé le 13 avril 1784

Blasius Bremser s'était engagé à construire un orgue pour ce couvent mais la mort l'en empêcha[122]; c'était en 1679.

On sait que Jean-Baptiste Bernabé Goynaut livra ici un orgue peu avant 1769; il nous l'apprend dans la correspondance qu'il échangea avec les autorités de l'église de Notre Dame à Herent.[123]

L'orgue fut mentionné dans l'inventaire établi lors de suppression.[124] Ce document nous apprend qu'il disposait de 14 jeux.

Nous ignorons le sort qui fut réservé à cet instrument.

HERINNES

Chartreux[125]
Supprimé le 23 juillet 1783

---

119 Ibidem, C.C.R., no. 381.
120 Voir 119.
121 E. Persoons, 'Prieuré de Bethléem, à Herent', dans: *Monasticon Belge*, t. IV: *Province de Brabant*, vol. 4, Liège, 1970, p. 1005-1024.
122 E. van Autenboer, 'Jan en Blasius Bremser, orgelbouwers te Mechelen in de XVIIe eeuw', dans: *De Praestant,* XXII, 1963, no. 2, p. 39-45 (p. 45 et note 46).
123 E. Humblet, 'Nieuwe vondst over Jean-Baptiste Goynaut, orgelbouwer te Brussel, 1763', dans: *De Praestant*, XIX, 1970, no. 1, p. 9-10.
124 Bruxelles, A.G.R., C.C.R., no. 54.
125 H. Delvaux, 'Chartreuse de Hérinnes', dans: *Monasticon Belge*, t. IV: *Province de Brabant*, vol. 6, Liège, 1972, p. 1429-1456.

Nous ignorons si l'église de ce couvent disposait d'un orgue. Les biens meubles furent vendus entre juin 1783 et juin 1784 pour 16716 florins.[126] Comme l'église servit par après de paroisse, il n'est pas exclu que l'orgue y resta. Il a de toutes façons été renouvelé en 1948 par Jos. et P. Loncke, de Esen; ce facteur réutilisa du materiel ancien.[127]

HEVERLEE

Célestins[128]
Supprimé le 12 avril 1784

L'inventaire dressé en 1784 mentionne l'existence d'un orgue.[129]

En octobre 1786, les armoires et ornements furent transportés au couvent des Carmélites déchaussées à Louvain.[130] Nous ignorons quelle fut la destination de l'orgue.

HEVERLEE

Abbaye de Parc[131]
Prémontrés
Supprimé le 25 février 1789

L'histoire des orgues de cette importante abbaye reste à écrire. On n'en connaît en effet que quelques faits épars que nous livrons ici.

Un orgue fut déjà restauré en 1426.[132] En 1463, Antoine Van der Phaliesen restaura les trompettes pour 33 florins de Rhin.[133] Jan Van Lier livra un nouvel instrument en 1532.[134] Les religieux de Floreffe offrirent à l'abbé de Parc, qui

---

126 Idem, *op. cit.*, p. 1455.
127 A. Fauconnier et P Roose, *op. cit.*, d. IIa: *Brabant. Arr. Halle-Vilvoorde*, Brussel, 1975, p. 172-174.
128 A. d'Hoop, *Inventaire général des archives ecclésiastiques du Brabant*, t. IV: *Couvents et Prieurés, Beguinages et Commanderies,* Bruxelles, 1929, p. 219.
129 Bruxelles, A.G.R., C.C.R., no. 53.
130 Ibidem, C.C., no. 48146.
131 A. D'Haenens, 'Abbaye de Parc, à Heverlee', dans: *Monasticon Belge*, t. IV: *Province de Brabant*, vol. 3, Liège, 1969, p. 773-827.
132 Raymaekers-Jansen, *Geschiedkundige navorschingen over de aloude abdij van 't Park, door F.J.R., uit fransch vertaald voltrokken en aangetekend door J.E. Jansen*, Anvers, 1904, p. 56. Repris par Dom J. Kreps, *Het orgel in Tongerlo (1436-1933)*, Tongerlo, 1933, p. 14; cet auteur a précisé la date.
133 E. Gregoir, *op. cit.*, p. 180-181.
134 M.A. Vente, 'Een Lierse Orgelmaker in de 16e eeuw: Jan Verryt alias Liere', dans: *De Praestant*, x, 1961, no. 1, p. 1-7 (6).

était commissaire à l'élection de leur abbé en 1552, *ung petit registre dorghues valissant environ dix sept ou dix huytz florins*.[135] En 1628, l'abbé donna 1928 florins pour renouveler l'orgue[136]; il ne spécifia pas à qui, ni en quoi consistait le renouvellement. Le 16 juin 1640, l'abbé Masius, qui était lui-même bon organiste, paya 2300 florins à Hans den Duysche pour 35 réparations[137]; il doit s'agir d'Hans Goltfus. En 1657, l'abbé Libert de Pape fit démonter le même orgue qui n'était plus réparable, et fit faire un *middelbaer positief*; cela lui coûta 5 ou 600 florins et c'est instrument qui fut utilisé dans la suite.[138] Selon Van Even[139], le jubé et le buffet d'orgues dataient de 1752. De 1781 à 1787, c'est Adrien Rochet qui fut chargé de l'entretien de l'orgue; il perçut chaque année 17 florins.[140]

Après la suppression, en 1789, il fut un moment question de déménager l'instrument à l'église de l'abbaye supprimée de Coudenberg à Bruxelles, devenue entre temps paroisse.[141] Comme l'orgue de Parc ne possédait pas les registres de *faux bourdon et de la voix jumaine*, le curé de Coudenberg opta pour celui de l'abbaye de Cambron.[142]

L'étude de Q. Nols[143] sur la tourmente que connut l'abbaye de Parc à la fin du XVIIIe siècle ne nous apprend rien sur le sort des orgues, si ce n'est qu'à la Révolution Française, il fut question de l'instrument dans une dénonciation du prieur et du sous-prieur de l'abbaye, pour avoir substitué des tableaux inventoriés par d'autres de moindre valeur, dans le but de les soustaire aux Français. Il semble bien que comme le carillon, l'orgue survécut jusqu'à la Révolution; sans doute n'aura-t-il pas trouvé d'acquéreur au moment de la première suppression par Joseph II.

L'église actuelle renferme un instrument de Merklin et Schütze, livré en 1853, et dans lequel on a réutilisé du matériel ancien.[144] Contrairement à ce qu'avait écrit Van Even, le buffet date aussi de 1853.

---

135 Bruxelles, A.G.R., Etat et Audience, no. 896, fol. 38 r°-39 r°. Communication de Ph. Jacquet, de Namur (16-2-1974).
136 Communication du Père Félix Maes, archiviste de l'abbaye de Parc (26-6-1971).
137 Voir 136.
138 Voir 136.
139 E. van Even, *Louvain dans le passé et le présent*, Louvain, 1895, p. 470.
140 Voir 136.
141 Bruxelles, A.G.R., C.G.G., no. 1388, farde no. 16.
142 Ibidem, C.G.G., no. 1388, farde no. 17.
143 Q. Nols, *Notes historiques sur l'abbaye de Parc ou 50 ans de tourmente (1786-1836)*, Bruxelles, 1911, p. 134. D'après des archives à l'abbaye.
144 A. Fauconnier et P. Roose, *op. cit.*, d. IIb: *Brabant.-Arr. Leuven*, Brussel, 1977, p. 312-316.

HEVERLEE

Prieuré de Terbanck[145]
Augustines
Supprimé le 26 avril 1783

La paroisse de Grez offrit en octobre 1784 la somme de 150 florins pour l'orgue de ce prieuré. L'administrateur Fisco demanda au Comité s'il pouvait le céder à ce prix *que je crois etre a peu pres de sa valeur, vu que ces orgues ont été examinées a plusieurs reprises par maintes maitres et amateurs et qu'ils m'ont tous assurés que si non d'ÿ faire des reparations considerables elles ne meriteroient pas grande attention qui d'ailleurs n'augmentera pas par le tort qu'ÿ peuvent contribuer les dragons d'arbres qui logent dans cette eglise au nombre a peu pres de 150 hommes sans considerer les poussieres qui se placent dans les tuyaux et dans l'interieür de l'ouvrage occasionnées par deux etuves a la houille qui brulent nuit et jour.*[146]

L'église de Grez obtint aussi les stalles de choeur de ce prieuré.[147]

Cet orgue et son buffet se trouvent toujours à l'église de Grez.[148]

L'instrument a cependant été considérablement remanié par Augustin Verhulst, de Herent, en 1873.

Documentation technique de l'instrument dans sa disposition actuelle

Buffet
En chêne; façade avec soubassement et dos avec battants de porte ajourés sont originaux (1668); le reste a été renouvelé en 1873.

Console
Séparée et à l'avant, mais à l'origine, en fenêtre et à l'arrière.

Clavier: renouvelé; 58 touches (C-a''').

Pédalier: renouvelé; accroché; 25 marches (C-c').

Sommiers: 2 sommiers à registres, en chêne; chapes vissées; renouvelés par Verhulst.

Ordre des coulisses et examen de la tuyauterie
Cornet (III rangs sur IV;   XVIIe ou XVIIIe siècle
la tierce manque)

---

145 E. van Even, *Louvain monumental ou description historique et artistique de tous les édifices civils et religieux de la dite Ville*, Louvain, 1860, p. 262-264.

146 Bruxelles, A.G.R., C.C.R., no. 54.

147 Voir 146.

148 J.P. Felix, 'L'Orgue de Grez', dans: *L'Organiste,* IX, 1977, no. 4, p. 171-181.

Montre 8	basse de Verhulst; reste XVIIe ou XVIIIe
Prestant 4	plus de 30 tuyaux sont recouverts d'une feuille d'étain et comportent un écusson; ils faisaient donc partie d'une façade; XVIIe ou XVIIIe siècle.
Bourdon 16	Verhulst
Bourdon 8	XVIIe ou XVIIIe siècle
Viola di Gamba 8	Verhulst
Flûte douce 4 (= à cheminée)	XVIIe ou XVIIIe siècle
Flûte harmonique 4	Verhulst
Doublette 2	XVIIe ou XVIIIe siècle
Fourniture (II rangs sur III)	XVIIe ou XVIIIe siècle
Trompette 8 b+d	XVIIIe siècle
Euphone 8	Verhulst

Mécanique
Renouvelée et en sapin.

Soufflerie
Réservoir enfermé dans une caisse. Deux pompes mues par un bras.
Ventilateur électrique.

L'orgue est jouable, sans plus.

HOEILAART

Prieuré de Groenendael[149]
Chanoines réguliers de l'ordre de Saint Augustin
Supprimé le 13 avril 1784

On sait que Josse Van Wyenbergh vint accorder l'orgue pour 18 florins à Pâques 1695.[150]
    L'instrument figurait à l'inventaire rédigé le 19 juin 1784.[151]
    Au moment de la suppression, le curé de Diegem sollicita les orgues de ce prieuré pour 100 couronnes impériales, son église manquant d'un orgue

---

149 E. Persoons, 'Prieuré de Groenendael, à Hoeilaart', dans: *Monasticon Belge*, t. IV: *Province du Brabant*, vol. 4, Liège, 1970, p. 1067-1087.
150 E. vander Straten, *op. cit.*, t. IV, p. 200.
151 Bruxelles, A.G.R., C.C.R., no. 53.

convenable.[152] Cette procédure n'aboutit pas car en 1790, il commanda un tout nouvel orgue à Adrien Rochet, de Nivelles.[153]

Le 20 janvier 1785, la fabrique de l'église Notre-Dame-au-Lac à Tirlemont offrit 612 florins pour l'orgue et le jubé; deux jours plus tard, le Comité accédait à cette demande.[154] Pour les orgues seules, on déboursa 462 florins.[155]

Nous ignorons tout de l'importance et de la paternité de cet instrument. A Tirlemont, il fut revisé par J. Smets juste après la Revolution, en 1804 et pour 21,61 F.[156] Apparurent ensuite deux facteurs inconnus: Fr. Kemels et Wilhelmus Brandts (1808). On rencontre ensuite Stephanus Smets et Charles Rifflart.

L'orgue (buffet et instrument) fut entièrement renouvelé en 1857 par Merklin[157]; *il est actuellement devenu injouable.*

LEAU (ZOUTLEEUW)

Prieuré du Val des Ecoliers[158]
Chanoines réguliers de l'ordre de Saint Augustin
Supprimé le 15 mai 1784

L'inventaire établi en août 1784 mentionne *une orgle avec ses appartenances.*[159] Nous ignorons le sort qui lui fut réservé.

LOUVAIN

L'histoire des couvents de Louvain au moment de leur suppression par Joseph II a été étudiée en détail mais aucun élément n'a été rapporté pour les orgues.[160]

---

152 Voir 151.

153 Gh. Potvlieghe, 'De orgelmakers Coppin en A. Rochet', dans: *Eigen Schoon en de Brabander*, XLV, 1962, no. 8-9-10, p. 296- 322; voir aussi: J.E. Davidts, *De kerk van Diegem*, 1963, p. 76-80.

154 Bruxelles, A.G.R., C.C.R., no. 53.

155 Ibidem, C.C.R., no. 408.

156 G. Loncke, *Historisch verslag over het orgel van O.L. Vrouw ten Poel* (te Tienen), 9 p., 1976.

157 A. Fauconnier et P. Rosse, *op. cit.*, d. IIb: *Brabant.- Arr. Leuven*, Brussel, 1977, p. 544-561.

158 P. Pieyns-Rigo, 'Prieuré du Val des Ecoliers, à Léau', dans: *Monasticon Belge*, t. IV: Province de *Brabant*, vol. 4, Liège, 1970, p. 1117-1136; voir aussi: P.V. Bets, *Zoutleeuw, beschrijving, geschiedenis, instellingen*, t. 2, Tienen, 1888, p. 168-181.

159 Bruxelles, A.G.R., C.C.R., no. 53.

160 G. Schmets, 'De afschaffing van kloosters te Leuven door Keizer Jozef II (1780-1790)', dans: *Mededelingen van de Geschied- en Oudheidkundige Kring voor Leuven en omgeving*, VI, 1966 p. 3-20, et VII, 1967, p. 71-84.

Chartreux[161]
Supprimé le 24 avril 1783

H. Delvaux[162] signale qu'en novembre 1784, on procéda à la vente des derniers meubles, y compris les cloches et les orgues. Bien que très fournis, les inventaires du mobilier ne mentionnent pas d'orgue.[163]

LOUVAIN

Prieuré de Val Saint-Martin[164]
Chanoines réguliers de l'ordre de Saint Augustin
Supprimé le 13 avril 1784

On sait que le prieur Pierre De Wulf, élu en 1682, oeuvra activement à l'embellissement du prieuré.[165] L'inventaire des meubles, rédigé au moment de la suppression, mentionne *une orgue par Golphus*.[166] Il devait s'agir d'un instrument livré par Peter Goltfus et qui devait donc rentrer dans la campagne de rénovation du prieur De Wulf. Cet orgue était dès lors contemporain de celui que ce facteur livra en 1692 au Grand Béguinage de la méme ville.[167]

L'orgue du prieuré de Saint Martin fut acquis le 4 février 1785 par la fabrique d'église de Longueville pour 441 florins.[168] Pour l'y remonter, on fit appel à l'un des facteurs les plus renommés, Adrien Rochet, de Nivelles. Celui-ci perçut 100 florins le 27 août de la même année, pour remontage et adjustage. Dans la suite et jusqu'en 1822, date vraisemblable de son décès, c'est toujours Rochet qui fut chargé de l'entretien.

---

161 H. Delvaux, 'Chartreux de Louvain', dans: *Monasticon Belge,* t. IV: *Province de Brabant*, vol. 6, Liège, 1972, p. 1457-1494.
162 Idem, *op. cit.*, p. 1484.
163 Bruxelles, A.G.R., C.C.R., no. 54.
164 W. Lourdaux, 'Prieuré du Val Saint-Martin à Louvain', dans: *Monasticon Belge*, t. IV: *Province de Brabant*, vol. 4, Liège, 1972, p. 1137-1154.
165 Louvain, Archives de la Ville, no. 4239: Chronique latine de Pierre de St. Trond du couvent de Val Saint Martin (1433-1778).
166 Bruxelles, A.G.R., C.C.R., no. 54.
167 J.P. Felix, 'L'Orgue du Grand Béguinage de Louvain', dans: *Bulletin de la Société d'Histoire et d'Archéologie de Louvain et environs*, t. X, 1970, 1e fasc., p. 69-80.
168 Longueville, Archives à la cure. Registre des comptes de fabrique (non inventorie; pas de paginatioI: 'Item etant autorisé par Mr le doyen de St. Jacques à Louvain archidiacre d'Incour notre Supérieur ecclésiastique a employer les superflus des revenus de la chapelle à la décoration de notre eglise, j'ai acheté pour notre eglise l'orgue du couvent supprimé de St-Martin à Louvain pour la somme de quatre cents quarant un florins, que j'ai payé comme il conste par quitance du receveur du dit couvent supprimé, en date du 4 fév. 1785'.

Illustration 2.
Longueville. Peter Goltfus (ca.1690). Foto de J.P.Felix.

Illustration 3.
Longueville. Clavier. Foto de J.P.Felix.

Illustration 4.
Longueville. Pedalier. Foto de J.P.Felix.

Le jubé fut construit en fonction des dimensions de l'orgue et ce travail fut confié à Nicolas Bonnet, maître-menuisier à Nivelles, qui l'exécuta pour 100 écus.[169]

Documentation technique de l'orgue dans sa disposition actuelle

Buffet
En chêne; vers 1700; entièrement intact; les panneaux donnant accès à la tuyauterue, à l'arrière, sont ajourés, comme à Grez.

Console
En fenêtre, à l'arrière; elle est restée intacte.
Clavier: 53 touches (C, D-f'''; en fait 47 touches distinctes: C, D, E-c'''; les autres notes sont des reprises d'octaves supérieure à la basse ou inférieure sur le dessus). Recouvert d'ivoire; dièses en ébène. Frontons moulurés, en bois

169 J.P. Felix, 'L'Orgue de Longueville', dans: *Brabant*, 1970, no. 5, p. 43-51.

Illustration 5.
Longueville. La tuyauterie. Foto de J.P.Felix.

fruitier. Bras de châssis et traverse en bois fruitier. L'élargissement du clavier, vraisemblablement effectué par Rochet, a imposé un décentrage vers la droite.

Pédalier: 11 marches (C, D, E-c°). Tout à fait particulier: gros blocs de bois ressortant du soubassement, comme pour un pédalier de carillon.

Tirants de registre: originaux, en chêne et de section carrée et épaisse. Traces de nombreux anciens trous d'insertion de registre disposés hoizontalement. Plan de la disposition actuelle:

Bourdon 8	Cornet III
Flûte 4	Prestant 4
Nazard 2⅔ b	Doublette 2
Sixte b	Nazard 2⅔ d
Montre 8 d	Sixte d
Fourniture III	Octave 1 b
Trompette 8 b	Cymbale
	Trompette 8 d

Tuyauterie

Si toute la tuyauterie semble homogène, la Montre 8 est une addition tardive (XIXe siècle) et n'existe qu'en dessus. La 'Sixte' est en fait une quinte; elle parle en 2⅔ pour la basse et 1⅓ pour le dessus. La coulisse était prévue pour II rangs; il manque donc la tierce pour composer un Sesquialter.

La Cymbale isole un rang de la Fourniture.

Sommier

Original, en chêne. Dimensions: 141x50 cm. 47 gravures. Disposition des tuyaux en mitre. Chapes clouées. Faux-sommier en chêne sur traverses récentes aux extrémités du sommier. Soupapes en chêne; collées en queue. Ressorts entrant dans un ratelier peu soigné. Boursettes en peau. Postages en plomb.

Mécanique

Originale. Suspendue. Vergettes très fines et très étroites, en chêne. Rouleaux hexagonaux. Tourillons et bras d'abrégé en chêne. Rouleaux de registres en fer forgé, de section carrée.

Soufflerie

Réservoir (220x109 cm) avec une pompe mue par un bras. Ventilateur électrique. Portevents en chêne.

L'instrument, en assez mauvais état, est protégé par classement.

LOUVAIN

Annonciades[170]
Supprimé le 28 avril 1783

L'inventaire établi le 11 juin 1782 mentionne la présence d'un orgue dans l'église[171]; nous en ignorons la paternité et l'importance.

Cet instrument fut vendu pour 100 florins au curé de Meldert.[172]

Il a été entièrement renouvelé entre temps puisque cette église renferme aujourd'hui un orgue attribé à Ch. Rifflart, d'Yvoir, livré vers 1830-1840[173], mais dont le buffet remonterait à 1778.[164]

---

170 E. van Even, *Louvain monumental*, Louvain, 1860, p. 269, et idem, *Louvain dans le passé et le présent* (...), p. 523.

171 Bruxelles, A.G.R., C.C.R., no. 54 et no. 212.

172 Ibidem, C.C., no. 48165.

173 A. Fauconnier et P. Roose, *op. cit.*, d. IIb: *Arr. Leuven*, Brussel, 1977, p. 208-210.

174 J. Halflants, 'Merkwaardigheden van Honsem tot Bossut-Gottechain', dans: *Mededelingen van de Geschied- en Oudheidkundige Kring van Leuven en omgeving*, VII, Afl. 2, p. 132-151 (137).

LOUVAIN

Carmélites chaussées[175]
dit couvent de saint Nicolas
Supprimé le 30 avril 1783

L'inventaire dressé au moment de la suppression mentionne la présence d'*une orgue a dix jeux, caisse en partie bois de chesne en partie bois de sapin avec trois soufflets, dans une caisse bois de sapin.*[176] Nous ignorons tout de l'ancienneté et de la destination de cet instrument.

LOUVAIN

Carmélites déchaussées/Thérésiennes[177]
Supprimé le 29 avril 1783

L'inventaire du mobilier établi le 17 mai 1782 mentionne la présence d'*une petite orgues.*[178] Nous ignorons tout de l'ancienneté et de la destination de cet instrument.

LOUVAIN

Prieuré des Dames Blanches[179]
Chanoinesses régulières de l'ordre de Saint Augustin
Supprimé le 28 avril 1783

La copie d'un testament non daté[180] nous apprend que sous le priorat de Barbara van der Linden (1663-ca. 1689), sa soeur Chatherina offrit 1600 florins pour faire construire un nouvel orgue. Ce prix suggère qu'il s'agissait d'un instrument de dimensions déjà importantes.

---

175 E. van Even, *Louvain Monumental (...)*, p. 271-272 et idem, *Louvain dans le passé et le présent (...)*, p. 532.
176 Bruxelles, A.G.R., C.C.R., no. 54.
177 E. van Even, *Louvain monumental (...)*, p. 269-270 et idem, *Louvain dans le passé et le présent (...)*, p. 254.
178 Bruxelles, A.G.R., C.C.R., no. 54 et no. 213.
179 P. Coenegracht, 'Prieuré des Dames Blanches, à Louvain', dans: *Monasticon Belge*, t. IV: *Province de Brabant*, vol. 5, Liège, 1971, p. 1235-1246.
180 Idem, *op. cit.* Référence: Louvain, Archives de l'église St. Jacques, no. 2C, p. 57-60, no. 24.

Nous n'avons plus aucun renseignement sur l'histoire des orgues de ce prieuré jusqu'en 1781. Le 27 octobre de cette année, le facteur Adrien Rochet, de Nivelles, signa un contrat pour une restauration fondamentale de l'instrument. [181, 182] Mathieu Van den Gheyn, le très célèbre compositeur et organiste-carillonneur de l'église St. Pierre à Louvain, fut présent lors de la signature de l'acte.

Voici la composition que devait désormais présenter l'instrument.

Un seul clavier	
(C-f''')	Remarques
Bourdon (8)	L'ancien, sauf 1° octave neuve, en bois
Prestant (4)	L'ancien restauré
Flûte (4)	
Doublette (2)	
Nazard (2⅔)	Jeu neuf
Tierce (1⅗)	Jeu neuf
Sesquialter (II)	
Fourniture	
Cornet	
Trompette 8 b+d	Jeu neuf
Voix humaine	Jeu neuf, en étain d'Angleterre
Tremblant	

Comme il était question d'ajouter 7 touches au clavier et qu'il devait désormais monter jusqu'au f''', nous avons tout lieu de croire que l'ancien clavier partait de C et montait jusqu'à c''', sans les deux premieres dièses, comme c'était l'usage.

La somme convenue pour cette restauration fondamentale s'éleva à 400 florins et les vestiges de l'ancien orgue resteraient au profit du facteur.

La suppression du prieuré par Joseph II allait empêcher la réalisation du projet.

L'orgue était alors en cours de reconstruction et Rochet effectua auprès de l'administrateur du couvent plusieurs démarches afin d'être payé, au moins à proportion des ouvrages effectués. On conserve encore sa dernière lettre, datant de début juillet 1784 (voir pièces justificatives). Il y joignit comme preuves le texte de la convention et un mémoire des frais engagés au moment de la suppression; il les évaluait à un peu plus de 174 florins.

---

181 Bruxelles, A.G.R., C.C.R., no. 431.
182 J.P. Felix, 'Un contrat inédit d'Adrien Rochet pour le prieuré des Dames Blanches à Louvain (1781)', dans: *Communications des Archives Centrales de l'Orguee*, Musée Royal Instrumental de Musique, Bruxelles, 1978-13, p. 105-111.

En date du 8 juillet 1784, le Comité de la Caisse de Religion lui accorda 130 écus et l'autorisa à conserver tous les matériaux à son profit.

Pièces justificatives

'BRUXELLES, Archives générales du Royaume, Comité de la Caisse de Religion, no. 431.

a.-
A messeigneurs
Messeigneurs les présidents
Conseillers et Membres
du Comité de la Caisse
de Religion, établie
à Bruxelles par S.M.
l'Empereur et Roi.
Exposé en tres profond respect A: Rochet facteur d'orgues domiciliée à Nivelles qu'il auroit convenus avec la prieuse du Couvent des dames Blanches à Louvain le 27 8bre 1781 de faire à neuf toutes les pièces rapellées dans lad[t] convention signée de part et d'autre en presence de M. Vandengheÿn Organiste de St Pierre, comme il se voit très bien de la d[e] convention ici joint en original sub No. 1°.
Les tres respecteux suppliant a déjà plusieurs demarches vers M.Mesmacre administrateur du d[t] couvent et lui a meme envoÿé le memoire des pieces faites en offrant de les reproduire à vos Seigneuries illustrissimes, sans avoir peu jusqu'a ce moment parvenir au paÿement contenu dans led[t] mémoire qu'il a l'honneur de joindre sub no. 2 osant se flatter qu'elles le trouveront juste et equitable et qu'en consequence vos Seigneuries illustrissimes par un effet de leur equité elles voudront bien autoriser qu'il appartiendra de lui faire paÿer cette somme si bien meritée
C'est la grace
(s.) A: Rochet facteur
d'orgues

b.- No. 1°:
Orgue de 4 pieds
Il faut un neuf secret avec tous ses altirailles, a s'avoir un neuf abregé, registre lumilaire
il faut un Clavié commencement à C Sol ut en bas et finicent en f ut fa en haut tous restoré le prestants et faire neuf qui est necessair
il faut un nazard en neuf, parlant à la quinte
il faut une tierce neuf
il faut une trompette en deux registre parlant de 8 pied en bonne matiere,

composé de plond et d'étain
il faut une neuf voix humaine en etain d'engletere
item un Bourdon en vieux, le premier octave de bois neuf
item une flute
item une Doublette
item Cornet
item un Sexquialtera
item une fourniture d'une registre en bon état
item un tramblant
et racommouder les soufflets en bon etat
ocmenter chaque touches de tous les jeux de sept nottes
le reste du vieux ouvrage sera pour le dit facteur.
Convenus avec le dit facteur pour tous les ouvrages si dessus bien condissionné pour la somme de quatre cent florins argent courent le dit facteur aura ses depends avec son ouvrier pendant le placement dudit ouvrage, et le reste de frait sera à ces frait tant que pour conduire que pour placer; et si l'ouvrage est dans la perfection nous donnerons un petit saleir d'une couronne à l'ouvrier.
(s.) A: Charlier prieuse
du couvent des dames
blanches à, Louvain
A: Rochet facteur d'orgues
temoine M. Vanden Gheÿn
le 27 8bre 1781.

c.- No. 2°:
Memoire des pieces qui
etoient faites lorsque
les suppression du couvent
des dames blanches est
est survenues auquel
j'ai porté mes honoraires
et le salaire de mon
ouvrier; Ce memoire futt
envoyé à M. Mesmacre
pendant le cource du
mois de fevrier dernier.
Primes pour un voiage expres de Nivelles à Louvain pour l'allée et le retour pour faire la convention   f: 21 - 0 - 0.
item pour avoir resté deux jours à Louvain avec mon ouvrier pour examiner et visiter leur orgue pour la proportion de leur ouvrage et terminer l'accord a raison de sept florints par jour   14 - 0 - 0.
item pour avoir fait un neuf clavie porte pour valeur intreseque de la matiere   9 - 9 - 0.

item aussi un neuf secret du cornet   1 - 11 - 6.
item un neuf Bourdon valeur de la matiere   13 - 0 - 0.
item pour avoir commencé le nouveau secret pour la valeur aussi de la
matiere   17 - 17 - 0.
item pour toutes menues attirailles   12 - 12 - 0.
item pour les journées de mes ouvriers à raison d'une demie couronne par jour
au nombre de trente   47 - 5 - 0.
item pour toutes mes jounées et travailles et vacations   37 - 16 - 0.
                                                  total f: 174 - 10 - 6.'

LOUVAIN

Dominicaines[183]
Supprimé les 1 mai 1783

L'inventaire rédigé au moment de la suppression, en 1783, mentionne la
présence d'un orgue avec son buffet (*een orgel met haere caste*).[184] Nous ignorons
tout de la paternité, de l'importance et de la destination de cet instrument.

LOUVAIN

Urbanistes[185]
Supprimé le 3 mai 1784

Une affiche de vente, imprimée en 1784, annonce la vente des orgues, portails,
jubés, petites et grandes cloches et autres meubles des couvents supprimés de
Louvain, et notamment des Urbanistes; la vente des effets de ce dernier aurait
eu lieu le 22 novembre 1784 à deux heures.[186]
   Les archives ne signalent à un aucun moment la présence d'un orgue, de
telle sorte qu'il n'est pas certain que ce couvent en posséda; en outre, comme
l'affiche dut servir en même temps pour d'autres couvents, son témoignage est
dénué de valeur.

---

183 E. van Even, *Louvain monumental(...)*, p. 271 et idem, *Louvain dans le passé et le présent(...)*, p. 530.
184 Bruxelles, A.G.R., C.C.R., no. 54.
185 E. van Even, *Louvain monumental(...)*, p. 267-268 et idem, *Louvain dans le passé et la présent(...)*, p. 519.
186 Bruxelles, A.G.R., C.C.R., no. 54.

LOUVAIN

Ursulines[187]
Supprimé le 1 juin 1798

Bien que très laconique, la comptabilité de 1734 nous laisse suggérer que le liégeois Jean-Baptiste Le Picard livra ici un orgue neuf.[232] Nous ignorons tout de son importance. L'inventaire établi le 28 juin 1782, au moment de la suppression, mentionne la présence, dans le choeur, d'un bel orgue (*item eene schoone Orgel*).[188] Nous ne savons rien de sa destination.

NIVELLES

Guillelmites[189]
Supprimé en 1784

L'inventaire dressé en août 1784, au moment de la suppression, mentionne la présence d'*un orgue avec sa stalle*.[190]

On possède une lettre du 9 novembre 1784, suivant laquelle l'orgue devait être vendu publiquement.[191]

En décembre 1785, Mr.Bertin, doyen du Chapitre (de Sainte Gertrude à Nivelles) paya 51 florins *pour l'orgue et son buffet du prieuré des Guillelmittes vendu publiquement le 24 de 9bre dernier*.[192] Il n'est donc pas exclu que cet orgue gagna un moment la collégiale Ste.Gertrude à Nivelles, à moins que le Chapitre ne le réserva d'emblée pour une autre église; nous n'avons aucune indication à ce sujet.[193]

NIVELLES

Annonciades[194]
Supprimé le 26 mai 1784

---

187 E. van Even, *Louvain dans le passé et le présent*( ), p 531.
188 Bruxelles, A.G.R., C.C.R., no. 54.
189 J. Tarlier et A. Wauters, *Géographie et Histoire des Communes belges. Province de Brabant. Arrondissement de Nivelles*, t. i, Bruxelles, 1862, p. 147.
190 Bruxelles, A.G.R., C.C.R., no. 54.
191 Voir 190.
192 Bruxelles, A.G.R., C.C., no. 48268.
193 J.P. Felix, *Orgues, carillons et chantrerie à Nivelles (XIV°-XXe siècle*, édité par l'auteur, Bruxelles, 1975, 245 p.
194 J. Tarlier et A. Wauters, *op. cit.*, p. 152-153.

L'inventaire rédigé en août 1784, dans le cadre de la suppression, mentionne la présence d'*une orgue avec sa stalle*.[195]

Nous avons mis en lumière par ailleurs[196] que le facteur d'orgues Armand-Joseph Lion, de Mons, qui s'engagea en 1773 à livrer un nouvel orgue à l'église d'Houtain-le-Val, fur chargé plus tard par les autorités de cette église, de démonter l'orgue des Annonciades de Nivelles. La quittance qu'il signa en 1785 nous apprend que les travaux s'échelonnèrent sur 10 jours et que leur montant s'éleva à 18 florins et 12 patars.[197] Faut-il en déduire que certains jeux des Annonciades vinrent alors compléter l'orgue d'Houtain-le-Val? Nous n'avons pu le confirmer.

Nous avons encore pu préciser par ailleurs[198] que les anciens bâtiments des Annonciades abritèrent quelques temps l'orgue, le jubé et d'autres ornements de l'abbaye de Nizelles à Wauthier-Braine, juste après sa suppression.

ORIVAL

Trnitaires
Supprimé le 28 juillet 1783

Les inventaires du somptueux mobilier, rédigés au moment de la suppression, mentionnent *une horgue sur le jubé* (26 mars 1783).[199]

Il fut vendu avec son buffet à l'église paroissiale de Fontaine l'Evêque pour 105 florins.[200] On y trouve actuellement un instrument renouvelé.

RHODE-SAINT-GENESE

Prieuré des Sept-Fontaines[201]
Chanoines réguliers de l'ordre de Saint Augustin
Supprimé le 14 avril 1784

---

195 Bruxelles, A.G.R., C.C.R., no. 54.

196 J.P. Felix, 'Les Orgues d'Houtain-le-Val', dans: *L'Organiste,* III, 1971, no. 2, p. 2-9.

197 Houtain-le-Val, Archives à la cure (non inventoriées). 'Memoir pour le temps employé à la demonte de l'orgue des Annonciades a Nivelles par ordre de Monsieur Piret curé d'Houtain-le-Val en date du 24 novembre 1784 pour avoir été employé 10 jour avec un ouvrier et payé sa table me revient 18 flo. 12 pat. (s.) A.J. Lion 1785 facteur d'orgues'.

198 J.P. Felix, 'L'orgue de Bornival provient-il de l'abbaye de Nizelles?', dans: *Bulletin d'Histoire et d'Archéologie Nivelloises*, II, 1972, no. 3, 8 pages.

199 Bruxelles, A.G.R., C.C.R., no. 476.

200 Ibidem, C.C., no. 48270.

201 E. Persoons, 'Prieuré de Sept-Fontaines à Rhode-Siant-Genèse', dans: *Monasticon Belge*, t. IV: *Province de Brabant*, vol. 4, Liège, 1970, p. 1105-1115.

Nous ignorons tout de l'histoire des orgues de ce prieuré.

L'inventaire rédigé au moment de la suppression mentionne leur existence, sans autre précision.[202]

Le 7 janvier 1785, le curé de Rhode-Saint-Genèse, donc du village même, sollicita pour son église nouvellement construite le jubé avec ses portes. L'administrateur qui transmit sa requête au Comité de la Caisse de Religion précisa qu'*il se trouve dans une necessite absolue d'avoir un jubé*, et qu'il n'y pas a pas *d'autre qui puisse mieux servir que celui du dit sept fontaines*[202], le Comité accéda à cette demande le 17 du même mois, moyennant paiement de 28 florins. Le curé sollicita aussi les orgues pour 100 florins, espérant que *l'eglise du dit Rhode etante paroissiale de sept fontaines aura la presence* (lire la préséance) *devant les autres*.

Cette requête fut également agréée.[203]

L'instrument fut considérablement modifié en 1868 par Anneessens, de Ninove, qui livra un nouveau buffet, deux nouveaux sommiers (grand-orgue et positif) et un nouveau soufflet; il renouvela aussi certains jeux et l'ensemble coûta 4000 F. Le nouveau buffet fut dessiné par Appelmans, maître d'ouvrages.

L'instrument actuel renferme encore les jeux suivants de l'orgue du prieuré des Sept-Fontaines: Montre, Prestant, Flûte, Fourniture et Cornet.

TIRLEMONT

Preuré du Val Sainte-Agnès, ou de Kabbeek[204]
Chanoinesses régulières de l'ordre de Saint Augustin
Supprimé le 22 mai 1784

On sait que le 17 août 1718, Jan Wauters[205], facteur d'orgues établi à Louvain, reçut 22 patacons pour la réparation de l'orgue de ce prieuré. Par la même occasion, une convention fut signée, suivant laquelle ce facteur s'engageait à venir chaque année entretenir l'instrument pour 2½ patacons.[206]

Nous ignorons quel fut le sort réservé à l'instrument après la suppression.

---

202 Bruxelles, A.G.R., C.C.R., no. 55.

203 C. Theys, *Geschiedenis van Sint-Genesius-Rode*, Brussel, 1960, p. 142; d'après A.G.R., C.C.R., no. 4480.

204 E. Persoons, 'Prieuré de Sept-Fontaines, à Rhode-Saint-Genèse', dans: *Monasticon Belge*, t. IV: *Province de Brabant*, vol. 4, Liège, 1970, p. 1105-1115.

205 J.P. Felix, 'Jan Wauters. Enkele gegevens over deze onbekende "orgelmaker van Loven" ', dans: *De Praestant*, XVIII, 1969, no. 2. p. 29-34.

206 F. de Ridder, 'Kronieke van Cabbeeck of aantekeningen nopens het klooster van Ste. Agnes te Thienen', dans: *Hagelands Gedenkschriften*, IV, 1910, p. 185; repris par: T.J. Gerits, 'Een orgelrestauratie van Jan Wauters te Rotselaer (1717)', dans: *De Praestant*, XX, 1971, no. 2, p. 32-35 (note 1, p. 35).

TIRLEMONT

Prieuré du Val Sainte-Barbe[207]
Chanoinesses régulières de l'ordre de Saint Augustin
Supprimé le 5 mai 1784

Diverses correspondances[208] nous apprennent que l'orgue devait être exposé en vente publique. On apprend aussi que l'administrateur recevait de temps en temps des offres pour *l'orgue avec ses dependances qui est bien bon et nouvellement fait en 1776.*

Nous ignorons le sort qui lui fut réservé à la suppression.

TIRLEMONT

Couvent de Dalembroeck[209]
Chanoinesses de l'ordre de Saint Augustin
Supprimé le 5 avril 1784

L'existence d'un orgue est attestée par le fait que lors de la vente qui eut lieu en avril 1784, l'instrument n'avait fait l'objet d'aucune offre.[210] Nous n'en savons davantage à son sujet.

TOURINNES-SAINT-LAMBERT

Lérinnes
Trinitaires[211]
Supprimé le 23 avril 1783

L'inventaire du 1 septembre 1783 mentionne la présence des orgues.[212] L'administrateur Lois les évaluait, le 18 novembre 1785, à 100 écus au moins.[213] On connaît les conditions détaillées qui devaient présider à la vente fixée au 27 août 1786.[214]

---

207 E. Persoons, 'Prieuré de Val Sainte-Barbe, à Tirlemont', dans: *Monasticon Belge*, t. IV: *Province de Brabant*, vol. 5, Liège, 1971, p. 1353-1359.
208 Bruxelles, A.G.R., C.C.R., no. 55.
209 P.V. Bets, *Histoire de la ville et des institutions de Tirlemont*, t. II, Louvain, 1861.
210 Bruxelles, A.G.R., C.C.R., no. 55.
211 A. d'Hoop, *op. cit.*, t. IV, p. 268.
212 Bruxelles, A.G.R., A.E., no. 14900.
213 Ibidem, C.C.R., no. 498.
214 Voir 213.

En juin 1785, le curé de Thorembais-Saint-Trond avait sollicité *une petite orgle*.[215]

A son tour, la baronnie de Perwez adressa, en date du 11 août 1786, une requête pour obtenir le jubé et le petit positif de Lérinnes pour 12 pistoles. Il était destiné à servir à l'église paroissiale de Perwez, l'orgue qui s'y trouvait étant *perdu par les guerres du dernier siècle*.[216] On ne désirait en offrir plus, car le rétablissement de l'instrument coûterait plus de 60 écus.

D'après J.Tarlier et A.Wauters[217], l'instrument passa bien à l'église de Perwez. Les auteurs ajoutent, sans aucune référence, qu'il était *l'oeuvre du facteur Collin de Nivelles* (lire: François Joseph Coppin), ce que nous n'avons pu confirmer.

Connaissant les dimensions de l'ancien orgue de Lérinnes – il s'agissait d'un petit positif – nous opterions plutôt pour son déménagement à l'église de Thorembais-St.Trond, où l'on trouve effectivement un petit positif, et qui doit dater des environs de 1700[218]; cet instrument ne contient plus rien de son matériel original et il n'y a donc pas de raison de l'examiner ici.

L'orgue de Perwez présente en effet des dimensions plus considérables, bien qu'on puisse aussi le considérer, au moment de la suppression, comme un positif, quand on sait que la façade de tuyaux au niveau de la balustrade n'aurait été ajoutée que par Rifflart.[219]

Quoi qu'il en soit, l'orgue de Perwez, dont les caracteristiques de style des parties les plus anciennes du buffet autorisant l'attribution à F.J.Coppin, a été complètement massacré vers 1935 par Louis Lemercinier, de Jambes-Namur; il a perdu de ce fait toute valeur historique. Nous nous contentons de donner la composition actuelle de cet instrument de traction pneumatique tubulaire:

Grand-orgue: 61 touches (C-c″‴)
Bourdon 16, Montre 8, Flûte harmonique 8, Gambe 8, Bourdon 8, Prestant 4, Doublette 2, Trompette 8.
Récit: 61 touches (C-c″″)
Bourdon 8, Salicional 8, Voix céleste 8, Flûte 4, Nazard 2⅔, Octavin 2, Basson-Hautbois 8.

---

215 Voir 213.
216 Voir 213.
217 J. Tarlier et A. Wauters, *op. cit., Arrondissement de Nivelles,* t. II: *Canton de Perwez,* Bruxelles, 1873, p. 17.
218 J.P. Felix, 'L'Orgue renaissance-baroque de Longueville', dans: *L'Orgue,* no. 133, janv.-fév.-mars 1970, p. 20-32 (ill. p. 24).
219 J. Ferrard, *Inventaire critique du patrimoine organistique du Brabant Wallon.* Mémoire présenté en vue de l'obtention du grade de licencié en Histoire de l'Art et Archéologie (Musicologie), Université Libre de Bruxelles, Faculté de Philosophie et Lettres, année académique 1976-1977, p. 275-277. On y trouve le résultat de nos investigations dans les archives concernant les travaux effectués à l'orgue de Perwez au siècle dernier.

Pédalier: 30 marches (C-f')
Sousbasse 16 (empruntée au Bourdon 16), Octave basse 8 (empruntée à la Flûte harmonique 8).

VILVORDE

Carmélites déchaussées/Thérésiennes[220]
Supprimé le 22 mai 1783

L'inventaire du mobilier, rédigé en 1784 dans le cadre de la suppression, ne mentionne pas d'orgue.[221]

WAUTHIER-BRAINE

Abbaye de Nizelles[222]
Cisterciens
Supprimé le 19 avril 1784

En 1773, l'abbé de Sellis fit placer dans l'église un orgue commandé spécialement.[223] Cet ouvrage allait se réaliser en deux étapes: d'abord le grand-orgue, qui fut posé en 1773 et coûta plus de 1800 florins. Pour la seule Montre, on avait dépensé près de 500 florins pour l'étain et le plomb. L'instrument joua pour la première fois le jour de l'Assomption 1773. Il avait été livré par Adrien Rochet, de Nivelles. Le positif ne fut placé que le 30 mai 1781 et coûta à lui seul 400 florins.

   Les orgues ne furent pas vendues à l'église paroissiale de Bornival, comme cela a été écrit.[224] Dans un article à leur sujet, nous formulions d'ailleurs cette provenance sous forme d'interrogation, n'en étant pas plus rassuré.[225] En fait, l'orgue fut acquis par le maïeur de Tubize, qui avait été délégué par le curé. C'était le 22 octobre 1784 et il fut déboursé 600 florins.[226]

---

220 J. Nauwelaers, *Histoire de la Ville de Vilvorde*, t. II, Paris-Bruxelles-Courtrai, 1950, p. 305-307.
221 Bruxelles, A.G.R., C.C.R., no. 54.
222 E. Brouette, 'Abbaye de Nizelles à Wauthier-Braine', dans: *Monasticon Belge*, t. IV: *Province de Brabant*, vol. 2, Liège, 1968, p. 328-340.
223 J.P. Felix, *L'orgue de Bornival(...)*.
224 J. Tarlier et A. Wauters, *op. cit., Arrondissement de Nivelles*, t. II, Bruxelles, 1873.
225 Voir 200.
226 Bruxelles, A.G.R., C.C.R., no. 472, fol. 16 v°: 'Du 8bre 1784. Reçu de E:J: Parmentier commissionné du Sr Vanachter curé de Tubize, la somme de six cents soixante florins en acquit de l'orgue cum annexis, ainsi que le jubé de l'abbaie de Nizelle designée dans la liste des ornements et effet d'eglise de la ditte Abbaie sous le nombre 30. lui adjugée par Depeche du 18 de ce mois   660'.

Précédemment, en juin 1784, le curé de Tubize avait offert 400 florins pour l'orgue de l'ancien couvent des Urbanistes à Bruxelles[227]; on a vu que cet instrument passa en fait à l'église d'Etterbeek.

Lors de la Révolution Française, l'orgue de Nizelles à Tubize fit l'objet d'une correspondance abondante; peut-être même entraîna-t-il des poursuites judiciaires. C'est que pour éviter qu'il passe aux mains des Français, l'ancien maïeur l'avait démonté et entreposé chez lui, prétextant qu'il l'avait fait placer à ses frais.[228, 229] Nous ignorons quelle fut la suite des événements; en tout cas, tout fut prévu pour empêcher la fuite de cet amateur d'orgues.

Les facteurs d'orgues Gheude, de Nivelles, auraient remplacé l'instrument en 1867.[230]

L'église de Tubize abrite actuellement un orgue de traction électrique, signé 'Manufacture d'orgues d'Eupen/Léon Mullender/Eupen'; livré entre 1948 et 1954.[231] Il ne présente pas grand intérêt.

TABLEAU RECAPITULATIF

Localite Couvent Date/suppression Administrateur	Présence éventuelle d'un orgue	Soumissionnaire (S) Acquéreur (A) Remarques	Situation actuelle
1 *Auderghem* Rouge-Cloître 8/4/1784 Yernaux (avocat)	+ J.B.B.Goynaut 1755	(A) Corroy-le-Grand avec le jubé	Y existe toujours
2 *Auderghem* Val-Duchesse 7/3/1783 Francolet	+		
3 *Bruxelles* Abbaye de Coudenberg 1786	+		

227 Ibidem, C.C.R., no. 502.
228 Ibidem, Administration Centrale de la Belgique, P 128 C 6.
229 J.P. Felix, 'A Tubize, un maïeur amateur d'orgues (1784-1798)', in: *L'Organiste, XI, 1979, no. 4*, p. 198-202.
230 Idem, *Orgues, carillons et chantrerie à Nivelles(...)*, p. 48.
231 J. Ferrard, *op. cit.*, p. 332.

4 *Bruxelles* Chartreux 5/5/1783 Evenepoel	–		Obtint, en tant que succursale de l'église Ste.Catherine, l'orgue du prieuré de Béthanie	
5 *Bruxelles* Annonciades 25/5/1784 Leerse	+		(S) Evere (S) Essene (S) Hamme(-lez- Asse?)	Y existerait alors toujours
6 *Bruxelles* Prieuré de Ste. Elisabeth 6/5/1783 Cattoir	+	N.II Royer 1648	(A) Leerbeek	Y existe toujours
7 *Bruxelles* Couvent de St.Pierre 30/4/1783 Cattoir	+		(S) Nil-Saint-Martin	Alors disparu
8 *Bruxelles* Brigittines 22/5/1784 Cattoir	(–)		(A) Jubé à Lillo-Fort	Disparu
9 *Bruxelles* Capucines 24/5/1783 Cattoir	(–)			

10 *Bruxelles*
Carmélites
déchaussées
9/5/1783
Leerse
	+		(A) Ixelles
			      (instrument)
			
			(A) Bruxelles /
			      Grand Béguinage
			      (buffet)
				Disparu
				
				Disparu

11 *Bruxelles* Jéricho 16/5/1783 Leerse	+		(A) Meise	Disparu (hormis quelques jeux)
12 *Bruxelles* Lorraines 24/3/1787 Cattoir	+		(A) Bruxelles / Coudenberg	Disparu

13 *Bruxelles*   +   (S) Bruxelles /
   Béthanie   Hôpital St.Jean
   14/5/1783   (S) Rossem
   Leerse   (S) Bruxelles / an-
                                                      cienne église des
                                                      Chartreux   Disparu

14 *Bruxelles*   (–)
   Pauvres Claires
   21/5/1784
   Evenepoel

15 *Bruxelles*   +   (S) Essene
   Riches Claires   (S) Tubize
   28/4/1783   (A) Etterbeek   Disparu
   Evenepoel

16 *Herent*   +
   Bethléem   J.B.B.Goynaut
   13/4/1784   1769
   J.Jacquelaer,
   à Louvain

17 *Herinnes*   ?
   Chartreux
   23/7/1783

18 *Heverlee*   +
   Célestins
   13/4/1784
   N.Doseau, ou
   Dejean, à Louvain

19 *Heverlee*   +
   Abbaye de Parc
   25/2/1789
   Cattoir

20 *Heverlee*   +   (A) Grez   Y existe toujours
   Terbanck   Jan Bremser
   26/4/1783   1668
   Fisco

21 *Hoeilaert*   +   (S) Diegem
   Groenendael   (A) Tirlemont / Notre-
   13/4/1784   Dame du Lac   Disparu
   Deudon (avocat)   = Poelkerk

22 Leau   +
Val des Ecoliers
1/6/1783
F.de l'Escaille,
à Tirlemont

23 Louvain   (–)
Chartreux
24/4/1783
Fisco

24 Louvain   +   (A) Longueville   Y existe toujours
Val St.Martin   P.Goltfus
13/4/1784   ca.1690
J.Jacquelaar

25 Louvain   +   (A) Meldert   Disparu
Annonciades
28/4/1783
De Mesemacre

26 Louvain   +
Carmélites chaussées
30/4/1783
Fisco

27 Louvain   +
Carmélites
déchaussées
29/4/1783
De Messemacre

28 Louvain   +
Dames Blanches   En cours de renou-
28/4/1783   vellement par
De Mesemacre   A.Rochet qui le
                           reprit

29 Louvain   +
Dominicaines
1/5/1783
Fisco

30 Louvain   (–)
Urbanistes
3/5/1784
De Mesemacre

31 *Louvain*   +
    Ursulines   J.B. Le Picard[232]
    1/6/1798   1734

32 *Nivelles*   +   (A) Nivelles / Col-
    Guillelmites   légiale Ste. Ger-
    1784   trude (peut-être pour   Disparu
    Coutumme   un autre édifice)

33 *Nivelles*   +   (A ?) Houtain-le-Val   Disparu
    Annonciades
    26/5/1784
    Coutumme

34 *Orival*   +   (A) Fontaine l'Evêque   Disparu
    Trinitaires
    28/7/1783
    Coutumme

35 *Rhode-Saint-Genese*   +   (S) Rhode-Saint-   Disparu, hormis
    Sept Fontaines   Genèse / paroisse   quelques jeux
    14/4/1784
    Helman (avocat)

36 *Tirlemont*   +
    Val Ste.Agnès /
    Kabbeek
    22/5/1784
    De Heusch

37 *Tirlemont*   +
    Val Ste.Barbe   1776
    5/5/1784
    de l'Escaille

38 *Tirlemont*   +
    Dalembroeck
    5/4/1784

39 *Tourinnes-Saint-*   +   (S) Thorembais St.
    Lambert   Trond
    Lérinnes   (S) Perwez
    23/4/1783   (A ?) Perwez   Y existe
    Lois   alors toujours

---

232 J.P. Felix, 'Une activité inconnue de Jean-Baptiste Le Picard: l'orgue de l'ancien couvent des Ursulines à Louvain (1734)', dans: *L'Organiste*, XI, 1979, no. 4, p. 204-206.

40 Vilvorde   (–)
   Carmélites
   déchausées
   22/5/1783
   Helman de Witte

41 Wauther-Braine   +   (A) Tubize   Disparu
   Abbaye de Nizelles   A.Rochet
   19/4/1784   1773-1781
   J.Baugniet, à Nivelles

CONCLUSION

Ce travail a permis de mettre en évidence la grande richesse du patrimoine
organistique des couvents, même peu importants, lors de leur suppression par
Joseph II. En effet, presque toutes ces institutions possédaient un orgue à ce
moment, et même dès 1700, alors que les paroisses durent souvent attendre le
siècle dernier pour pouvoir s'en offrir.

Sur 41 institutions supprimées dans l'actuelle province de Brabant Belge, la
présence d'un orgue est attestée dans au moins 33. De toute cette richesse,
nous n'avons pu retrouver en chair et en os que 4 instruments. Notre
récompense est qu'à l'issue de ces vastes investigations dans les archives, ces
orgues sont désormais authentifiées. Elles comptent en outre parmi les plus
intéressantes du Brabant, et sont chacune représentative d'une époque:
Leerbeek (Nicolas II Royer, 1648), provenant du prieuré de Sainte Elisabeth au
Mont Sion à Bruxelles; Longueville (Peter Goltfus, ca.1690), provenant du
prieuré de Val Sainte-Martin à Louvain; Grez (Jan Bremser, 1668[233]), provenant

---

233 Bruxelles, A.G.R., A.E.:
– no. 14504: Priorei von Terbanck, Rechnungen (1662-1670). 1668.-'Item in julio van desen
tegenwoordigen jaer 1668 is gestelt ons dobbel orgel in onse kercke door mr. hans brimser ende
zyne drie soonen die daer mede langentÿt hebben besich geweest, ende boven de costen ende 536
guldens aen hun betaelt door de seer Eerw: here prealet van Villers Dom Idisbaldus Wilmart, die
ons de voors: orgel geschonckt hadde met die casse, noch betaelt   24-0-0';
– no. 14505: Priorei von Terbanck, Rechnungen (1662-1677). S. 143: 'Anno 1668 is ons doubel
orghel in ons kerckk gestelt door Mre Hans brimser, ende boven den kost etc: betaelt 24-0-0. Ende
mÿn Eerwerdich Heer Wilmart abt van Villers heeft aen hem betaeldt 376 guldens, Ende voor die
kas van d'orghel ende het docsael heeft hÿ betaeldt 160 guldens t'samen 536-0-0 die zyn Eerweerd:
aen ons kerck gesconken heeft ter eere Goidts, om dat hÿ hier prior geweest heeft, niet dan voor
memorie.
Anno 1670 als hier voor. betaeldt   10-4-0'.
Voir aussi: J.P. Felix, 'Du nouveau à propos de l'orgue de Grez (1668)', dans: *L'Organiste*, XII, 1980,
no. 2, p. 47-51.

Illustration 6.
Corroy-Le-Grand. Jean-Baptiste Bernabé Goynaut (1756). Foto de J.P.Felix.

du prieuré de Terbank à Heverlee[234], et enfin Corroy-le-Grand (Jean-Baptiste Bernabé Goynaut, 1756), provenant du prieuré de Rouge-Cloître à Auderghem.

Tous ces instruments sont actuellement en piteux état, voire injouables, ce qui témoigne de la grande misère des orgues historiques en Belgique. Des espoirs de restauration se profilent à l'horizon; notre souhait est que ces investigations dans les archives servent à mener des restaurations intelligentes.

D'autres instruments, provenant de couvents supprimés par Joseph II et dont nous avons pu suivre la trace, n'ont pas résisté au temps et ont été remplacés. Il s'agit de l'orgue de Nil Saint Martin, qui provenait de l'hôpital Saint Pierre à Bruxelles; de l'orgue des Carmélites de Bruxelles, passé au Grand Béguinage de cette ville; de l'orgue des Dames Blanches de Bruxelles, qui était passé à Meise; de celui des Riches Claires de Bruxelles, qui était passé à Etterbeek, de celui de prieuré de Groenendael à Hoeilaert, qui avait été vendu à l'église Notre Dame au Lac à Tirlemont; de celui des Annonciades de Louvain, qui avait été déménagé à Meldert; de celui de l'abbaye de Nizelles à Wauthier-Braine, passé à l'église de Tubize, et enfin de celui des Trinitaires d'Orival, qui était passé à Fontaine l'Evêque.

Il n'empêche que les instruments qui les ont remplacés contiennent encore parfois du matériel ancien réutilisé et il conviendrait d'examiner minutieusement dans ce sens la tuyauterie des orgues de Meise, Rhode Siant Genèse, et de l'abbaye de Parc, notamment.

Il n'est pas exclu que de nouvelles investigations dans les archives permettront de préciser la destination d'autres instruments signalés ici, voire d'authentifier ces orgues encore anonymes des XVIIe et XVIIIe siècles et qui font le charme de certains de nos sanctuaires de campagne. Après nos investigations systématiques dans les archives, seule la découverte de documents insoupçonnés permettrait de nouvelles authentifications.

Nous clôturons ce travail en invitant les organologues à mener des recherches similaires pour les autres provinces de Belgique, leur proposant la méthode que nous avons adoptée.

---

234 Bruxelles, A.G.R., Arch. Eccl., no. 14510: Priorei von Terbanck, Rechnung (1691-1703), fol. 56 v°: 'Item 1702 aen m(eeste)r Joe(hann)es Posselius van de orgelen schoon te maecken, betaelt seven pattacons permissie gelt   16-16'.

De orgels in de kathedraal van Mexico-City

Dirk Andries Flentrop

INLEIDING

De eerste kennismaking van de schrijver met Maarten Albert Vente dateert reeds uit de tijd, waarin deze nog doende was materiaal te verzamelen voor zijn fameuze *Bouwstoffen tot de Geschiedenis van het Nederlandse orgel in de 16e eeuw*, met welk werk hij in 1942 aan de Utrechtse Universiteit promoveerde tot Doctor in de Letteren. Onze gemeenschappelijke belangstelling voor het historische orgel bleef niet beperkt tot Nederland. Na enkele exploratiereizen van Maarten Vente in het toen nog vrijwel onbekende gebied van de oude Spaanse orgelkunst, gingen wij samen met nog enige geïnteresseerden naar Spanje om daar een aantal van de belangrijkste historische orgels te bestuderen. Dit bezoek werd later herhaald met het doel om gedetailleerde opmetingen te doen en de constructie en klankkenmerken van de Spaanse horizontale tongwerken, de zogenaamde 'Chamade-registers' te bestuderen. De bestudering en opmetingen van deze tot dan toe nog zo weinig in de Nederlandse orgelbouw bekende registers dienden als basis voor het maken van de Chamada-registers in het Rotterdamse Doelenorgel.

Op andere reizen van Maarten Vente werden contacten gelegd met de Gulkenkian Stichting in Lissabon. Deze contacten leidden ertoe dat wij mochten samenwerken aan de restauratie van enkele historische orgels in Portugal. De daarbij opgedane kennis en ervaring waren voor de autoriteiten in Mexico mede aanleiding mij te belasten met de restauratie van de orgels in de Kathedraal van Mexico-City.

Evenals Maarten Vente in zijn proefschrift bouwstoffen aandroeg tot de geschiedenis van het Nederlandse orgel, zo wil deze documentatie over twee orgels uit de beginperiode van de Iberische orgelcultuur in Mexico proberen enige bouwstoffen aan te dragen tot de rijke geschiedenis van de Latijns-Amerikaanse orgelbouw. Bouwstoffen die overigens allerminst pretenderen volledig te zijn en die, naast de mensuren, slechts een summiere omschrijving van deze interessante en tot nog toe vrijwel onbekende Iberische orgels geven.

De intense belangstelling van Maarten Vente voor de Iberische orgelcultuur moge deze bijdrage in deze feestbundel ter ere van diens 65ste verjaardag rechtvaardigen.

Alvorens de orgels van de kathedraal van Mexico-City aan een nadere beschouwing te onderwerpen moge ik eerst een kort chronologisch overzicht van de bouwgeschiedenis van de kathedraal zelf geven.

1521   Op 13 augustus van dit jaar komen de Spaanse veroverraars in Mexico-City.

1524   Cortez laat de eerste Rooms-katholieke kerk in Mexico-City bouwen.

1528   Paus Clemens VII verheft deze kerk tot kathedraal. In datzelfde jaar stelt de juist benoemde bisschop Juan de Zumárrage voor een nieuwe kathedraal te bouwen.

1573   Hoewel in 1528 direct een begin met de funderingswerkzaamheden gemaakt werd, duurde het tot 1573 alvorens de eerste steen van de nieuwe kathedraal gelegd kon worden.

1615   Koning Philips III keurt verdere bouwplannen goed.

1655   Op 2 februari vindt een eerste wijding van de nog niet geheel voltooide kathedraal plaats.

1667   Bij het gereedkomen van het interieur van de kathedraal vindt op 22 december een tweede wijding plaats.

ENIGE PUNTEN UIT DE GESCHIEDENIS VAN DE ORGELS IN DE KATHEDRAAL VAN MEXICO-STAD

Volgens Jesús Estrada[1] werd het orgel in 1693 door Jorge de Sesma gebouwd, waarop Tiburcio Sans dit monteert als Epistelorgel in de kathedraall van Mexico-Stad. Op 15 april 1695 kon het Epistel-orgel, waarvan hieronder de dispositie moge volgen, in gebruik genomen worden.

SEGUNDO TECLADO

REGISTROS BAJOS	*REGISTROS ALTOS*
Do... do (25 notas)	Do sostenido... re (25 notas)[2]
flautado de 26	flautado de 26
flautado mayor	flautado mayor
flautado nave	flautado nave
violón	violón

---

1 In: *Musica y Musicos*, 1973, p. 38-47.

2 Ten onrechte wordt hier een omvang van 25 noten opgegeven. Do sostenido...re – dat is: cis' tot en met d''' – heeft een omvang van 26 noten.

octava clara	octava clara
octava nazarda	octava nazarda
fabiolete	flauta traversa
espigueta	espigueta
docena clara	docena clara
docena nazarda	docena nazarda
quincena clara	quincena clara
quincena nazarda	quincena nazarda
diez y setena clara	diez u setena clara
diez y setena nazarda	diez y setena nazarda
diez y novena clara	diez y novena clara
veinte docena clara	corneta magna
corneta de eco	corneta de eco
lleno	lleno
simbala	simbala
sobre simbala	sobre simbala
	tolosana
chirimía nave	trompeta magna
bajoncillo	clarín claro
trompeta real	clarín claro
bajoncillo	clarín claro
clarín en quincena	trompeta magna
orlo	chirimía
clarín en quincena	obue
	obue
	trompa real
	clarín claro

ÓRGANO CADERETA: PRIMER TECLADO

octava clara	flautado mayor
docena clara	octava clara
diez y setena	docena clara
diez y novena	tolosana
lleno	corneta de ecos
violón	lleno
	violón

ÓRGANO POSITIVO: PRIMER TECLADO (de espalda)

octava clara	fabiolete
quincena clara	quincena clara

veinte docena   diez y setena clara
                                       corneta magna

Orgelfronten en koorgestoelte werden ontworpen door Juan de Rojas.

De historie van het Evangelieorgel wordt interessant genoemd, omdat het *in zijn geheel* in Nueva Espana gemaakt is. Het werd door José Nassarre gebouwd, nadat deze het Epistelorgel had omgebouwd. De toevoeging van een Cadareta[3] werd voltooid op 5 mei 1734. Nassarre neemt op zich het andere orgel, ht Evangelieorgel, te bouwen. Het zal gemaakt worden zoals het Epistelorgel, het zal negen en zeventig registers krijgen en de kosten zullen dertig duizend pesos bedragen. Drie organisten worden benoemd. In oktober 1735 zijn de ombouw van het eerste orgel en de constructie van het tweede, nieuwe orgel voltooid.

De dispositie van het Evangelieorgel volgt hieronder.

SEGUNDO TECLADO

REGISTROS BAJOS	*REGISTROS ALTOS*
Do, re...do (24 notas)[4]	Do...re (26 notas)
flautado en 26	flautado en 26
flautado mayor	flautado mayor
flautado nave	flautado nave
violón	violón
octava clara	octava clara
octava nazarda	octava nazarda
espigueta	espigueta
docena nazarda	docena nazarda
docena clara	docena clara
espigueta	flauta traversa
quincena clara	quincena clara
quincena nazarda	quincena nazarda
	diez y setena clara

---

3 Het 'Cadereta' kan bedoeld zijn het aparte, achter de rug van de organist geplaatste rugwerk. Het kan ook de – in de hoofdorgelkast – tweede windlade van het rugwerk betekend hebben. Het rugwerk is namelijk in twee delen gesplitst. Beide delen zijn bespeelbaar van hetzelfde klavier. Het kleinere, vrijstaande gedeelte wordt in de beide disposities 'Positivo de Espalda' genoemd. Het grotere, inwendige gedeelte wordt 'Organo Cadereta' genoemd.
4 De omvang van 24 noten is hier juist, Géén 25 noten zoals bij het Epistelorgel, aangezien in het Evangelieorgel groot Cis ontbreekt.

diez y setena nazarda	diez y setena nazarda
diez y novena clara	diez y novena clara
veinte docena clara	rochela
veinte docena nazarda	corneta magna
	corneta de ecos
lleno	lleno
simbala	simbala
sobre simbala	sobre simbala
	tolosana
	trompeta magna
orlo	trompeta magna
trompeta real	trompeta real
bajoncillo	clarín claro
bajoncillo	clarín claro
clarín de quincena	clarín claro
orlo	obue
chirimía	chirimía

PRIMER TECLADO (ÓRGANO CADERETA)

trompeta	trompeta
violón	violón
octava clara	octava nazarda
veinte docena	docena clara
diez y setena	diez y setena clara
diez y novena	tolosana
lleno	lleno

POSITIVO DE ESPALDA (PRIMER TECLADO)

octava clara	octava clara
quincena clara	quincena clara
veinte docena clara	diez y novena
	corneta magna

RECITATIVO (EN CAJA DE EXPRESIÓN)

Teclado de do...re (27 notas)

REGISTROS BAJOS   REGISTROS ALTOS

	violines
	chirimía

violón
docena clara
quincena clara
diez y novena clara[5]

Aan Manuel Toussaint's werk *La catedral de Mexico* (s.l., n.d., 2de editie, p. 113) ontleen ik de volgende gegevens.

De orgels, die zich bevinden op het 'Coro' tussen twee van de grote bogen van het middenschip, zijn ook te zien vanuit de zijschepen. De structuur is Barok met een belangrijke Franse invloed. De ornamentiek is in 'rocaille'-stijl uitgevoerd. De orgels werden in 1735 voltooid.

Volgens Toussaint geeft de 'Gazeta de Mexico' van 23 october 1736 de volgende informatie.

Fraai bewekte kassen van mooi hout. 17 varas hoog en 11 varas breed.[6] Vijf hoog in de kas geplaatste balgen. Drie duizend en drie honderd en vijftig pijpen met een opsomming van de registernamen.[7]

Toussaint doet mededelingen over een interessante brief van Tiburcio Sans, waarvan hieronder een verkorte inhoud moge volgen. In opdracht van de Koning een orgel gebouwd in de Kathedraal van Mexico. De orgelkas werd gemaakt voor vier duizend pesos. Het orgel werd gemonteerd. Verder werden gemaakt: twee balgen, windladen en een 'Registro de Contras' en vierhonderd loze pijpen om het front te vullen. Het orgel werd op de toonhoogte gezet zoals die door de muzikanten werd aangegeven. Aan de originele opzet werden veranderingen uitgevoerd, die noodzakelijk waren wegens de toevoeging van de 'Contras'. Vanwege al deze veranderingen graag een hogere beloning dan de achtduizend pesos voor het bouwen (monteren) van het orgel zelf.

Uit deze brief blijkt dat, hoewel het orgel grotendeels in Spanje is gebouwd, belangrijke onderdelen door Tiburcio Sans in Mexico werden gemaakt.

Behalve de schaarse gegevens die aangetroffen worden in bovengenoemde artikelen werden bij de restauratie in de jaren 1975-1978 in de hoofdwerk-windlade van het Evgangelieorgel de onderstaande opschriften gevonden.

---

5 Het valt op dat in beide disposities de pedaalregisters ontbreken. De structuur van de beide orgels maakt het niet waarschijnlijk dat de pedaalregisters later zijn toegevoegd. Aangenomen kan worden, dat verzuimd werd deze registers op te nemen.

6 1 vara is 84 cm.

7 Gezien het ontbreken van archiefstukken lijkt het niet iogesloten, dat de door Jesús Estrada genoemde disposities uit de 'Gazeta de Maxico' zijn overgenomen. Het niet opnemen van de pedaalstemmen in de disposities zou op het naschrijven van een (onvolledig?) krantenartikel kunnen duiden.

Afbeelding A

Afbeelding B

Opschrift A bevestigt Estrada's artikel in *Música y Músicos* 1973, waarin op p. 47 vermeld wordt, dat in oktober 1735 de bouw van het nieuwe (Evangelie)orgel voltooid is.

Opschrift B geeft aan dat ditzelfde orgel in 1817 door José Perez de Lara gerestaureerd is, jammer genoeg zonder enige vermelding over dat wat die restauratie inhield.

Over de geschiedenis van de orgels is verder niet meer bekend dan dat zij in 1967 door brand werden beschadigd. Bij die gelegenheid gingen vrijwel alle frontpijpen benevens een groot deel der bekers van de Chamade-tongwerken verloren. Het 'Positivo de Espalda' van het Epistelorgel werd ernstig beschadigd, de windlade hiervan ging met alle daarop staande pijpen geheel verloren. Van beide orgels werd het lofwerk van de naar het koor gerichte fronten op verschillende plaatsen ernstig beschadigd.

DATERING VAN DE ORGELS

Volgens Jesús Estrada's artikel in *Música y Músicos* is het Epistelorgel in 1695 in gebruik genomen en is het Evangelieorgel in 1736 voltooid. Dit laatste wordt bevestigd door het geciteerde opschrift in de hoofdwerk-windlade.

Vanuit de instrumenten gezien is men geneigd te veronderstellen, dat het Evangelieorgel het oudste zou kunnen zijn. Bij dit orgel ontbreekt namelijk op de beide manualen groot Cis. Daarentegen heeft het Epistelorgel wel een volledig groot octaaf, hetgeen duidt op een later bouwjaar.

Uit de wijze waarop beide orgels gemaakt zijn, is overigens niet duidelijk af te lezen welk orgel het oudste is. Door de gelijkvormigheid van beide orgels wordt eerder de indruk gewekt, dat *beide* orgels in de jaren 1735-1736 gemaakt zijn. In dat geval lijkt het niet onwaarschijnlijk, dat Joseph Nassarre in de twee nieuwe orgels verschillende pijpen en misschien ook onderdelen verwerkt heeft van het in 1695 gebouwde Epistelorgel.

Een nauwgezet historisch onderzoek zal misschien meer duidelijkheid kunnen geven over de datering en bovendien over de geschiedenis van deze orgels. Het zou zeer wenselijk zijn de mogelijkheden na te gaan die er zijn om een dergelijk onderzoek uit te doen voeren.

RESTAURATIE

De restauratie van de orgels werd in de jaren 1975-1978 uitgevoerd in opdracht en onder verantwoordelijkheid van de Dirección General de Obras en Sitios y Monumentos del Patrimonio Cultural de la SAHOP.

Arquitecto Jaime Ortiz Lajous – directeur 'Monumentenzorg' van bovengenoemd departement – die op bezielende wijze leiding gaf aan de kerkrestauratie, maakte het de orgelmakers ondanks gecompliceerde situaties en vaak moeilijke omstandigheden (onder andere lawaai en stof) steeds mogelijk het werk voortgang te doen vinden. Zijn naaste medewerkers, de architecten Louis Caetano, Michael Drewes en Francisco Ursus Cocke mogen hier zeker niet onvermeld blijven. In dit verband dient ook de Smithsonian Institution uit Washington DC genoemd te worden. Reeds in 1973 maakte David Hinshaw in opdracht van de Smithsonian Institution een uitv oerige beschrijving van de orgels. John Fesperman en Scott Odell, verbonden aan de afdeling Historische muziekinstrumenten van bovengenoemd instituut, gaven hun zeer gewaardeerde steun bij de voorbereiding van het werk. De restauratie werd door Flentrop Orgelbouw BV uitgevoerd. Daarbij werden integraal de regels toegepast, zoals deze in Nederland door de Rijksadviseur voor de orgels zijn vastgelegd.

De oude pijpen, windladen, balgen en andere onderdelen zijn met de grootst mogelijke zorg in de originele staat geconserveerd. De door brand beschadigde onderdelen zijn in de oude vorm hersteld. De door brand verloren gegane pijpen en onderdelen zijn in de oude vorm en in de oude constructie nieuw gemaakt. De op andere wijze in de loop der jaren verloren gegane pijpen en onderdelen zijn, eveneens nauwkeurig aansluitend bij het bestaande, nieuw gemaakt. Voor zover nog aanwezig werd het oude materiaal gebruikt. Het lofwerk is ten dele hersteld door Mexicaanse houtsnijders onder de directe leiding van 'Patrimonio'. Het verdere herstel van het lofwerk en het opnieuw aanbrengen van de decoraties op de labia van de nieuw gemaakte frontpijpen zal eveneens door 'Patrimonio' verzorgd worden.

Het valt aan te nemen dat in beide orgels in de loop van de tijd een aantal wijzigingen zijn aangebracht. Documentatie hierover ontbreekt tot nog toe.

In het Evangelieorgel betreft dit:

hoofdwerk
Simabala (III bas) pijpstokken duiden aan dat dit oorspronkelijk een IV sterk register was
Sobre Simbala (II bas) pijpstokken duiden aan dat dit oorspronkelijk een III sterk register was
Simbale (II disc.) pijpstokken duiden aan dat dit oorspronkelijk een III sterk register was
Sobre Simbala (III disc.) pijpstokken duiden aan dat dit oorspronkelijk een IV sterk register was

rugwerk
Veinte y Docena Clara (bas) pijpstokken duiden aan dat dit oorspronkelijk een III sterk register was
Lleno (III bas) pijpstokken duiden aan dat dit oorspronkelijk een IV sterk register was
Lleno (III disc.) pijpstokken duiden aan dat dit oorspronkelijk een V sterk register was (Corneta?)
Openplaats (bas en disc.) pijpstokken duiden aan dat dit oorspronkelijk een tongwerkregister was.

solowerk
Docena Clara pijpstokken duiden aan dat dit een II sterk register was

In het Epistelorgel betreft dit:

hoofdwerk
Simbala (II) pijpstokken duiden aan dat dit oorspronkelijk een enkelvoudig register was
Sobre Simbala (III bas) pijpstokken duiden aan dat dit oorspronkelijk een enkelvoudig register was
Simbala (III disc.) pijpstokken duiden aan dat dit oorspronkelijk een IV sterk register was

Sobre Simbala (II disc.) pijpstokken duiden aan dat dit oorspronkelijk een III sterk register was

Bij de laatste twee registers zijn evenwel de ogenschijnlijk oorspronkelijke roosters voor respectievelijk III- en II-voudige registers gemaakt. Pijpstokken en pijproosters wijken dus van elkaar af.

De bekers van het Chamade-register Bajoncillo zijn door langere vervangen. Het is niet onwaarschijnlijk dat bij die gelegenheid tevens grotere kelen en tongen zijn aangebracht. De toonhoogte is verlaagd en ligt tussen f en g 16' inplaats van oorspronkelijk c 4'. Het valt aan te nemen, dat de Clarin Claro (8') en Obue (4') oorspronkelijk respectievelijk 4'- en 2'-registers waren.

Deze waarschijnlijke veranderingen in de dispositie zijn (nog) niet hersteld. Daarvoor is (nog) te weinig met zekerheid bekend over de originele toestand.

CONSTRUCTIEKENMERKEN

Het onderste frontgedeelte van de hoofdorgelkas bestaat uit pijpen van de Flautado Mayor (8') van het hoofdwerk. Aan de linker- en rechterzijde bevinden zich pijpen van de Flautado (16') van het pedaal. De twee daarboven geplaatste frontgedeelten bestaan geheel en al uit *niet* sprekende pijpen.

De afmetingen van de hoofdorgelkas zijn:
diep 280 cm,
breed 900 cm,
hoog 1500 cm.

De afmetingen van de rugwerkkas zijn:
diep 52 cm,
breed 210 cm,
hoog 245 cm.

De manualen van beide orgels hebben een omvang van C-d'''. In het Evangelieorgel ontbreekt op beide manualen groot Cis. Ter rechterzijde van het hoofdwerk-klavier bevindt zich bij het Evangelieorgel een derde hoofdwerk-klavier voor het solowerk met een omvang van c'-d''' (zie de afbeeldingen 18 en 19). Het pedaal heeft een omvang van C, D, E-B (zie afbeelding 24). Bovendien zijn ter linkerzijde van het hoofdwerk-klavier tien extra toetsen aangebracht die rechtstreeks zijn verbonden met de pedaalwindladen. De pedaalregisters kunnen dus zowel door middel van de pedaaltoetsen als door middel van deze extra manuaaltoetsen bespeeld worden (zie de afbeeldingen 18 en 19).

De opstelling en afmetingen van de windladen maakten het mogelijk de tractuur uiterst kort en eenvoudig te houden. Door consequente toepassing van vervoerstokken voor de grote pijpen, waardoor deze naast de windlade een plaats vonden, kon de lengte van met name de hoofdwerk-windladen minimaal gehouden worden. Deze beperkte windladelengte brengt met zich mede, dat de walsen kort en daardoor vrijwel torsievrij zijn. De hoofdwerk-windladen bevinden zich loodrecht boven de klaviatuur. Daardoor kon het aantal draaipunten in de tractuur tot een minimum beperkt worden. Ook de vrijwel loodrecht onder de klaviatuur aangebrachte rugwerk-ventiellade bracht een minimaal aantal draaipunten met zich mede. Uit deze aparte ventiellade wordt de wind door houten conducten zowel naar de interieur-windlade als naar de exterieur-windlade van het rugwerk gevoerd (zie de afbeeldingen 22, 23 en 26).

Uit de wijze waarop de windladen en de daarop aansluitende tractuur gemaakt zijn, blijkt duidelijk dat in beide orgels het verkrijgen van een goede speelaard primair is gesteld.

De windladen, allen in chromatische opstelling, zijn gemaakt van massief hout met uitgestoken cancellen. Dit in tegenstelling tot de normale raamwerk-constructie met apart ingezette dammen tussen de cancellen (zie afbeelding 21).

De zes boven in het Evangelieorgel geplaatste balgen zijn V-vormige schepbalgen met zes vouwen per balg (zie de afbeeldingen 26 en 27). Zij worden door middel van touwen in beweging gebracht.

De twee zéér grote V-vormige magazijnbalgen met acht vouwen per balg (zie afbeelding 20) in het bovengedeelte van het Evangelieorgel worden ieder gevoed door op de boven- en onderzijde van de magazijnbalg aangebrachte scheppen, ieder met twee vouwen. Deze twee maal twee scheppen of schepbalgen worden door slechts één hefboom in beweging gebracht. Dank zij de uitstekende balancering van de schepbalgen behoeft deze enkele hefboom door slechts één man bediend te worden.

De frontpijpen zijn gemaakt van 40% tin en 60% lood. De binnenpijpen zijn gemaakt van 20% tin en 80% lood. Op géén der metalen pijpen werden inscripties of toonaanduidingen gevonden. De houten pijpen zijn van grenenhout gemaakt.

Bij een temperatuur van 20° Celsius is de toonhoogte van beide orgels een halve toon lager dan A 440. Beide orgels zijn afgestemd volgens de Chaumont-temperatuur. Zowel de toonhoogte als de Chaumont-temperatuur komen overeen met de oorspronkelijke lengte van de pijpen.

De winddruk van Evangelie- en Epistelorgel is 95, respectievelijk 75 mm.

MENSUREN EVANGELIEORGEL

HOOFDWERK BAS	C, D-c′		C	F	c°	f°	c′
Flautado de 26	Prestant	φ	280x230	235x185	152x128	110x100	77x63
		lab. br.	230	185	128	100	63
		opsnede	75	58	42	34	24

Flautado	Prestant 8'	φ	167	137	95	82	51
Mayor	koorzijde	lab. br.	121,9	100	69,4	59,9	37,2
		opsnede	35	29	20,3	17,5	11
Flautado Mayor	Prestant 8'	φ	157,3	137,3	92,7	76,2	52
	koorom-	lab. br.	114,9	100,3	67,7	55,6	38
	gangzijde	opsnede	34,5	27,8	20	16,2	11,2
Violon	Gedekt 8'	φ	117x94	103,9	73,9	58,6	44,6
		lab. br.	93	78,5	55,8	44,8	33
		opsnede	32	30,2	24	21,1	12,9
Octava Clara	Octaaf 4'	φ	88,7	71,4	46,8	37,9	27,1
		lab. br.	64,6	49,5	34,5	26	20
		opsnede	21	18,8	12	10	7,4
Octava Nasarda	Open	φ	127	100	70	61,1	45,2
	Fluit 4'	lab. br.	87,5	66,4	48,8	40,8	30
		opsnede	21	21	15,5	13,6	10,7
Espigueta	Roerfluit	φ	104,5	83,1	55,7	45,5	33,4
	4'	lab. br.	74,5	58	38,8	32,3	25
		opsnede	22	20,7	17,4	15,4	11,3
Docena Clara	Quint 2⅔'	φ	67,5	52,1	35,5	28,5	20,5
		lab. br.	50	34,8	26	21	14,8
		opsnede	15	13,7	10	8	5,7
Docena Nasarda	Open	φ	97,3	76,8	63,8	40,3	31,2
	Fluit 2⅔'	lab. br.	64	51,5	37	27,8	21,5
		opsnede	18	16	12,7	9,6	8,2
Quincena Clara	Octaaf 2'	φ	46	37,1	30,6	23,9	17
		lab. br.	35,8	26,4	21,9	18,1	13,4
		opsnede	10,9	11,5	9,4	6,3	5,2
Quincena Nasarda	Open	φ	81,2	66,2	46,7	39,8	26,6
	Fluit 2'	lab. br.	54	43,7	31,6	27,1	18,3
		opsnede	17,5	13,4	11	9,4	6,8
Espigueta	Roerfluit	φ	56,1	47,1	31,8	25,3	21,3
	2'	lab. br.	39	33,6	23,7	17,6	14,4
		opsnede	14	13,8	9,4	7,5	6,5
Diez y Setena	Open	φ	63,4	56,4	37,7	30,9	22
Nasarda	Fluit 1⅗'	lab. br.	42,8	39	22,6	22	14,4
		opsnede	14,6	14	10,7	7,6	6
Diez y Novena	Quint 1⅓'	φ	36,5	28,3	21	17,7	13,1
Clara		lab. br.	25	20	15,6	12,7	9,6
		opsnede	9,2	7,9	6,7	5,7	4,4

Veinte y Docena	Octaaf 1'	φ	29,1	25,5	18,3	16,2	12,9
Clara		lab. br.	18,7	15,7	13	10,3	8,2
		opsnede	7,3	6,8	4,8	4	2,6
Veinte y Docena	Open	φ	44,6	40,4	25,8	23,2	18,6
Nasarda	Fluit 1'	lab. br.	29,5	16,8	17	15	13,1
		opsnede	10	10,7	5,8	5,6	3,7
Lleno	Mixtuur V						
	1'	φ	30	23,8	17	14,5	12
		lab. br.	23	17,2	12	10,5	7
		opsnede	8	6	5	3,8	2,8
	⅔'	φ	20,4	17	12,8	10,8	9,2
		lab. br.	14,5	11,5	9,8	7,3	6,3
		opsnede	6,3	5	4	3,2	3
	½'	φ	17,2	15	11,7	9,3	6,8
		lab. br.	13	9,8	8,8	6,7	4,7
		opsnede	4,8	4,2	4	3,3	2,7
	⅓'	φ	14,8	12,8	10,5	9	8
		lab. br.	9	8	7,5	5	6
		opsnede	4	3	2,8	1,8	1,8
	⅓'	φ	14,5	12	10	8,2	7,2
		lab. br.	10,5	8	7	5,8	5,2
		opsnede	4	4,2	3	3	2
Simbala	Scherp III						
	⅔'	φ	21,6	17,5	13	12	8,2
		lab. br.	15,5	14,5	9,7	8,7	5
		opsnede	5,8	4,8	3,8	3,8	3
	½'	φ	15,5	13,2	11	10	8
		lab. br.	11,2	9,2	8	7,2	5,6
		opsnede	4,5	4	3,8	3,5	2,8
	⅓'	φ	14,2	12,2	9,2	7,8	7,2
		lab. br.	10	8	7	5,8	5
		opsnede	4	4,2	3	2,8	1,5
Sobre Simbala	Cymbel II						
	⅓'	φ	14	12,5	10,2	8,2	8,7
		lab. br.	10,5	7,5	6	6	5
		opsnede	4	2,7	2,2	1,7	1,8
	¼'	φ	12,7	10,7	8,3	7	6
		lab. br.	9,3	7,8	6	5,1	4,4
		opsnede	3,3	3	2	1,8	1,8

Trompa Real	Trompet 8	ϕ boven	110	105	86	77	76
		ϕ onder	28	28	28	23	19
		tongbr.	14	11	10,5	9	9

CHAMADE-REGISTERS KOORZIJDE

Bajoncillo	Trompet 4'	ϕ boven	70	67,5	62,5	60,5	58
		ϕ onder	18	18	18	15,5	14
		tongbr.	13,9	11,5	10,5	9,4	7,1
Orlo	Trompet 4'	ϕ boven	79,5	75,5	65	61,4	57,5
		ϕ onder	19,5	19	17	15,5	13,5
		tongbr.	12,5	12,2	8,1	7,8	6,4
Clarin en Quincena	Trompet 2'	ϕ boven	67,5	61	54,3	50,3	38,1
		ϕ onder	17	16	14	13	12,5
		tongbr.	9,9	8,7	6,3	6	4,9

CHAMADE-REGISTERS KOOROMGANGZIJDE

Chirimia	Hobo 4'	ϕ cyl.	33,6	30,4	35,2	22,9	20,7
		tongbr.	10,1	9,2	7,7	6,5	6,2
Clarin Claro	Trompet 4'	ϕ boven	79,5	75,5	65,9	61,9	58
		ϕ onder	18,5	17,5	17,5	15	14,2
		tongbr.	13,2	11,1	8,9	6,7	6,7
Clarin en Quincena	Trompet 2'	ϕ boven	67,5	61	54,3	50,3	41,7
		ϕ onder	15,5	15	13,5	13,5	15
		tongbr.	10,8	7,8	7	5,5	5,5

HOOFDWERK DISC.	cis'-d'''		cis'	f'	c''	f''	c'''
Flautado de 26	Prestant 16'	ϕ	76x62	58x46	43x33	42x32	36x26
		lab. br.	62	48	36	31	26
		opsnede	24	17	13	14	10
Flautado Mayor	Prestant 8' koorzijde	ϕ	50,5	43	31	26,5	20
		lab. br.	36,9	31,4	22,6	19	14,6
		opsnede	11,5	10,4	7,5	6,5	5
Flautado Mayor	Prestant 8' koorom-gangzijde	ϕ	49,8	43	31	26,5	20
		lab. br.	36,9	31,4	22,8	19,7	14,6
		opsnede	11,2	9,7	7,2	6	4,5
Violon	Gedekt 8'	ϕ	40,4	35,4	26,6	23,1	19,7
		lab. br.	29,5	26,2	19,2	17,5	16,2
		opsnede	15,7	14,8	11,4	8	7,3

Flauta Traversa	Zweving II	φ	28x26	23x23	20x20	19x19	16x16
	8'	lab. br.	28	23	20	19	16
		opsnede	15	14	11	9	6
	8'	φ	28x27	23x23	20x20	19x19	16x16
		lab. br.	27	23	20	19	16
		opsnede	14	14	11	8	6
Octava Clara	Octaaf 4'	φ	25,5	25,5	18,2	14,8	11,5
		lab. br.	19,8	18	13	10,5	8,5
		opsnede	7,5	7,3	5	3,8	3
Octava Nasarda	Open	φ	43,8	40,3	33,4	30,6	23,4
	Fluit 4'	lab. br.	30	25,4	21,4	20,4	15,5
		opsnede	11,5	9,1	8	6,2	3,9
Espigueta	Roerfluit	φ	31,7	28	20,8	17,5	14
	4'	lab. br.	24,2	20	14,7	11,8	10,6
		opsnede	10,5	9,9	6	4,5	3
Docena Clara	Quint 2⅔'	φ	22,3	17,4	13,2	10,9	8,9
		lab. br.	14,3	12,4	9,2	7,7	6,5
		opsnede	5,9	5,1	3,8	3	2,2
Docena Nasarda	Open	φ	34	30	24,4	15,6	11,8
	Fluit 2⅔'	lab. br.	18	16	12,5	10,8	8,4
		opsnede	7	7	5,3	3,8	3,3
Docena Nasarda	Open	φ	34,4	30,1	22,3	16,9	13,4
	Fluit 2⅔'	lab. br.	24,1	20	15,1	11	8,4
		opsnede	7,6	5,4	4,6	3,7	2,7
Quincena Clara	Octaaf 2'	φ	17,2	14,3	10,7	9,2	7,9
		lab. br.	12	10,2	8	6,5	5,5
		opsnede	4,9	4,8	3	2,5	2
Quincena Nasarda	Open	φ	24	22,6	17,2	11,8	9,2
	Fluit 2'	lab. br.	16,8	15,8	11,5	8	7,1
		opsnede	7	5,7	4	3,1	2,1
Diez y Setena Nasarda	Open	φ	21	17,1	13,9	11	9,2
	Fluit 1⅗'	lab. br.	13,5	11	9,2	8	6,4
		opsnede	5,6	4,6	3,6	3,4	2,2
Diez y Novena Clara	Quint 1⅓'	φ	13,5	11,3	9	8,2	7
		lab. br.	9	8	6,3	5,5	5
		opsnede	3,9	3,8	2,5	2,3	1,8
Diez y Novena Nasarda	Open	φ	22,1	19,4	13,4	12,1	10,2
	Fluit 1⅗'	lab. br.	14,6	13	8,8	8,4	6,5
		opsnede	5,6	4,6	3,6	3,1	1,6

Lleno	Mixtuur V						
	4′	φ	27,7	22,7	17,5	15,2	12,7
		lab. br.	21,2	15,5	13,2	10,8	9
		opsnede	7	7	4,7	4,4	3,2
	2⅔′	φ	20	16,9	13,8	12,7	9,9
		lab. br.	15	12,5	10	9,5	7
		opsnede	6	4,5	3,8	3,2	2,5
	2′	φ	16,8	14,4	12,7	10,8	8,4
		lab. br.	12	9,7	8,2	7,5	6
		opsnede	5	5	3,3	2,8	2,3
	1⅗′	φ	18,8	15	10	8	8
		lab. br.	13	10,5	7,2	5,5	6,4
		opsnede	5	4,3	3,8	2,8	2
	1⅓′	φ	13	11,8	10,2	9	6,8
		lab. br.	8,8	8	7	6,2	5
		opsnede	3,8	3,8	2,8	2,2	1,6
Simbala	Scherp II						
	2′	φ	16,5	14,3	10,8	10	8,6
		lab. br.	11,7	10	7,7	7	6
		opsnede	5	4,4	3	2	2
	1⅓′	φ	14	11	10	8,4	6,7
		lab. br.	9,5	8	7	6	5
		opsnede	5,4	3,3	2,5	2	1,8
Sobre Simbala	Scherp III						
	2′	φ	15,8	15,5	11	12	8,6
		lab. br.	11,8	10	7,6	7	6
		opsnede	5,2	5	3,5	2,8	2
	1⅗′	φ	15,7	13	10,8	10	8
		lab. br.	11,2	10	8	7	5
		opsnede	5,3	4,8	3,5	2,5	1,7
	1′	φ	11,3	10	8	7,3	6,7
		lab. br.	8	7,7	5,5	5	5,3
		opsnede	3,3	2,7	2,5	2,4	1,2
Tolosano	Sesqui-alter III						
	3⅓′	φ	23,3	24	18,9	15,9	11,9
		lab. br.	16,4	17,5	13	11	8
		opsnede	6,3	7	5,2	4,5	3
	2⅔′	φ	21	19,4	14,2	12,3	9,2
		lab. br.	15	10,5	9	8	6
		opsnede	5,2	5,4	3,8	3	2,2

	2′	φ	20,5	18	14	11,4	8,6
		lab. br.	12,5	12,2	9	8,2	5,5
		opsnede	4,7	5	3,7	3	2

Corneta Magna Cornet VII

		φ	52	44,5	34	30	25,5
Roerfl. 8′		lab. br.	37	33	20	21	16,5
		opsnede	15	11,5	9	9,5	6
open 4′	φ	43	36,5	29,5	23	16,5
	lab. br.	29	24	19	14	11
	opsnede	10	9	6	5	3,6
open 2⅔′	φ	31	26	22	20,2	15,5
	lab. br.	20	17	14,5	12,8	10
	opsnede	7,5	6	5	3,5	3,5
open 2′	φ	27	23	17,5	17	10,5
	lab. br.	18	15	12	11	7
	opsnede	6	5	3,7	4	2,5
open 2′	φ	24,5	22,5	18	14,5	11
	lab. br.	16,5	14	11,5	10	7
	opsnede	5,8	5	4	3	2
open 1⅗′	φ	25,5	20	15,5	13,5	11
	lab. br.	16	13	10,5	9	5,7
	opsnede	5	4,3	3	2,7	1,3
open 1⅗′	φ	21,2	19,7	13,9	11,5	9,9
	lab. br.	13,5	13	9	7,5	6,2
	opsnede	5	4,5	3,8	2,2	2

Corneta en Eco Echo
Cornet VII

		φ	53	45	35	28,3	22
Roerfl. 8′		lab. br.	40	34	26	21	16,5
		opsnede	13,3	12,8	11	7,3	6,5
open 4′	φ	44,5	34,5	24,5	20	16,8
	lab. br.	32	25	18	13	10
	opsnede	9	8,5	6	5	3,8
open 2⅔′	φ	33	24,5	19	14,5	10,8
	lab. br.	24,5	17,7	14	9,5	6,3
	opsnede	7,5	7,2	5	3,5	2,8
open 2′	φ	24	20,8	15	12	10
	lab. br.	18	15	11,3	8,5	5,5
	opsnede	5,5	5	4,3	3	2

	open 2′	∅	24	20	15,8	12	8
		lab. br.	16	15	10,8	8	5
		opsnede	6,8	5	3,8	3	2
	open 1⅗′	∅	21	19	13	13	9
		lab. br.	15	13,7	9	8	7
		opsnede	5,8	4	3	2,5	2
	open 1⅗′	∅	22	18	13,5	12	9,3
		lab. br.	15	12,2	9	8,5	5,3
		opsnede	6,2	5	3,5	2,8	2
Trompa Real	Trompet	∅ boven	76	69	69	61	56
	8′	∅ onder	19	17	15	14	15
		tongbr.	9,5	8,5	7,5	7	6

CHAMADA-REGISTERS KOORZIJDE

			cis′	f′	c″	f″	c‴
Trompa Magna	Trompet	∅ boven	68,8	64	57,3	53,2	49,4
	16	∅ onder	19	17	15	13	11,5
		tongbr.	12,9	10,5	9,4	8,7	6,3
Chirimia	Hobo 16′	∅ cyl.	33	30,4	25,2	22,9	20,7
		tongbr.	11,8	11,3	7,5	7,3	6,7
Clarin de	Trompet	∅ boven	76	70	64	56,5	50
Campana	8′	∅ onder	19,5	18,5	18	15,5	12
		tongbr.	11,8	8,5	7,7	7	5,8
Clarin de	Trompet	∅ boven	76	70	64	56,5	50
Campana	8′	∅ onder	19,5	18,5	18	15,5	12
		tongbr.	11,1	8,6	7,2	6,4	5,4
Clarin Claro	Trompet	∅ boven	87	78,2	69,4	63,4	59,6
	8′	∅ onder	17	15,5	14	13	12
		tongbr.	11,6	9	6,1	5,3	5
Obue	Hobo 8′	∅ cyl.	36	34,1	30,3	28,7	27,1
		tongbr.	10,6	7,9	6,9	5,7	5,3

CHAMADE-REGISTERS KOOROMGANGZIJDE

			cis′	f′	c″	f″	c‴
Bajoncillo	Trompet	∅ boven	68,8	64	57,3	53,2	49,4
	16′	∅ onder	19	18	14,2	12,5	12,2
		tongbr.	12,2	11,6	9,2	9,5	6

Clarin Claro	Trompet 8'	φ boven	86,9	78,2	69,4	63,4	59,6
		φ onder	17	16	14	12,7	12
		tongbr.	11,1	8,2	7	6	4,5
Obue	Hobo 8'	φ cyl.	36	34,1	30,3	28,7	27,1
		tongbr.	10,8	8,5	6,2	6	5,3

	Solo c'-d'''		c'	f'	c''	f''	c'''
Violon	Gedekt 8	φ	46,8	37,1	29,3	22,9	16,7
		lab. br.	33,5	24,1	20,7	15,5	11,5
		opsnede	16	13	11,1	7	5,5
Docena Clara	Quint 2⅔'	φ	22,6	18,3	13,5	11,5	9,1
		lab. br.	16,2	13,3	10,3	7,8	6,8
		opsnede	6,5	6,2	4,1	4	3,4
Quincena Clara	Octaaf 2'	φ	18,7	14,5	11,8	11,2	9,2
		lab. br.	14	10	9	7,8	5,8
		opsnede	5,8	4,5	3,5	3,2	2,2
Diez y Novena Clara	Quint 1⅓'	φ	13,5	11,8	8	7,5	7
		lab. br.	10	8	5	4,8	4,5
		opsnede	4,2	4	3	2,3	2
Chirimia	Hobo 16'	φ cyl.	30	27,5	24	22	21
		tongbr.	11	10	5	7,5	6
Violines	Schalmei 8'	φ boven	68	64,5	58,3	52,5	49
		φ onder	17,5	15,5	14,5	15	14,5
		tongbr.	10	10	9	8,2	6,8

RUGWERK EXTERIEUR BAS

	C, D-c'		C	F	c°	f°	c'
Octava Clara	Octaaf 4'	φ	97,5	69,5	51	42,5	32
		lab. br.	71,2	50,8	37,2	31	23,4
		opsnede	20,8	14,5	11,3	10	8,3
Quincena Clara	Octaaf 2'	φ	48,4	37,4	24,8	23,6	16,9
		lab. br.	35,6	26,6	18,6	17	12
		opsnede	12,1	11,8	7,9	6,3	5,8
Veinte y Docena Clara	Octaaf 1'	φ	30,7	22	16,8	14,2	12
		lab. br.	23	14,5	10,5	10	6,8
		opsnede	9,5	8	5,5	4,5	3,1

RUGWERK INTERIEUR BAS

Violon	Gedekt 8'	ϕ	121,8	99,7	69,1	56,8	42,4
		lab. br.	91,6	70,2	50,9	42,5	32,1
		opsnede	29,1	22	20,5	20,4	17,9
Octava Nasarda	Open	ϕ	89,2	74,5	51,6	40,9	28,4
	Fluit 4'	lab. br.	67,3	53	37,5	29,2	21,2
		opsnede	19,6	17,4	13,8	10,2	8
Diez y Setena Clara	Terts 1⅗'	ϕ	39,3	32	25	21,7	16,8
		lab. br.	29	23,8	17,7	15,5	10,2
		opsnede	10,8	9,5	7,2	5,2	4,9
Diez y Novena	Quint 1⅓'	ϕ	35	28	20	16,4	13,6
Clara		lab. br.	24,8	19,6	15	12,2	10,8
		opsnede	10,2	7,9	6	5	4
Veinte y Docena	Octaaf 1'	ϕ	30,8	30,2	21,3	17,4	14,7
Clara		lab. br.	22	22,5	15,3	10,8	8,9
		opsnede	6,5	6	5,3	4	3,2
Lleno	Mixtuur III						
	⅔'	ϕ	21,8	18,2	13,7	11,8	9,2
		lab. br.	14,8	13,5	10,5	9	7
		opsnede	6	4,9	4,8	3,5	3
	½'	ϕ	17	14,9	12	10	7,2
		lab. br.	12,8	11,2	8,8	7	5
		opsnede	5	4,8	3,9	3,2	2,3
	⅓'	ϕ	13,2	12,4	10	10	7
		lab. br.	8,8	9,2	6,3	6,2	4,7
		opsnede	4	4,2	2,8	2,8	1,5

RUGWERK EXTERIEUR DISC.

cis'-d'''			cis'	f'	c''	f''	c'''
Octava Clara	Octaaf 4'	ϕ	27,2	24,4	18,6	15,9	13,1
		lab. br.	19,2	18,5	13,6	12	8,6
		opsnede	8	7,6	5,6	4,6	4,3
Quincena Clara	Octaaf 2'	ϕ	15,9	14	11,1	9,7	8,4
		lab. br.	8,7	8,2	8	7,8	6,3
		opsnede	4,9	4	3,7	3,6	2,9
Diez y Novena	Quint 1⅓'	ϕ	13,5	11,9	8,9	7,6	7,2
Clara		lab. br.	9,7	6,7	6,8	6	5,4
		opsnede	4	2,4	3,1	2,8	2

Corneta Magna	Cornet V					
	Roerfl. 8′	φ	50,9	44,1	33,4	29,3	23,2
		lab. br.	37	32	24	21	16,8
		opsnede	13,8	12	10	7,7	6
	open 4′	φ	44,3	38,8	27	21,8	15,8
		lab. br.	28,4	25	18	14,3	12,2
		opsnede	9,6	10	7	6,5	3,6
	open 2⅔′	φ	31,2	27	20	17,2	12,2
		lab. br.	20,7	17,5	13,8	11,3	8
		opsnede	7,7	6	5	3,8	3
	open 2′	φ	25	22,2	16	12,5	11
		lab. br.	16	14,2	10,8	8,2	7,2
		opsnede	5,3	5,5	3,8	2,7	2
	open 1⅗′	φ	21,7	18,2	14,3	13,2	9,4
		lab. br.	13,8	11,2	9,5	8,8	6,4
		opsnede	5,7	5,2	2,8	2,4	1,4

Flautado Mayor	Prestant 8′	φ	50	40,6	32,5	24,8	19,1
		lab. br.	32	26,6	22,3	18	14,1
		opsnede	11,2	9	8	6,5	5,8
Violon	Gedekt 8′	φ	41,2	35,7	26,6	22,9	20,5
		lab. br.	29,3	26,1	20,4	16,4	15
		opsnede	16	14,5	10,5	9,8	7,1
Octava Nasarda	Open	φ	40,4	36,6	30,9	22,9	16,1
	Fluit 4′	lab. br.	29,8	27	25,7	17	10,4
		opsnede	10,7	9	6,8	6	4,4
Docena Clara	Quint 2⅔′	φ	20,1	17	13,9	11	9,6
		lab. br.	15,8	12	10,7	8,3	6,6
		opsnede	6,2	5,2	4	3,9	2,9
Diez y Setena	Terts 1⅗′	φ	18	13,2	11,1	9,7	8,1
Clara		lab. br.	11,9	10	8,1	7	6,2
		opsnede	4,6	4	3,7	3,4	2,6
Lleno	Mixtuur III						
	2⅔′	φ	21	17,7	14,5	12	9
		lab. br.	15,6	13,9	10	8	7
		opsnede	5,4	5	3,9	4	3,3
	2′	φ	14	12,4	10,5	9,7	9
		lab. br.	10	9	7	7,4	6
		opsnede	5	4,4	3,5	3,6	2

		1⅓′	φ	14,3	11	10,5	8	7
			lab. br.| 10,3	8,7	7	5,7	4,8
			opsnede	4	4,2	2,5	2,5	2

Tolosana   Sesqui-
             alter III

		φ	24	21,9	17	15,2	9,1
3⅕′	φ	24	21,9	17	15,2	9,1	
	lab. br.	17,7	15	11,8	9,8	6,5	
	opsnede	6,3	5,5	4,8	4,8	2,5	

2⅔′	φ	22	17	13,9	11,3	8,6
	lab. br.	15	12	10,2	8,5	6,5
	opsnede	6	6	3,8	3,2	2,2

2′	φ	17,8	15,3	12,1	9,2	7,3
	lab. br.	13	11	9	7	5,5
	opsnede	4,8	4,5	3,2	2,3	2

PEDAAL

	C, D, E-B		C	F	B
Flautado	open 16′	φ	325	280	197
		lab. br.	237	204,5	144
		opsnede	68	57	41,8
Flautado	open 8′	φ	166	158	114
		lab. br.	121	115,5	83,2
		opsnede	30	28	24
Flautado	open 4′	φ	119	114	78
		lab. br.	87	83,2	61
		opsnede	22,8	20,5	17,8
Bajoncillo	Trompet 16′	φ boven	180x180	170x150	123x123
		φ onder	30	30	30
		tongbr.	27/25,5	22,8	21,3
Bajoncillo	Trompet 8′	φ boven	109	100	83
		φ onder	27	26	23
		tongbr.	15	14,5	12
Bajoncillo	Trompet 4′	φ boven	81	76	71
		φ onder	18	21	20
		tongbr.	13	10,8	10

MENSUREN EPISTELORGEL

HOOFDWERK BAS

			C	F	c°	f°	c′
	C-c′		C	F	c°	f°	c′
Flautado Mayor	Prestant 8′	φ	165	136	87	78	59
	koorzijde	lab. br.	120,5	99,3	63,5	57	43,1
		opsnede	32	26	20,2	18	14
Flautado Mayor	Prestant 8′	φ	165	134,7	90	68,5	54
	koorom-	lab. br.	120,5	98,4	63,6	50	39,4
	gangzijde	opsnede	30	25	19	14,9	11,6
Flautado Mayor	Prestant 8′	φ	145x117	110x102	80x60	65x50	41x40
	hout	lab. br.	117	102	60	50	40
		opsnede	30	30	28	18	20
Violon	Gedekt 8′	φ	119x94	100x81	74,8	60	44,5
		lab. br.	94	81	59,7	47,2	34,8
		opsnede	26	24	26,3	19,5	15,2
Octava Clara	Octaaf 4′	φ	85	65	45,5	35,8	26,6
		lab. br.	66,6	49,4	35	26,6	20,1
		opsnede	19,1	15,3	12,7	10,3	9,6
Octava Nasarda	Open	φ	126,9	100,2	74,5	61,1	44,7
	Fluit 4′	lab. br.	84,5	66,2	47,5	39,8	29
		opsnede	18,4	20,3	16	14	11,7
Docena Clara	Quint 2⅔′	φ	59,9	45,9	32,5	28	19,4
		lab. br.	44,2	33,6	24,4	17	14
		opsnede	15,8	12,7	9,4	9,2	6
Docena Nasarda	Open	φ	90,4	71,7	61,2	48,4	36,4
	Fluit 2⅔′	lab. br.	60,4	51,7	42,1	33,2	24,5
		opsnede	19,4	16,4	12,1	11,1	7,3
Fabiolete	Nasard	φ	89,2/63,7	69,9/47,9	54,1/37,3	43,6/31,4	36,3/28,5
	2⅔′	lab. br.	45,1	36,4	29,3	22,2	17,9
		opsnede	18	15,6	12,9	11	9
Quincena Clara	Octaaf 2′	φ	43,5	34,5	27,4	23,1	17,4
		lab. br.	34,7	26,9	22,2	18,2	13
		opsnede	12	10,8	9,2	7,7	5
Espigueta	Roerfluit	φ	57,8	42	36,2	32,3	28
	2′	lab. br.	51,2	39	32,7	27,8	24
		opsnede	12	10,8	9,2	7,7	5

Quincena Nasarda	Open	ϕ	74,5	59,6	44	35,2	24,8
	Fluit 2′	lab. br.	51,4	41,5	26,9	20,8	16
		opsnede	15,9	14,2	10,6	8,3	5,4
Diez y Setena Clara	Terts 1⅗′	ϕ	43	39,3	29,1	24	16,8
		lab. br.	31,1	25	19	16	12
		opsnede	12,3	10,1	6,7	5,2	5,2
Diez y Setena Nasarda	Terts Fluit 1⅗′	ϕ	68,4	60	38,8	31,5	28,8
		lab. br.	40,8	40,5	27	21,6	19,9
		opsnede	16,2	14,1	7,8	6,1	5,4
Diez y Novena Clara	Quint 1⅓′	ϕ	35,8	28,5	26,2	23,5	13,9
		lab. br.	25,2	19,6	18,1	16,7	10,1
		opsnede	9,3	7,3	5,1	6,1	4,7
Veinte y docena Clara	Octaaf 1′	ϕ	28,9	24,2	18,6	15,3	12,4
		lab. br.	17,5	14,8	11,1	9,6	7,2
		opsnede	8,3	6,2	4,8	4,5	3,3
Lleno	Mixtuur V						
	1′	ϕ	30,9	25,5	18,8	16,7	13,4
		lab. br.	20	18,5	13,7	11,8	8,4
		opsnede	7,2	6,3	5,1	4,9	3,7
	⅔′	ϕ	22,8	19,9	15,1	13,3	11
		lab. br.	15,7	14,1	10,5	9,2	8,1
		opsnede	7	5,5	4,5	3,7	3
	½′	ϕ	19,4	16,5	11,9	9,8	8,5
		lab. br.	12,5	11,3	8,9	5,7	6,1
		opsnede	5	5,2	3,8	3	2,5
	⅖′	ϕ	16,2	14	11,9	9,6	8,5
		lab. br.	11	9,5	7,5	7,2	5,9
		opsnede	5	3,8	3,2	2,9	2,5
	⅓′	ϕ	14	13,6	11	10,4	7,8
		lab. br.	10,9	10	6,8	6,5	5
		opsnede	4,8	4,3	4	2,1	2,1
Simbala	Scherp III						
	⅔′	ϕ	23,2	18,5	14,6	11,8	9,6
		lab. br.	16	13	10,5	8,5	7
		opsnede	6	4,8	4,8	3,1	2,8
	½′	ϕ	18,5	15,6	12,1	10,5	8,6
		lab. br.	13	11	8,5	7,5	6
		opsnede	5	4,5	3,2	2,8	2,5

		⅓′ φ	15	11,8	9,9	8,9	7,6
		lab. br.	10,5	8,5	7	6,5	5,5
		opsnede	4,3	3,2	2,9	2,3	2
Sobre Simbala	Cymbel II						
		⅓′ φ	13,4	11,7	9,9	8,6	7,6
		lab. br.	10,6	8,6	6,5	6	5,4
		opsnede	4,3	3,9	2,9	2,3	2
		¼′ φ	11,8	10,2	8,6	8	7,2
		lab. br.	8,3	7,2	6	5,5	5
		opsnede	3,3	2,8	2	2	1,9
Trompa Real	Trompet 8	φ boven	109	93	87	77	67
		φ onder	22,2	25,5	24,5	23,2	19,3
		tongbr.	14	12	11,9	8	7,6

CHAMADE-REGISTERS KOORZIJDE

Orlo	Trompet	φ boven	78	74	66,5	58	48
	4′	φ onder	20,5	20	19	17	16
		tongbr.	14,5	12	11,2	9,4	8,7
Bajoncillo	Trompet	φ boven	82,5	74,5	66,5	62	58,5
	4′	φ onder	19	17	16	15	12
		tongbr.	12	11,5	8,5	8	6,6
Clarin en Quincena	Trompet	φ boven	67,5	61,2	53,7	49	48
	2′	φ onder	17	15	13	13,3	13,3
		tongbr.	9,8	7,2	7,4	6,5	5,5

CHAMADE-REGISTERS KOOROMGANGZIJDE

Bajoncillo	Trompet	φ boven	150x145	113	90	85	77
	?′	φ onder	25	22	19,7	17,3	18
		tongbr.	19,3/16	18,3	14	13	12
Clarin Claro	Trompet	φ boven	95	90	75	73	64
	8′	φ onder	21	19	19	17,7	17,3
		tongbr.	15	13,3	12	11,4	9
Obue	Hobo 4′	φ boven	86,2	82,5	67,8	60,2	47,2
		φ onder	33,6	29,9	24,8	22,8	21,3
		tongbr.	12,5	9,6	7,7	6,9	5,5

C Bajoncillo staat in het orgel, dus niet Chamade. Beker is van hout.

HOOFDWERK DISC.

			cis'-d''''		cis'	f'	c''	f''	c'''
Flautado de 26	Prestant 16'	φ			76x59	63x49	43x35,5	39x21,5	30,5x20
		lab. br.			59	49	35,5	21,5	20
		opsnede			19,3	13,1	12,4	11,8	11,4
Flautado Mayor	Prestant 8' koorzijde	φ			53	45,2	30	26,3	20,5
		lab. br.			38,7	33	21,9	19,2	15
		opsnede			11,1	9,6	7,1	6,2	5,1
Flautado Mayor	Prestant 8' koorom-gangzijde	φ			57	49	31	26,3	20,5
		lab. br.			41,6	35,8	22,6	19,2	15
		opsnede			12,8	11	7,2	5,8	4,8
Flauta Traversa	Zweving II 8'	φ			30x25	27,5x25,5	23x18,5	18,5x16,5	15x14
		lab. br.			25	25,5	18,5	16,5	14
		opsnede			10,4	9,4	11,4	8,7	7,3
		φ			31x29	28x26	22,8x19,8	20x17	15x13
		lab. br.			29	26	19,8	17	13
		opsnede			14,2	12	8	8,2	5,6
Violon	Gedekt 8'	φ			47	39,5	29	25	20,4
		lab. br.			31,8	25,8	19	14,9	13
		opsnede			13,7	12,7	9	8,8	5,8
Octava Clara	Octaaf 4'	φ			29	23	17,3	15,1	11,8
		lab. br.			18,5	17	13,1	9,2	8,8
		opsnede			7	6,4	5,2	3,6	3,2
Octava Nasarda	Open Fluit 4'	φ			41,8	38,5	25,6	22,2	17,2
		lab. br.			27,3	26	17,5	14,7	11
		opsnede			9,1	8,4	6	5	4,3
Espigueta	Roerfluit 4'	φ			32	26,4	22,5	20,5	14,6
		lab. br.			23,8	20,3	17,8	15,7	11,7
		opsnede			10,5	8,4	6,4	6	3,4
Docena Clara	Quint 2⅔'	φ			22,3	19,1	15,1	13,6	11,4
		lab. br.			14,1	13,1	9,6	8,7	8,4
		opsnede			6	5,5	4,2	4,2	3
Docena Nasarda	Quint Fluit 2⅔'	φ			32,2	27,8	21,3	18,5	15,9
		lab. br.			21	18	14,1	12	10
		opsnede			8,3	7	4,7	4,2	3,2
Quincena Clara	Octaaf 2'	φ			18	16,5	13	10,3	9,7
		lab. br.			11,7	11,1	9,5	8	6,3
		opsnede			4,8	4,5	3,4	2,6	2,1

Quincena Nasarda	Open	φ	26,4	22,3	18	15,6	13,1
	Fluit 2′	lab. br.	18	14,5	11,5	10	8,5
		opsnede	6,5	5,1	4,3	3,4	3
Diez y Setena Clara	Terts 1⅗′	φ	16,5	15,7	11,4	10,3	9
		lab. br.	12	10,4	8,6	7	6,5
		opsnede	4,3	3	2,4	2	2
Diez y Setena Nasarda	Terts Fluit 1⅗′	φ	23,6	19,6	15,9	14	12,1
		lab. br.	16	13	10,5	9	7,5
		opsnede	5,1	4,5	3,7	3,5	2,3
Diez y Novena Clara	Quint 1⅓′	φ	15,6	13,2	10,3	9	9,1
		lab. br.	9,4	10	7,4	6,1	5,7
		opsnede	3,5	3,5	2,5	2,3	1,5
Lleno	Mixtuur V						
	4′	φ	24,6	25,1	20,4	14,6	12,6
		lab. br.	16,1	15,8	14	8,4	8,2
		opsnede	5	6,2	5,1	4,1	3,7
	2⅔′	φ	21,3	21	15,8	11,7	7,4
		lab. br.	15,5	14	11,2	6,4	4,6
		opsnede	6,8	6	4,5	3,6	1,8
	2′	φ	19,3	18,2	13,5	11,9	7,8
		lab. br.	12,5	11,1	8,5	6,5	4,8
		opsnede	5,5	4,5	3,5	3,4	2
	1⅗′	φ	17,2	13,3	10,5	8,8	7,3
		lab. br.	11	8,8	5,1	4	4
		opsnede	5	3,2	2,8	2,8	1,8
	1⅓′	φ	15,8	14,1	9,2	7	7
		lab. br.	10,2	9,8	5,9	4	3,8
		opsnede	4,8	3,8	2,8	2,1	1,5
Tolosana	Sesqui-alter III						
	3⅕′	φ	32,5	28,3	23	17,6	13,1
		lab. br.	21	18,3	15	11,1	9
		opsnede	8,2	6,2	5,5	4	3,3
	2⅔′	φ	27,7	23,2	19,1	17,2	13,1
		lab. br.	18,5	15,3	13,1	11,5	9
		opsnede	6,8	5,2	4,5	4,2	3,2
	1⅓′	φ	20,4	17,8	14,6	12,4	10,2
		lab. br.	13,5	12	9,5	8,3	6,8
		opsnede	4,5	4,4	3,9	2,2	1,9

Simbala	Scherp III						
	2⅔′	ϕ	19,5	19,2	13,2	12,5	8,5
		lab. br.	14,5	13,5	9,8	8,7	7
		opsnede	6,1	5,8	4,5	3,7	2,1
	2′	ϕ	17,1	16,7	12,5	11,3	9,2
		lab. br.	10,6	10,2	8,6	7,6	6,4
		opsnede	5,1	4,8	4,6	3,1	2,8
	1′	ϕ	13,9	12,7	9,9	7,5	6,5
		lab. br.	9,4	9	7	5	4,5
		opsnede	3,9	3,4	2,3	2	1,7
Sobre Simbala	Cymbel II						
	2′	ϕ	16,8	15,6	11,9	9,9	8,6
		lab. br.	10,1	10,9	7,4	6,7	5,3
		opsnede	4,9	4,3	4,2	2,7	2,6
	1⅗′	ϕ	17,8	12,9	9,9	9	7,6
		lab. br.	10,2	9,1	7,1	6,6	4,4
		opsnede	4,6	4,6	3	2,9	2,3
Corneta Magna	Cornet VII						
	Roerfl. 8′	ϕ	51,2	43	34	28,4	21,6
		lab. br.	40,8	33,7	26	20,7	16,6
		opsnede	16,9	11,5	10,3	9,9	6
	open 4′	ϕ	43,8	33,4	23,4	21,7	17,5
		lab. br.	33,8	25	17,8	14,3	13
		opsnede	10,7	9,3	6	5,1	3,9
	open 2⅔′	ϕ	32	26,1	19,7	15,8	12,7
		lab. br.	24,4	19,1	14,2	11,3	11,5
		opsnede	8	6,6	5,2	4,1	2,1
	open 2′	ϕ	24,8	22,1	15,1	14,5	10,7
		lab. br.	17,8	16,6	11,3	9,9	6,7
		opsnede	6,4	5,7	3,4	3,2	2,1
	open 2′	ϕ	23,3	22,2	15,2	14	8,9
		lab. br.	18	16,4	11,1	10,2	5
		opsnede	6,4	5,8	3,9	3,6	2,2
	open 1⅗′	ϕ	22,9	19,3	14,1	11,4	9,2
		lab. br.	15,7	13,5	10,3	7,8	6
		opsnede	4	4,2	3,2	2,8	2,2
	open 1⅗′	ϕ	22,7	18,9	15	10,2	9,3
		lab. br.	16,8	13,1	9,8	7	5,1
		opsnede	5,1	4,6	3,1	2,8	2,6

Corneta en Eco	Echo Cornet VII						
	Roerfl. 8'	φ	55	45,5	33,7	28,3	20,4
		lab. br.	37,4	32	23	19,6	14,5
		opsnede	15,6	12,6	9,8	8,2	4,4
	open 4'	φ	48,2	38	29	23	17,4
		lab. br.	34,4	26,3	20,1	15,4	12,3
		opsnede	9,5	7,1	6,2	5,5	3,8
	open 2⅔'	φ	32,6	27,9	21,2	17,1	14,1
		lab. br.	23,1	19	15,3	12,4	10
		opsnede	6,2	6,5	4,3	3,3	2,2
	open 2'	φ	28,7	22,2	17	15,4	11,5
		lab. br.	20,1	15,4	12,2	11,1	8,6
		opsnede	6,4	4,4	3,6	3,1	2,1
	open 2'	φ	22	24,2	17,8	15,3	12,9
		lab. br.	14,8	16,9	11,8	11,1	8,5
		opsnede	6,5	5	3,8	3,1	2,3
	open 1⅗'	φ	26,2	19,8	16,1	12	13,1
		lab. br.	16,9	13,5	9,8	8,3	7,8
		opsnede	4	3,8	3,7	2,2	2,5
	open 1⅗'	φ	22,1	18,8	15,9	13	9,6
		lab. br.	13,8	10,7	10,7	8,5	5,1
		opsnede	5,6	4,6	3,5	2,5	1,5
Trompa Real	Trompet 8'	φ boven	73	70	59,4	50	38
		φ onder	15,5	17	13,3	11,7	13
		opsnede	7,5	7	6,8	6	4

CHAMADE-REGISTERS KOORZIJDE

Trompa Magna	Trompet 16'	φ boven	68,8	64	57,3	53,2	49,4
		φ onder	17,5	17	14	12,5	12
		tongbr.	12,5	12	9,5	8,3	6,2
Chirimia	Hobo 16'	φ boven	86	82,5	67,8	60,2	47,2
		φ onder	19	18,5	14	13	11
Clarin Claro	Trompet 8'	φ boven	67	61,5	54,5	49,5	46,5
		φ onder	12	11	11	10	9
		tongbr.	8,7	7,9	6,7	6,5	5,5
Clarin Claro	Trompet 8'	φ boven	84	77	68	62	58
		φ onder	17	16	14	12,5	11,5
		tongbr.	10,7	8,7	7,7	5,5	5

Clarin Claro	Trompet 8′	φ boven	86,9	78	69	63	59
		φ onder	17	16	14	12,5	11,5
		tongbr.	10,8	8,7	7,6	5,5	5
Obue	Hobo 8′	φ boven	91	82	70,5	61,1	42
		φ onder	16	16	14	12	12
		tongbr.	11	8,1	7,8	6,6	4,6

CHAMADE-REGISTERS KOOROMGANGZIJDE

Trompa Magna	Trompet 16′	φ boven	73	68	62	53	50
		φ onder	19	17	18	17	15,8
		tongbr.	11	9,5	8	7	7
Clarin Claro	Trompet 8′	φ boven	55	55	46	42	34
		φ onder	16,3	16,3	15,6	15,8	12
		tongbr.	8	7	5,8	5,2	4,5
Obue	Hobo 8′	φ boven	91,2	81	70,5	61	41,8
		φ onder	16	16	13,5	12	12
		tongbr.	10,4	8,3	7,6	6,5	4,4

RUGWERK EXTERIEUR BAS

			C-c′	C	F	c°	f°	c′
Octava Clara	Octaaf 4	φ		87	66	51	40	28
		lab. br.		63,5	48,2	37,2	29,2	20,4
		opsnede		20,1	13,3	11,2	9,4	7,7
Quincena Clara	Octaaf 2′	φ		48	37	27	23	16,5
		lab. br.		35,6	26,6	19,4	16,8	12
		opsnede		12,2	10,1	8,3	6,2	5,7
Veinte y Docena Clara	Octaaf 1′	φ		30	22,5	16,5	13	11,8
		lab. br.		21	15,7	11,3	9	8
		opsnede		8,5	8,1	5,9	4,3	3,6

RUGWERK INTERIEUR BAS

Violon	Gedekt 8′	φ	132,2	98,2	79	65,6	53,8
		lab. br.	92	65	53,5	45,1	35
		opsnede	34	23	19,2	17,5	14,3
Octava Clara	Octaaf 4′	φ	88,9	71	53,5	45,1	34,6
		lab. br.	62	47	31,8	29,5	23
		opsnede	20,5	16,1	11	9	9,1

Docena Clara	Quint 2⅔'	φ	64,2	60,6	44,5	41,4	30,8
		lab. br.	45,1	46	33,1	28,6	20,7
		opsnede	16,3	15,1	12	11	7,3
Diez y Setena Clara	Terts 1⅗'	φ	39,6	29,1	22,8	18,3	14,5
		lab. br.	29,5	22,7	17,6	13	8,8
		opsnede	11,1	9,5	4,3	5,4	4
Diez y Novena Clara	Quint 1⅓'	φ	32,8	26	19,8	15,8	13
		lab. br.	26	19,4	15	10,1	9,9
		opsnede	9	7,3	6,7	5	4,1
Lleno	Mixtuur III						
	⅔'	φ	23	18,3	15	12,2	10,1
		lab. br.	17,6	13,2	11,1	9,4	7,0
		opsnede	5,9	5,2	4,8	3,6	2,8
	½'	φ	18,7	15,9	13,2	11,2	9,3
		lab. br.	11,5	11	9,2	7,8	6,8
		opsnede	5,3	5,8	3,5	3,2	2,5
	⅓'	φ	14,8	12,1	10,2	9,1	7,8
		lab. br.	11,2	9,3	7,2	6,7	6,2
		opsnede	4,7	3,5	2,9	2,6	2,5
Bajoncillo	Trompet 4'	φ boven	81	74	65	62	58
		tongbr.	12	11	9	8	6,5

RUGWERK EXTERIEUR DISC.

			cis'-d'''	cis'	f'	c''	f''	c'''
Fabiolete	Gems-	φ	43/31	38/38	31,5/24	27/21	21/17,5
	hoorn 4'	lab. br.	24	20	16,5	14	10,5
		opsnede	7,8	6,2	5,1	4,6	3,6
Quincena Clara	Octaaf 2'	φ	16	14,5	12	9,5	7,5
		lab. br.	11	9,5	8,5	6,5	5,2
		opsnede	3	2,6	2,3	2,1	1,9
Diez y Setena Clara	Octaaf-Terts II	φ	15,5	14	12	9,5	7,5
	2'	lab. br.	11	9,5	8,5	6,5	5,2
		opsnede	3,2	2,9	2,6	2,1	1,7
	1⅗'	φ	14,2	12,5	10	8,5	7
		lab.br.	10	8,5	7	6	5
		opsnede	3,1	2,7	2,4	1,9	1,8

Corneta Magna	Cornet V						
	Roerfl. 4′	ϕ	53	44	33	26,5	19
		lab. br.	35	32,2	23	18,3	14
		opsnede	13,8	10,7	8,1	6,3	4,8
	open 4′	ϕ	38	34	27	24	19,5
		lab. br.	29	25,6	19,2	17	14,1
		opsnede	8,2	7,8	6,3	5,1	4,3
	open 2⅔′	ϕ	32	28	22	20	17
		lab. br.	22,8	19,6	16	14,4	11,6
		opsnede	6,8	6,4	4,8	4,4	3,9
	open 2′	ϕ	24	21	16	13,5	9,5
		lab. br.	14,2	12,3	9,6	7,8	5,2
		opsnede	4,3	4	3,1	2,5	2
	open 1⅗′	ϕ	20	18,5	13,5	11	9,5
		lab. br.	11,7	10,8	7,5	6,8	6
		opsnede	4	3,7	2,4	2,2	2

RUGWERK INTERIEUR DISC.

Flautado Mayor	Prestant 8′	ϕ	49	43,3	33,8	26,9	21,5
		lab. br.	32,2	27,4	21,8	16,5	13,7
		opsnede	9,7	10	8,5	7,2	5,7
Violon	Gedekt 8′	ϕ	42	35,3	28,3	24,7	20,4
		lab. br.	32,2	27,7	21	18,2	15,4
		opsnede	15,6	12,6	8,8	7,2	4,9
Octava Clara	Octaaf 4′	ϕ	29,9	24,5	18,9	17	12,7
		lab. br.	19,2	16	13	10,8	8,8
		opsnede	7,3	6,9	4,8	4,8	3,2
Docena Clara	Quint 2⅔′	ϕ	23,1	19,7	14,4	11,2	9,5
		lab. br.	14,6	13	9,9	8,1	6
		opsnede	5,1	3,7	3	3,1	2,5
Tolosana	Sesqui- alter III						
	2⅔′	ϕ	21	19,5	16	13	10
		lab. br.	15,1	13,3	11,8	9,8	7,5
		opsnede	5,2	4,3	3,8	3,2	2,6
	2′	ϕ	17	16,7	13	12	9,5
		lab. br.	12,6	11,8	12,5	7,2	7,2
		opsnede	4,6	5,7	4,1	3,8	2,3

	1⅗'	ϕ	17	14,3	11,5	10	9,2
		lab. br.	12,1	10,3	8,6	6,9	6
		opsnede	3,9	3,5	2,9	2,4	2,1
Lleno							
	Mixtuur III						
	2⅔'	ϕ	21,3	20	15,6	11,7	10
		lab. br.	15,3	14,1	11,7	8,4	7,1
		opsnede	5,1	4,8	3,7	2,8	2,4
	2'	ϕ	19,3	15,5	12	10,5	9
		lab. br.	11,4	10,6	6,7	6,7	6,3
		opsnede	5,2	4,9	3,8	3,2	2,5
	1⅓'	ϕ	15,8	14,2	11,2	9,1	8,3
		lab. br.	11,5	10,5	8,7	5,8	5,5
		opsnede	4,6	4,3	3,1	2,5	2,4
Corneta en Eco	Cornet V						
	Roerfl. 8'	ϕ	52,8	44,6	33,4	26,7	20,5
		lab. br.	35	32,4	23,1	18,4	14,6
		opsnede	14,3	12	10,8	8,5	6,5
	open 4'	ϕ	41,9	35,4	27,8	24,2	19,7
		lab. br.	30,3	26,1	19,5	17,1	14,2
		opsnede	9,2	8,2	6	5,2	4,2
	open 2⅔'	ϕ	31,6	27,6	21,8	19,9	17,2
		lab. br.	22,6	19,5	15,9	14,3	11,7
		opsnede	6,7	6,6	5,1	4,3	3,2
	open 2'	ϕ	22,6	19,9	15,3	13,2	9,2
		lab. br.	13,8	12	9,4	7,9	5,1
		opsnede	4,8	4,5	2,5	2,6	2,2
	open 1⅗'	ϕ	19,7	18,3	13,5	11,1	9,7
		lab. br.	11,6	10,8	7,5	6,8	6,1
		opsnede	4,2	3,6	2,4	2,6	2,6
Clarin Claro	Trompet	ϕ boven	85	78	69	63	60
	8'	tongbr.	10,7	8,7	7,8	5,6	5

PEDAAL

	C, D, E-B		C	F	B
Flautado	open 16' II				
	metaal	ϕ	325	284	195
		lab. br.	238	208	143
		opsnede	67,5	59,5	42
	hout	ϕ	277x250	260x230	235x205
		lab. br.	250	230	205
		opsnede	69	67	59
Flautado	open 8'	ϕ	180	138	99
		lab. br.	131,4	100,8	72,3
		opsnede	37	28,3	20,5
Flautado	open 4'	ϕ	120	103	64,2
		lab. br.	87,6	75,2	46,4
		opsnede	26	21,8	14,5
Bajoncillo	Trompet	ϕ boven	230x228	220x215	124x120
	16'	ϕ onder	26x17	28x22	27x17
		tongbr.	27,2	22	17,3
Bajoncillo	Trompet	ϕ boven	109	96	82
	8'	ϕ onder	22,4	21	17,4
		tongbr.	11,4	13	10,9
Bajoncillo	Trompet	ϕ boven	78,5	72	71,5
	4'	ϕ onder	15,8	15,5	14,5
		tongbr.	8,3	8,3	7,2

Afbeelding 1.
Epistelorgel koorzijde, vóór de brand van 1967.

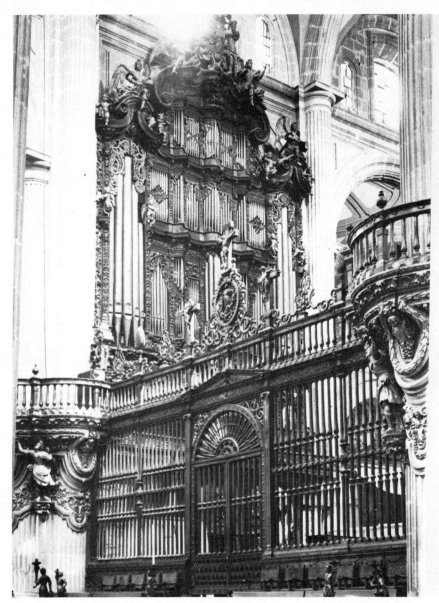

Afbeelding 2.
Epistelorgel koorzijde, na de restauratie van 1975-1978.

Afbeelding 3.
Evangelieorgel kooromgangzijde, na de restauratie van 1975-1978.

Afbeelding 4.
Epistelorgel klaviatuur en registratuur, vóór de restauratie van 1975-1978.

Afbeelding 5.
Evangelieorgel klaviatuur en registratuur, tijdens de restauratie van 1975-1978 (enkele toetsen soloklavier en pedaal zijn nog niet zuiver afgesteld, registernamen zijn slechts ten dele aangebracht).

Afbeelding 6.
Evangelieorgel hoofdwerk, vóór de restauratie van 1975-1978; van links naar rechts: Flauta Travesera (afgevoerd op conducten), Espigueta, Tolosana, Octava Clara, Docena Clara, Quincena Clara, Lleno Sobre Simbala, Simbala.

Afbeelding 7.
Evangelieorgel hoofdwerk, na de restauratie van 1975-1978; dezelfde registers als bij de corresponderende afbeelding van vóór de restauratie; uiterst rechts juist nog zichtbaar: Flautado de 26.

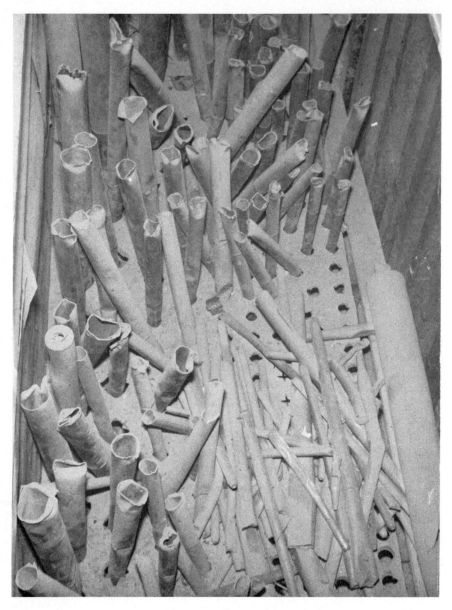

Afbeelding 8.
Epistelorgel hoofdwerk, vóór de restauratie van 1975-1978; van links naar rechts: Octava Nasarda, Docena Nasarda, Tolosana, Quincena Nasarda, Diez y Setena Nasarda.

Afbeelding 9.
Epistelorgel hoofdwerk, na de restauratie van 1975-1978; dezelfde registers als bij de corresponderende afbeelding van vóór de restauratie.

Afbeelding 10.
Epistelorgel rugwerk, vóór de restauratie van 1975-1978; schade door brand.

Afbeelding 11.
Epistelorgel rugwerk, na de restauratie van 1975-1978; van links naar rechts: conducten van ventiellade naar windlade rugwerk exterieur; pijpstokken voor de registers: Diez y Setena Clara (2 sterk), Quincena Clara, Fabiolete; conducten naar vrhoogde stok van de Corneta Magna; op de achtergrond: registerwalsen.

Afbeelding 12.
Epistelorgel chamade tongwerken, vóór de restauratie van 1975-1978; de bekers zijn weggesmolten door de brand.

Afbeelding 13.
Epistelorgel chamade tongwerken, na de restauratie van 1975-1978; van boven naar beneden: Trompa Magna (disc), Orlo (bas), Bajoncillo (bas), Clarin en Quincena (bas).

Afbeelding 14.
Evangelieorgel chamade tongwerken, vóór de restauratie van 1975-1978.

Afbeelding 15.
Evangelieorgel chamade tongwerken, na de restauratie van 1975-1978; van boven naar beneden:
Obue (disc), Clarin de Campana (disc), Clarin de Campana (disc), Clarin Claro (disc); de registers
Chirimia (disc) en Trompa Magna (disc) zijn bij de chamaderegisters aan de bas-zijde geplaatst.

Afbeedling 16.
Evangelieorgel tractuur solowerk, vóór de restauratie van 1975-1978.

Afbeelding 17.
Evangelieorgel tractuur solowerk, na de restauratie van 1975-1978.

Afbeelding 18.
Evangelieorgel klaviatuur, vóór de restauratie van 1975-1978.

Afbeelding 19.
Evangelieorgel klaviatuur, na de restauratie van 1975-1978; ter linkerzijde van het bovenste klavier (hoofdwerk) bevinden zich tien extra toetsen welke corresponderen met de overeenkomstige pedaaltoetsen; ter rechterzijde van het onderste klavier (rugwerk) is het klavier van het solowerk aangebracht.

Afbeelding 20.
Epistelorgel achtvoudige magazijnbalg met aan boven- en onderzijde tweevoudige scheppen, na de restauratie van 1975-1978.

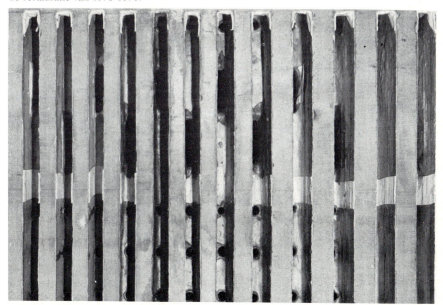

Afbeelding 21.
Epistelorgel windlade hoofdwerk, tijdens de restauratie van 1975-1978; cancellen uitgestoken in het massieve hout; de ten gevolge van deze constructie ontstane scheuren zijn met schapenleder luchtdicht gemaakt.

Afbeelding 22.
Epistelorgel rugwerk, na de restauratie van 1975-1978; van links naar rechts: interieur-windlade met pijpen, loopplank over conducten, conducten van ventiellade naar interieur-windlade, ventiellade; daarboven: inwendig gedeelte van pedaaltoetsen met daar doorheen lopend de abstracten van rugwerkklavier naar ventiellade.

Afbeelding 24.
Epistelorgel pedaalklavier, na de restauratie van 1975-1978; C, D, E, F, G, A, B belegd met ivoor; Fis, Gis, Ais voorzien van koperen knoppen.

Afbeelding 23.
Epistelorgel rugwerk, na de restauratie van 1975-1978; van links naar rechts: hoofdwerk- en rugwerkklavier, pedaaltoetsen, conducten van ventiellade naar exterieur-windlade, gedeelte van de vloer, pijpwerk op exterieur-windlade.

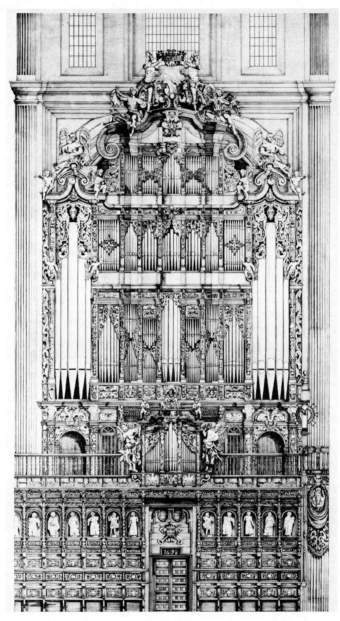

Afbeelding 25.
Evangelieorgel koorzijde.

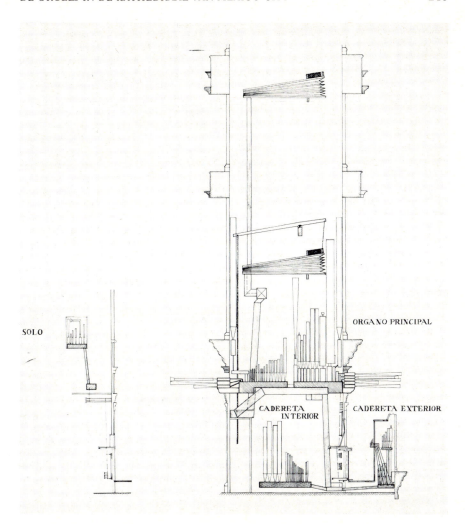

Afbeelding 26.
Evangelieorgel doorsnede.

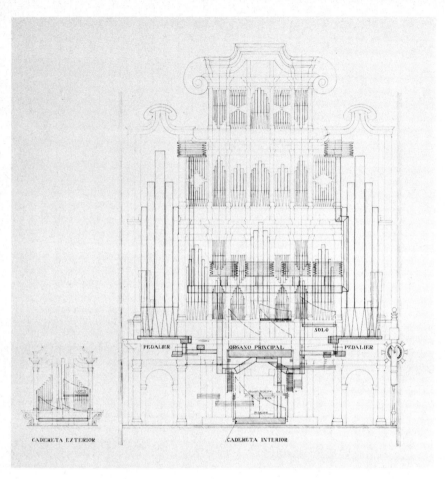

Afbeelding 27.
Evangelieorgel vooraanzicht front en interieur.

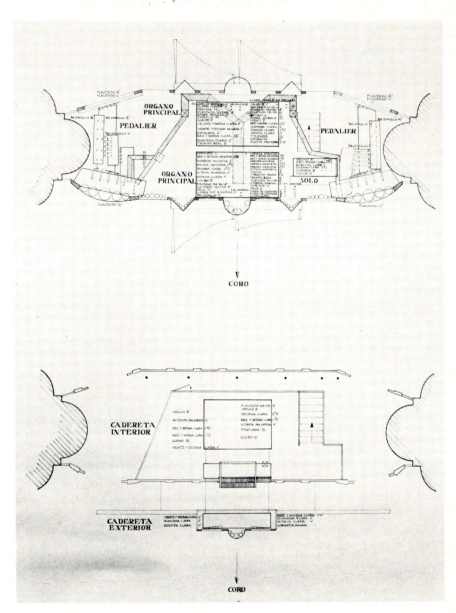

Afbeelding 28.
Evangelieorgel plattegrond.

Eine alte Geschichte...

Marius Flothuis

voor Maarten Vente

"EINE ALTE GESCHICHTE ...."
(ob sie wieder neu geworden?)

Marius Flothuis

1979

Andante maestoso

Amsterdam
12 September 197

m.f.

De bouw van een orgel voor de Remonstrantse Kerk te Amsterdam (1718-1724)

Arend Jan Gierveld

De geschiedenis van verdwenen orgels moge niet zozeer tot de verbeelding van de vele orgelliefhebbers spreken als die van zojuist gerestaureerde historische instrumenten, voor de organologie is zijn niettemin van evident belang. Zo betekent het relaas van de bouw van een orgel voor de Remonstrantse Kerk te

Afbeelding 1.

Amsterdam een aanvulling op en een correctie van het in 1966 verschenen boek van Jakob Germes *Die Ratinger Orgelbauerfamilie Weidtman (1675-1760)*. Het levert verder een bijdrage om te komen tot een vollediger beeld van het werk van de voor Nederland zo belangrijke orgelmaker Christian Müller, terwijl het tevens dienen kan ter adstructie van het beeld dat wij hebben van de opvattingen van de Nederlandse orgelexperts in het begin van de 18de eeuw.

Wellicht aangestoken door het van nabij meemaken van de bouw van een orgel in de Nieuwe (Ronde) Lutherse Kerk door Cornelis Hoornbeeck en kennelijk niet van zins er een zo slepende zaak van te maken als de kerkvoogden van de Lutherse Kerk hadden gedaan – de voorbereiding van de bouw van een orgel in de Ronde Lutherse Kerk te Amsterdam duurde meer dan 25 jaren – besloot de kerkeraad van de Remonstrantse gemeente enige ontwerpen voor een orgel te laten maken teneinde een van deze te doen realiseren[1]. Het initiatief voor de bouw van een instrument was genomen op de kerkeraadsvergadering van 22 augustus 1717 en de gemeenteleden werd daarop tijdens huisbezoeken gevraagd of zij een orgel wensten en of zij bereid waren de daartoe vereiste gelden bijeen te brengen. Op 5 september daaropvolgend was de uitslag van deze enquête bekend en op 6 februari 1718 was er ruim f 10.000 voor de bouw van een orgel toegezegd. In de vergadering van 27 maart besloot de kerkeraad 'een positief of klein Orgel (te) plaetsen, om daer na het geluijte te conne afneemen tot het beter reguleren en schikken van het Orgel, dat in de kerk sal gemaakt werden...' De gecommitteerden belast met de zaken van het orgel deelden op 12 juli aan de raad mee dat de kerk een positief in bruikleen zou krijgen van Joan de Wolf.[2] Deze had echter als

1 Gebruikte afkortingen in de noten bij deze bijdrage:
GA   = Gemeente Archief
GAA   = Gemeentelijke Archiefdienst Amsterdam,
PA   = Particulier Archief,
PA 612 = Archief Remonstrantse Gemeente Amsterdam,
PA 213 = Archief Evangelisch Lutherse Gemeente Amsterdam,
NA   = Notarieel Archief.
De geschiedenis van de orgels van zowel de Ronde Lutherse Kerk als van de Remonstrantse Kerk is zeer eenvoudig af te lezen uit de notulen- en kasboeken. Dat deze geschiedenis nog nooit gepubliceerd is, hangt m.i. samen met het feit dat het hier twee niet meer bestaande instrumenten betreft. De niet-gepubliceerde doctoraalscriptie van D.P. Snoep, kunsthistoricus te Utrecht, handelend over het orgel van de Ronde Lutherse Kerk heb ik, met zijn toestemming, ingezien en gebruikt ter verificatie van eigen onderzoek in PA 213.
2 GAA PA 612 inv.nr. 3. Resulutieboek (1698-1726). In dit boek staan alle in bovenstaand artikel genoemde vergaderingen genotuleerd. De bladen van het boek zijn niet genummerd. Op 10 dec. 1717 werd in een brief van Cornelis Bakker te Hoorn, gericht aan de Remonstr. predikant Ottens, een positief te koop aangeboden (PA 612 inv.nr. 69). Het betrof een tweeklaviersorgel met 6 stemmen op het hoofdwerk (Holpijp 8', Open Prestant 4', Octaaf 2', Superoctaaf 1', Sesquialter en Scherp), 4 stemmen 'in het borststuk' (Holpijp 2', Gedekt?', Octaaf 1' en Quint 1½') en een aangehangen pedaal. Het was het eigendom van de 'jonge' organist Spruyt en het was gemaakt door Luytje Jansz. Spruyt. Zie voor dit huisorgel ook: A.J. Gierveld, *Het Nederlandse huisorgel in de 17de en 18de eeuw*, Utrecht, 1977, p. 283, cat.nr. 294.

voorwaarde gesteld dat de orgelmaker Cornelis Hoornbeeck het positief in de kerk zou opstellen. Aangezien Hoornbeeck zijn belofte om dit binnen drie weken te doen, niet was nagekomen, doch 'in stilheyt van hier na 's-Hertogenbosch was verrijst, om aldaar zijn voormaals aangenomen orgel te voltooijen, zoo dat hij na allen oogenschijn voor het naa Jaer van daar niet staat te retourneeren, daar op zoo hebben gecomitteerdens met de Heer de Wolf gesprooken en hem voorgehouden, of hij ook wilde gedoogen, dat een ander meester het ineen mocht sette, waar op hij repliceerde dat het een onmogelijk-heijt was, en dat hij niemand daartoe wiste buijten Hoornbeek, die bequaem was om zulcks te doen...'.[3]

Joan de Wolf moge erg zuinig geweest zijn op zijn bezit, toch toonde hij zich weinig plooibaar. De kerkeraad besloot dan ook van zijn dienst geen gebruik te maken. Door dit voorval werd de naam van de afwezige Hoornbeeck genoemd in een vergadering waar men plannen maakte voor een nieuw te bouwen orgel, terwijl men zich tevens zal hebben afgevraagd of er nu werkelijk geen andere bekwame orgelmakers in Amsterdam en omstreken gevestigd waren.

Het stille vertrek van Hoornbeeck met zijn knechten om de reparatie van het orgel van de St. Jan in Den Bosch tot een goed eind te brengen, is, voor wie weet welke moedwillige vernielingen aan dat instrument waren toegebracht begrijpelijk; voor de opdrachtgevers van de bouw van het orgel in de Nieuwe Lutherse Kerk te Amsterdam was het een contractbreuk; immers volgens afspraak zou Hoornbeeck hun orgel op 1 augustus 1717 gereed hebben.[4] De kerkmeesters van de Lutherse Kerk hebben dan ook fel geprotesteerd, zoals onder meer blijkt uit een notariële acte van 16 augustus 1718.[5]

Ongetwijfeld was de kerkeraad van de Remonstrantse Kerk van deze zaak op de hoogte en dit zal een goede reden geweest zijn om met de bouw van een orgel niet op Hoornbeeck te wachten. (Hoornbeeck was op 18 september 1718 in Den Bosch gereed en het orgel in de Ronde Lutherse Kerk te Amsterdam werd op 21 november 1719 gekeurd.[6]) Aan wie kon men, buiten Hoornbeeck, de bouw van een orgel toevertrouwen? Gerenommeerde Hollandse orgelma-kers waren er in die jaren weinig. De befaamde, toen bijna 75-jarige, Johannes

---

3 GAA PA 612 inv.nr. 3. Zie ook: GAA PA 213 inv.nr 1238, p. 156 d.d. 4 juli 1718. Het bedoelde positief van Joan de Wolf zal een huisorgel geweest zijn, misschien door Hoornbeeck gemaakt, aangezien deze zich met huisorgelbouw bezig hield. Zie hiertoe: A.J. Gierveld, op.cit., p. 177.
4 GA 's-Hertogenbosch A 505 Verz. stukken van allerlei aard. Notaris Adam van der Horst, d.d. 24 sept. 1718. GAA NA 5934 Notaris Joan Hoekebak, d.d. 20 aug. 1715.
5 GAA NA 9009 Notaris Casp. van den Broek, d.d. 16 aug. 1718. Mijn dank aan dr. D.P. Snoep voor het mogen inzien van zijn scriptie, waarin in een bijlage deze 'Insinuatie en Protestatie' is opgenomen.
6 GA 's-Hertogenbosch Resoluties Kerkmeesters St. Jan (1709-1746) 18 sept. 1718. GAA PA 213 inv.nr. 1238, p. 161-165.

Duyschot ging in 's-Gravenhage het Hagerbeer-orgel met een vrij pedaal vergroten en verder was er niet veel keus. Waarom anders kreeg Cornelis Hoornbeeck, ofschoon hij op 50-jarige leeftijd nog geen enkel orgel van enige importantie had gemaakt, de opdracht het orgel in de Ronde Lutherse Kerk te bouwen? Zijn enige concurrenten waren Duitsers: Arp Schnitger uit Hamburg en Gerhard von Holy uit Jever.[7]

Alleen in dit licht is het begrijpelijk dat de kerkeraad der Amsterdamse Arminianen een contract sloot met Thomas Weidtman uit Ratingen bij Düsseldorf. Thomas Weidtman (1675-1745) was eerst sinds de dood van zijn vader Peter Weidtman in 1715 als zelfstandig orgelbouwer werkzaam. De familie Weidtman had nog nooit anders dan kleine eenklaviersorgels met aangehangen pedaal gebouwd. Het Amsterdamse orgel zou zijn eerste en enige grotere orgel worden.[8] Op 2 oktober 1718 was Thomas Weidtman te Amsterdam. Hij was 'op verzoek der Gecommitteerdens in persoon overge-koomen' en deze heren betoogden dat Weidtman 'een gerenommeert Orgel-maaker' was. Er werd in de op die dag gehouden kerkeraadsvergadering een begroting gemaakt van de kosten van een orgel met een hoofdwerk en een rugwerk en van een eenklaviersorgel. Gelet op het 'weynig onderscheyd in de prijs en op andere swarigheeden die er zouden kunnen resulteeren wegens de plaatsing van een orgel op de Galerije (werd) met algemeene stemmen geresolveert dat men het orgel zoude stellen boven de predikstoel' en koos men voor het ontwerp van een tweeklaviersorgel met aangehangen pedaal.[9] De gecommitteerden voor het orgel hadden na verscheidene gesprekken met de timmerman Gerrit Ismark deze gevraagd de drie hierboven bedoelde ont-werpen voor het orgel te doen tekenen. Ismark (Eysmark) had op gelijke wijze gefungeerd bij de bouw van het orgel in de Ronde Lutherse Kerk en vervaardigde tevens het zich thans in het Rijksmuseum te Amsterdam bevindende houten model van het Hoornbeeck-orgel in genoemde kerk.[10] Helaas staat in de boeken van de Remonstranten niet vermeld wie de tekenaars

---

7 GAA PA 213 inv.nr. 1238, p. 142-144.

8 Jakob Germes, *Die Ratinger Orgelbauerfamilie Weidtman (1675-1760)*, Ratingen bei Düsseldorf, 1966, p. 94 e.a.

9 Kostenbegroting eenklaviersorgel

	eenklaviersorgel	orgel galerij	tweeklav. orgel preekst.
orgelmaker	f 2400	f 2400	f 3200
timmerman	f 3500	f 3200	f 3500
metselaar	f 600	f 400	f 600
totaal	f 6500	f 6000	f 7300

alles berekend exclusief het 'beeldhouderswerk'. De totale kosten van het orgel bedroegen op 1 jan. 1722: f 10.204.-8-12 (PA 612 inv.nr. 342, Jaarstaten (1720-1744) p. 65).

10 Gerrit Eysmark was timmerman in vaste dienst bij de Ev. Luth. gemeente. GAA PA 213, p. 145-146 e.a. Eysmark bracht het houten model op 4 nov. 1715 in de kamer der kerkmeesters en werd bij die gelegenheid 'baas timmerman' genoemd. Rijksmuseum inv.nr. N.M. 8932.

waren, en dit is ook niet op te maken uit de kasboeken der kerk, aangezien gedetailleerde uitgaven betreffende de bouw van instrument niet in de bewaardgebleven kerkelijke boekhouding werden geïntegreerd. Zo weten we niet wie de ontwerper van de orgelkas geweest is, ofschoon het vermoeden bestaat dat dit de bekende Jurriaan Westerman is.[11] Er dient opgemerkt te worden dat er naast Weidtman blijkbaar niemand was uitgenodigd om een offerte uit te brengen, noch dat iemand zulks ongevraagd had gedaan.

Het contract dat met Weidtman gesloten werd, is grotendeels afgedrukt in het genoemde boek van Jakob Germes.[12] Germes heeft blijkbaar geen kennis genomen van de keuringsrapporten over Weidtmans werk. Hans Hulverscheidt uit Aken die hoofdstuk V in Germes' boek schreef: *Die Bau- und Klangprinzipien der Weidtman-Orgeln*, kwam tot het neerschrijven van de kenmerken van de Weidtman-orgels, mede op basis van dit contract. Kennis van de keuringsrapporten zou Hulverscheidt tot wat andere conclusies gebracht hebben, aangezien het contract niet stipt werd nagekomen. Ik zal hier niet opnieuw de integrale tekst van het contract vermelden, doch alleen de essentiële zaken noteren.

Volgens de notariële overeenkomst van 5 oktober 1718 zou Weidtman boven de preekstoel een orgel plaatsen met een hoofdwerk en een rugwerk. De dispositie luidde als volgt (bij Germes niet geheel juist genoteerd):

HOOFDWERK		RUGWERK	
Bourdon	16 voet	Prestant	4 voet
Prestant	8 voet (disc. 2-sterk)	Fluit	4 voet
Holpijp	8 voet	Quintadeen	8 voet
Prestant	16 voet disc.	Holpijp	8 voet
Trompet	8 voet	Prestant	8 voet disc.
Sesquialter	3 voet disc. 4-sterk	Cornet	disc. 4-sterk
	(2⅔ voet-2⅔ voet-	Octaaf	2 voet
	1⅗ voet-1⅗ voet)	Quint	1⅓ voet
Vox Humana	8 voet	Mixtuur	1 voet 3-4-5-sterk
Mixtuur	2 voet 4-6-7-8-sterk	– tremulant	

11 Veronderstelling van drs. P.M. Fischer, kunsthistoricus te Amsterdam (Germes, *op.cit.*, p. 47). Van een relatie met de Rem. gemeente getuigt ook het feit dat Westerman een huis van deze gemeente bewoonde (PA 612 inv.nr. 324, d.d. 6 juni 1754). De beeldhouwer Westerman ontwierp de orgelkassen van de Grote of St. Michaëlskerk te Zwolle, van de Oude Kerk en de Nieuwe Luth. Kerk te Amsterdam.
12 Germes, *op.cit.*, p. 45-46. Het artikel van B.J.M. Mensing, 'Thomas Weidtman', in: *De Mixtuur*, tijdschrift voor het orgel, nr. 14 (juli 1974) p. 267 e.v. bevat t.a.v. dit orgel niets nieuws. Het is voor wat dit instrument betreft slechts een uittreksel van Germes' boek.

Baarpijp	8 voet	– nachtegaal
Scherp	1 voet 3-4-5-6sterk	- ventiel
Octaaf	4 voet (disc. 2 sterk?)	
Superoctaaf	2 voet (disc. 2-sterk)	
– tremulant		*Klavieromvang:* C-c'''.
Fluit	4 voet	

Uitdrukkelijk wordt vermeld dat het groot oktaaf volledig moest zijn (men wist kennelijk dat de familie Weidtman de Cis altijd wegliet). Er zou een pedaal van twee oktaven komen, aan het hoofdwerk aangehangen. Voorts zou het orgel een gedeelde manuaalkoppeling krijgen en voorzien worden van vier blaasbalgen van vier bij acht voet elk. Het geheel moest klaar zijn voor 1 juli 1719.[13] De volgorde van registernamen op het hoofdwerk doet vermoeden dat Weidtman deze dispositie niet op papier ingeleverd heeft, doch dat hij deze ter plekke citeerde: iedere systematiek in de opsomming ontbreekt!

Wie diende de Remonstrantse gemeente van advies? Gelet op de keurings-rapporten was het geen der keurders. Een eigen organist kende men niet; deze moest nog benoemd worden. Hebben de gecommitteerden op Weidtmans kompas gevaren en heeft Weidtman, die zelf ook als kerkorganist fungeerde, tijdens zijn verblijf in Amsterdam kennis gemaakt met de Hollandse orgel-bouwtraditie en heeft hij de essentie daarvan begrepen?[14] Op 12 november 1719 meldden de gecommitteerden dat het orgel 'genoegzaam compleet' was en gekeurd diende te worden. Een week later hadden de organisten Van Blankenburg uit Den Haag en Clermont van de Amsterdamse Westerkerk hun werk verricht en schriftelijk verklaard 'alles wel en conform het gemaekte Accoort gevonden te hebben'.[15] De orgelmaker deed het verzoek tot 'een redelijk douceur' vanwege toevalligheden en andere beletselen; tevens erken-de hij dat hij een te lage prijs bedongen had en dat, doordat het opbouwen veel langer had geduurd dan hij begroot had, de verblijfskosten een veel zwaardere last betekenden dan verwacht.[16] Tot organist van het zojuist gereedgekomen

---

13 GAA NA 5824 Notaris David Walschaart, d.d. 5 okt. 1718. Germes, *op.cit.* vermeldt niet alle in het contract genoemde stemmen; bijgevolg doet Mensing (zie noot 12) zulks ook niet. Weidtman zou voor zijn werk ƒ 3200 ontvangen.

14 In 1694 werd hij organist van de reformierte Neanderkirche te Düsseldorf (Germes, *op.cit.*, p. 44; zie aldaar ook p. 58).

15 GAA PA 612 inv.nr. 3, Res.boek (1698-1726). Johannes Clermont was op 13 sept. 1708 benoemd als organist van de Westerkerk (GAA Ambtenboek nr. 1, fol. 108). Quirinus van Blankenburg, geboren te Gouda in 1654, had in 1690 vergeefs naar deze functie gedongen. Van 1700 tot zijn dood in 1739 was hij organist van de Nieuwe Kerk te Den Haag. Hij was in zijn tijd zeer bekend als veelzijdig musicus, theoreticus en orgelexpert.

16 In het contract was 'een recognitie voor zijne knegts ter discretie van' de opdrachtgevers opgenomen. Het leven in het rijke Amsterdam was ongetwijfeld duurder dan in het Rijnland.

orgel werd uit een aantal sollicitanten Jacobus Noseman uit Dordrecht benoemd, op een jaarsalaris van ƒ 200.[17]

Meldden de gecommitteerden, zoals boven vermeld, op 12 november dat het nieuwe orgel gereed was, een dag later kondigde de Lutherse president-kerkmeester Anthoni Grill aan dat het orgel van Hoornbeeck zeer binnenkort gereed zou zijn.[18] Beide orgels zijn dan ook praktisch gelijktijdig gekeurd en ook de benoemingsprocedures voor organisten voor de nieuwe Amsterdamse orgels lopen nagenoeg parallel.[19]

Het verschil in kwaliteit van beide instrumenten openbaarde zich echter al spoedig. In de vergadering van de Remonstrantse kerkeraad, gehouden op 21 februari 1720, werd gemeld 'dat het Orgel wat ontsteld is' en 'of het niet nodigh zouw zijn daaroover aen den Orgelmaker te schrijven ten eijnde hij eens mogt overkomen om alles klaar en perfect te maken'. Besloten werd 'Sr. Wijghman te verzoeken om in den aenstaanden maand April over te comen tot het stellen en revideren vant Orgel'. Weidtman kwam en herstelde het instrument, zodat in de vergadering van 2 juni 1720 besloten kon worden het herstelde orgel te laten keuren door 'de drie organisten N. Blankenburg in den haeg, die de voorige reijse dit orgel ook geëxamineerd heeft, Item E.E. Veltkamp tot Alkmaar en J.J. de Graef hier ter steede...'. Men wenste van de drie een schriftelijk rapport. Egbert Enno Veldcamps, vader van de als orgelkeurder zeer befaamd geworden Aeneas Egbertus Veldcamps, had ook het orgel van de Ronde Lutherse Kerk gekeurd en daarbij Hoornbeeck veel lof toegezwaaid.[20]

De keurders verrichtten hun werk op 10 en 11 juni en hun rapportage bleef bewaard.[21] De tekst van beide rapporten volgt hier zoals deze werd opgenomen in de notulen van de kerkeraadsvergadering van 12 juni 1720.

'Eerste rapport ten dienste van d'Ed. heeren regenten van de remonstrante kerk, derselver orgel nogmaels g'examineerd en bevonden in alle deelen het besteck van den orgelmaeker seer wel voldaen, maer alsoo in 't bestek sommige dingen deficieren, die zonder eenige difficulteit kunnen werden

---

17 Men had op 17 febr. 1720, na een twee maanden durende procedure, geloot tussen de drie overgebleven kandidaten Colfert, Noseman en Giesken (GAA PA 612 inv.nr. 3).

18 GAA PA 213 inv.nr. 1238, p. 160. Als keurders stelde men toen voor: Evert Havercamp, J.J. de Graaff, E.E. Veldcamps en Johannes Clermont. De Graaf excuseerde zich echter wegens 'indispositie' (idem p. 161).

19 De keuring van beide orgels vond in dezelfde week plaats. Johannes Clermont was bij beide orgels als zodanig betrokken. De selectie voor de organisten vond in beide kerken voornamelijk in december 1719 plaats, doch de Luthersen toonden zich in dezen meer voortvarend.

20 Zie noot 18. Voor N. Blankenburg te lezen Q. van Blankenburg.

21 Op 2 juni 1720 werd geresolveerd dat de twee buiten Amsterdam woonachtige keurders elk ƒ 50 zouden ontvangen en aan De Graaff zou ƒ 30 betaald worden.

verbetert, soo is't van onse plicht de Ed.heeren daer van kennisse te geeven. Eerstelijk difficieerd aen de voxhumana, om soo nae, als het mogelijk is na 's menschen stem te gelijken, het secours van een quintadena, om die te hebben kan men de holpijp, die in dat werk wel te ontbeeren is, omdat 'er genoeg andere geluijden van deselfde Calibre in sijn, in een quintadena veranderen, door welke verandering men nogtans niet 'teenemael van een holpijp is gedestitueerd, want de holpijp van het rugorgel kan door koppeling daer aen gehegt worden; weijders soo kan desselfs geluijt apart in 't rug orgel ageeren, voor een flute douce, en de quintadena, die alhier met kleijndere registers seer aengenaam kan werden gemengelt, moet men alsoo weijnig als de holpijp in 't voornoemde onderwerk ontbeeren;

ten andere, tot versterking en veel meer kragt onder het gesang, kan men in 't bovenste clavier de fluijt 4 vt uijtnemen, en in desselfs plaets van de middelste aff tot boven toe, een Cornet setten, 'twelk een seer uijtmuntent register is, en d'andere helft van de middelste c aff tot onder toe, kan gevult worden met een quint van 3 vt, dewelke aen het bestek deficieerde; ten derde behoorde tot versterking het prestant 8 vt in 't bovenste werk, van de middelste aff dubbelt te sijn, 'tgeen ook nog gevoeglijk gemaekt kan werden, maer kleijndere registers van de voornoemde middel c aff, te dubbleren, is van minder gewigt, en daer en boven alhier niet te maeken, vermits sulcx de plaets niet toelaat; anders, als men een werk van 't begin aff maekt, is het stijl te verdubbelen alle die het requireren;

resteerd nog te seggen, dat de voxhumana is, sonder een bas daeronder te kunnen speelen, dese difficulteijt is niet weg te neemen, als met het maeken van een paer registers, die op het pedaal apart kunnen spreeken om een bas met de voeten te kunnen speelen en de koppeling die nu aen het clavier vast is, sou in dat geval moeten gemaekt worden, dat men die konde aff en aen setten, dit is een werk van meerder kosten, waer op staet te examineeren off de difficulteijten, die men daerinne soude mogen vinden, konden werden weg genoomen, maer de voorige articulen sijn van soo weijnig ommeslag, dat het gewenst effect dat men daer van te verwagten, tegen de geringe kosten, die deselve sullen bedragen, niet is te vergelijken;

(onderstond:) actum Amsterdam den 12 junij 1720., 't oirkonde, geteekend bij ons ondergeschrevene, (was geteekend:) N:V: blankenburg Org[ts] Hage, E.E. Veltcamp en **DG** , dit is het merk van Jan Jacob de Graef'.

'het ander rapport'

'Vertoond met schuldige Eerbiedigheijd de ondergeschrevene organisten aen de Ed.heeren regenten en kerkenraed der remonstrantse gemeente der Stad Amsterdam, dat hebbende op huijden den 12[en] junij anno 1720 gevisiteerd uEd. orgel in uEd.stad, hebben bevonden als volgt
1 dat de onderges. hebben het orgel volgens het bestek en bovengen.[d]. ende

het alle doorgesien, dan uEd.orgelmaeker heeft alles gemaekt dat g'eijscht is in't bestek, als sijnde de registers alle, soo onder als boven, de balken wel digt, net en wel gemaekt, secreetladen als regering, manuaalborden, conduiten, voorts alle het pijpwerk tot alle de registers wel gemaekt, met alle de ap- en dependentien daer toe vereijscht;

2 de onderges. betuijgen door dese, dat de opgemelte orgelmaeker het bovengesz.orgel volgens het besteck wel en ten vollen heeft voldaen.

3 Maer de onderges. sijn ook verpligt om aen uEd. de defecten bekent te maeken, als sijn de volgende

4 dat hebben bevonden, dat de quintadeen geordineerd is in't onderwerk, daer hij absoluit boven moet staen, 't welk nog is te remedieren, als het uEd. sal behagen om te doen maeken, boven de holpijp uijt te nemen en de quintadeen daer weer in plaets te setten;

5 nog moeten de onderges. bekent maeken, hebbende gesien, volgens besteck dat in drie diverse registers hadden moeten boven helft dubbeld sijn, soo hebben wij bevonden, dat voors. drie registers maer alleen de boven octaef dubbelt sijn, bij gevolg soo kan in desen het orgel sijn behoorlijke dienst niet doen, die het anders soude doen, als het de bovenhelft dubbelt waer;

6 nog moeten tot verbetering bekent maeken, dat seer nodig waer, dat boven twee registers wierden weg genomen, te weeten de holpijp, waer voor diend gemaekt een quintadeen, en voor de fluijt daer voor een cornet onder (*lees 'boven'*) a 4 vt dick, onder een pijp quint a 3 vt.

Maeken bekent de onderges., dat alles wel door de orgelmaeker is gemaekt als boven is gesegt, soo moeten wij egter bekent maeken dat de waelsem borden, tuijmelaers, regeeringe, alles is gemaekt van greenen hout, daer alle orgels doorgaens dit aengaende met Eeken hout gemaekt worden, maer evenwel soo, de waelsemborden &tc &tc ten vollen haer dienst doen.

De onderges. betuijgen door dese, dat se met alle opregtigheijd en getrouwig- heijt uEd. in dese gediend hebbende,

(onderstond:) actum Amsterdam den 12^{en} junij a°1720, en voort uEd. onderdanige en dienstveerdige dienaers, (was geteekent:) E.E. Veltcamp, N. van Blankenburg en **DG**:, het merk van Jan Jacob de Graef.'

Het is merkwaardig dat er twee rapporten zijn. Konden de keurders het niet eens worden over één versie? Het eerste rapport is eerst getekend door Q. van Blankenburg en het tweede eerst door E.E. Veldcamps. Bestudering van het taalgebruik van beide rapporten en vergelijking met andere geschriften van deze beide organisten doet duidelijk zien dat het eerste rapport met zijn wat minder onderdanige toon en het veelvuldig gebruik van tal van Franse leenwoorden van Van Blankenburg is en het tweede van Veldcamps. (Men vergelijke daartoe de hieronder afgedrukte brief van Van Blankenburg en het zes maanden oudere rapport over het werk van Hoornbeeck in de Ronde Lutherse Kerk, waar Veldcamps ook een der 'opnemers' was.) De Graaf komt als schrijver niet in aanmerking, aangezien hij blind was. Waarschijnlijk zijn de twee zelfstandig op onderzoek gegaan en hebben hun bevindingen genoteerd. In beide rapporten staat dat de orgelmaker volledig aan het bestek heeft voldaan en dat op het hoofdwerk de Fluit 4 voet vervangen dient te worden door een Quint 3 voet in de bas en een Cornet 4-sterk in de discant. In het contract staat echter wel een Cornet 4-sterk in het rugwerk gedisponeerd! Beide rapporten gewagen van de onvolledige discantverdubbeling van de Prestanten, ofschoon dit in het contract wel was opgenomen. De resterende kritiek heeft betrekking op de opzet van het orgel, met name op de plaats van de Quintadeen 8 voet; deze was wel in het rugwerk aanwezig, doch er was niet voldaan aan de Hollandse traditie waarbij Quintadeen, Baarpijp en Vox Humana op één lade stonden. Tenslotte vermeldt Van Blankenburgs rapport dat men het vrije pedaal mist en dat dit vereist is om de Vox Humana naar behoren te kunnen gebruiken. Veldcamps vermeldt dat de speelmechaniek uit grenehout vervaardigd is, waar men te onzent eikehout benutte, doch heeft geconstateerd dat het met grenehouten onderdelen ook goed functioneerde. De vraag rijst of het bestek wel in overeenstemming was met het notarieel vastgelegde contract!

De schriftelijke neerslag van de discussie die op het voorlezen der rapporten volgde, is ook bewaard gebleven en daaruit blijkt dat Weidtman zich bij de kritiek van de keurders neerlegde. Als de voorgestelde veranderingen zouden worden aangebracht, zou Weidtman dit zelf willen doen 'tot maintinue van sijne reputatie'. Uit de notulen blijkt echter niet dat men Weidtman inderdaad opdracht hiertoe gaf. Wel blijkt uit het kerkeraadsverslag een zekere luchthartigheid van de heren, inclusief de keurders, ten aanzien van het eventueel optreden van storingen in de vochtgevoelige mechaniek. De keurders zeiden 'hoe aengaende het blijven hangen der clavieren, sulcx nu niet meer te vreesen, egter gebeurende wel door Sr. Nooseman (*de vaste bespeler van het nieuwe instrument*) selfs, met kleene moeijte, te verhelpen was, dunnende wat met een pennemes de houtjes van dien, welke, mits vogtigheijd, geswollen mogten wesen.'

Aangezien Weidtman ver weg woonde, stelde men voor het onderhoud op te dragen aan een 'van de twee meesters in dese stad woonagtig...namentlijk... Hoornbeek welke het orgel in de nieuwe Luijtserse Kerk nu jongst geleden gemaekt heeft, en...Mulder sijn geweesene knegt, thans meester geworden', ofschoon 'den eerst genoemden te weeten Hoornbeek als ongelijk bequaemer en ervarener dan de ander sijnde te preferen was...'.[22]

---

22 GAA PA 612 inv.nr. 3; notulen van 12 juni 1720. Johann Christian Müller, geboren 4 febr. 1690 te St. Andreasberg in de Harz als zoon van de 'Tischler' Peter Müller en Elisabeth Otto, kwam vermoedelijk omstreeks 1715 naar ons land en was reeds in 1716 meesterknecht bij Cornelis Hoornbeeck. Het is zeer de vraag of Hoornbeeck wel 'ongelyk bequaemer' dan Müller was.

Met deze afspraken waren de problemen echter niet opgelost. De uit Gent afkomstige en sedert 1715 te Rotterdam gevestigde orgelmaker Jean François Moreau heeft het orgel geïnspecteerd en enige kleine reparaties verricht. Op 29 maart 1722 werd in de kerkeraadsvergadering verslag uitgebracht van de bevindingen, van het 'sentiment' van Moreau. Deze had gezegd 'dat de trompet niet goed is, en het geheele bovenwerk, dat is het hangend werk behalven het positif, zeer gebrekkelijk is; dat er zeer veele pijpen in zijn, die haar taal niet spreeken, en dat hij er geen Cornet in heeft gevonden, schoon ze op het register staat; dat de defecten van het orgel ten deele gelegen zijn in het werk zelfs, zijnde het tongwerk niet wel gemaakt, alsmede het walbort niet, 't welk van ander hout moest zijn, op een andere wijze moest geplaatst wezen, en uit meerdere stukken moest bestaan, ten deele van deszelfs situatie, staande tegens het zuijden, waar door het houtwerk bij zomer door de groote hitte krimpt, en bij winter door de regen en zuidweste winden uitswelt'.[23]

Interessant is de brief van Quirinus van Blankenburg die met Moreau over deze zaak gesproken had. Hij had destijds een goed getuigenis over Weidtmans werk gegeven en zal daarom minder gelukkig met de situatie geweest zijn.

'Mijnheer,
Ik versta uit het raport van Mr. Morau den staat van 't Orgel. Als ik raisonneere over d'oirsaken waarom dit werk dat eerst in al sijn deelen effect dede, nu in zoo veele deficieert, zoo vind ik geen nader uitlegging, als dat dit instrument, 't welk niet rouw en robust, maar tenger (zoo als de Duitschers werken, die zig na hun goede lugt reguleeren) gemaakt is, door alle de veranderingen, die het in uwe kerk moet uitstaan, van op de preekdagen door een warme vocht gepenetreert dan door de son en hette, en droogte, dan weer door koude geslingert sijnde, noodzaakelijk door al dat krimpen en rekken considerable veranderingen moet ondergaan. Waterdigt is veel, maar winddigt is wat anders te zeggen, en zoo veele gedeeltens van vers hout tot eene massa gehegt zijnde, kunnen aan zulken geweld van de lugt niet resisteren. Mr. Morau heeft mij hier tegens geobjicieert, dat het orgel in de Remonstrantse Kerk te Rotterdam zig tegenwoordig wel hield, daar ik op antwoord, dat het nu gepokt en gemaselt heeft, maar dat mij zeer wel heugt, hoe wij over 50 jaren, toen ik daar organist was, gequelt waren, sonder te rekenen alle voorgaande verbeteringen.
Mijn raad om dit werk goed te krijgen is, dat men 't eens ontleede, en in alle zijne deelen tot de grond onderzoeke, om alles op een vaste voet, en buiten

---

23 GAA PA 612 inv.nr. 3. GAA PA 612 inv.nr. 321. Memoriael van uitgaven en inkomsten (1705-1725): 19 april 1722 'aan Moreau voor visitere en repareren van 't orgel door confrater Schabalje aan hem betaalt f 25'.

reproche, in een duursame staat te stellen, om eens gedaan werk te krijgen. Anders, zoo men wil lapsalven, so sal 't werk belagchelijk werden, en door den tijd stukken van mannen kosten. UE. moet door een suuren appel bijten, 't welk eens gedaan zijnde moet UE. den orgelmaker in uw bedwang en voor 't effect responsabel stellen, mits jaarlijks hem daar voor een somme accordeerende.

Nu wat aangaat d'ordonnatie van 't werk, daar ben ik bij geroepen, toen den quaden opstel volbragt was. voorts weet ik niet, of de melioratien, die wij er op hebben aangewesen, daar in zijn gebragt: daar ik met Mr.Morau niet grondig van heb kunnen spreeken, om dat hij zonder bestek is, en ik 't mijne met de aanteekeningen niet weete te vinden. Een artikel, die hij mij allegeert, mishaagt mij, te weten, dat het Cornet, 't geene wij tot versterking van den Sang als uitmuntend hadden geordonneert, daar in niet is als titulair: het is een register dat uit kleijne pijpen bestaat, daar gemakkelijk plaats toe werd gevonden. Het exelleert in mijn orgel, waar van ik 't model aanbiede. Wat nu verder te verbeteren, of bij te voegen staat, om te maken dat Uwen Orgel een goed Stuk word, daar over wil Mr. Morau met mij zitten, 't welk, alzoo hij ten Briel is ontboden, niet eer als omtrent Paaschen zal kunnen geschieden. Ik zend UEd. de sleutels die hij mij abuis in zijn sak had vergeeten; blijvende na groetenisse, MijnHeer, UEd. ootmoedige dienaar, was getekent Q van Blankenburg, Hage den 28. Maart 1722.'[24]

Gedurende het jaar 1722 werd de toestand van het orgel steeds ter vergadering besproken. Op 27 december van dat jaar – er was wederom een rapport opgemaakt, dit maal door 'eenen Jan van Daal' – vroeg men zich af 'Off men nu niet zou spreeken wat tot verdere afdoening van 't orgel dient te werden gedaan'. Deze passage is in het Resolutieboek onderstreept; aangezien onderstrepingen in dit boek zeer zeldzaam zijn, mogen we daaruit afleiden dat men genoeg kreeg van de situatie.[25] In de vergadering van 31 januari 1723 besloot men tot een aantal veranderingen aan het instrument die expliciet werden genoteerd. We weten niet uit wiens brein de genoemde verbeteringen kwamen.

1 Voor het tegenwoordige secreet, of de windladen, een ander te maaken, int geheel nieuw

---

24 GAA PA 612 inv.nr. 3. Van Blankenburg was van 1671-1676 organist van bedoelde Rem. Kerk te Rotterdam geweest. Uit GAA PA 612 inv.nr. 321 blijkt dat men hem op 1 aug. 1722 ƒ 80 betaalde voor de inspectie van het orgel.

25 GAA PA 612 inv.nr. 3. GAA PA 612 inv.nr. 321: 27 dec. 1722 'betaald aan Confrater Feytama voor visiteeren van het orgel door G. de Feser, J. van Dam en J. van Daal resp. 9, 6 en 18 gulden'.

2 voor her selve secreet, een ander regeerwerk, soo wel voor het Clavier als voor de registers

3 Twee hand Clavieren, en ook een nieuw pedaal Clavier

4 Nieuwe windbuijsen door het geheele werk.

Aan het pijpwerk int booven Manuaal

1 Bordon 16 voet moet noodsaakelijk vermaakt werden, vermits de tegenwoordige te eng van lighaam, en te dun van stof is, en kan sulks geschieden met de pijpen op te schuijven, en een Octaaf onder aan te maaken

2 De Trompet 8 voet geheel nieuw te maaken

De blaasbalken te verbeeteren, en te vermaaken, en een nieuwe blaasbalk daar bij te maaken.

Nog een nieuwe Trompet van 8 voet voor het pedaal.'

De gecommitteerden voor het orgel kregen volmacht een orgelmaker te contracteren. Zij deden deze keer een goede keus door Christian Müller hiertoe uit te nodigen. Cornelis Hoornbeeck was overleden en de heren zullen zeker vernomen hebben hoe Müller tot grote tevredenheid het zojuist voltooide orgel van de Nieuw Lutherse Kerk met een derde klavier had uitgebreid.[26] Op de vergadering van 25 maart 1723 meldden zij de kerkeraad dat zij het met 'den persoon van... Muller eens en d'accord waren geworden omtrent de te maken verandering en de prijs waarvoor zulx zoude geschieden, hebbende ten dien einde aan de vergadering voorgeleezen het concept der acte...'. Het met Müller gesloten contract bleef bewaard.

'In den jaare 1723 op den 30. Maart ende eenige volgende dagen, tot den 5. April incluijs, compareerden voor mij David Walschaart, Notaris public &c. De heeren Pieter Schabaalje, Gerard Verpoorten, Anthonij Roleeuw, Gerard Muijser, Paulus van den Ende, en Jan Verrijn Hendriks, Opzienderen der remonstrantse kerk binnen deze Stadt, alzoo ter eenre, en Monsr. Christian Müller, Orgelmaker alhier, ter andere zijde, alle mij Notaris bekent; Ende verklaarden de gem. Opzienderen met denselven Muller te zijn geconvenieert, en overeengekomen, dat hij Muller voor kerstijd van dezen Jaare, in het Orgel van de voorsz. kerk sal maken de volgende verandering en verbetering.

1 Een nieuw secreet of nieuwe windladen in het boven manuaal.

2 Voor het zelve secreet een nieuw en ander regeerwerk, zoo wel abstractuur, als registratuur beneffens een abstractuur voor 't positif, zullende de schroeven aan de clawieren van goed koper en bequame gesteltheijd gemaakt moeten worden.

3 Twee nieuwe handclawieren, met een nieuw pedaal clavier, te weeten de handclawieren van ijvoor en swart ebbenhout.

---

26 GAA PA 213 inv.nr. 1238, p.171-173.

4 Nieuwe windbuijsen door 't geheele werk.

5 De blaasbalgen te verbreeden en verbeteren en een nieuwe van 1½ duijm hout daar bij te maken.

6 De Bourdon 16 voet te veranderen, met de pijpen van 't zelve Register op te schuijven en een octaaf daar onder aan te maken, mitsgaders dezelve veel kragtiger geluid te doen geeven.

7 Een Trompet agt voet voor 't Manuaal en nog een Trompet agt voet voor 't pedaal met haar regeerwerk en andere toebehoorende noodzakelijkheeden, de pijpen van beide te maken van gemengde specie, of tin en loot, waartoe ⅔ tin en ⅓ loot, gebruikt moet werden.

Werdende onder 't geene voorsz. is ook begrepen, dat de voorn. Muller zal maken een windafsluijting en tremulant voor 't bovenmanuaal, en behoorlijke coppeling voor de clavieren, manuaal en pedaal, en dat hij Muller de registers tot het boven manuaal behoorende alle in zoodanigen staat zal brengen, dat, wanneer elk in 't bizonder gespeelt wordt ider na desselfs natuur kragtig en goed geluid zal geeven, en dat wanneer de registers tot een principaal geluid behoorende, bij elkanderen werden getrocken, zij als dan hun behoorlijke kragt en effect doen als volgt:

1	Bordon	16 voet
2	Prestant	16 voet, half voor de regterhandt
3	Prestant	8 voet
4	Baartpijp	8voet
5	Quintadeen	8 voet
6	Trompet	8 voet
7	Octaaf	4 voet
8	Quint	3 voet
9	Superoctaaf	2 voet
10	Sexquialter	voor de regterhand
11	Mixtuur	5-6-8
12	Scharp	4-5-6
13	Trompet	8 voet voor 't pedaal.

Zijnde daar enboven geconvenieert dat alle toevalligheeden zullen zijn voor reekeningh en risico van de voorn. Muller, die meede gehouden sal sijn de benodigde materialen en andere onkosten te betaalen, met alle het timmer- werk en wat dies meer is.

Waar voor, en voor alle des laaste Comp^ts moeite, arbijdsloonen, onkosten, en wat eenigzints tot de voorsz. verandering en verbetering van 't gemelde orgel als vooren vereist word, de opzienderen aan hem zullen voldoen de Somme van Veertien hondert guldens, te weten f 400 contant, en bij de teekening deses, die hij bekent bereits genooten te hebben, en de overige f 1000 in twee termijnen als f 600 aanstonds na dat het werk conform aan deze conventie zal zijn volmaakt en goed bevonden, en de resteerende f 400 een half jaar daar na;

zullende hij Muller voorn' gehouden sijn het orgel na deszelfs voorsz. herstelling en verandering in goede ordre te houden, of 't geene daar aan door zijn toedoen, of 't niet wel maken sijner werk mogte defect raken, t'zijnen kosten herstellen en voorts 't orgel na het verloop van een jaar na kerstijd voorsz. in ordre leeveren.

Beloovende zij Comp^{ten} elkanderen den inhoude dezes te doen genieten onder verband als na regten.

Aldus gedaan en gepasseerd binnen Amsterdam in presentie van Joan Gerard de Marees en Gerard Vercolje, als getuijgen

(was getekend:)

Pieter Schabaalje	Christian Müller
Gerard Verpoorten	Orgelmaacker
Anthonij Rooleeuw	
Gerard Muijser	
Jan Verrijn Henrickz	
Paulus van den Ende	
J.G. De Marez G. Verkolje	
D. Walschaart Nots. Publ.'²⁷	

Christian Müllers werkzaamheden waren in maart 1724 gereed en op de vergadering van 12 maart werd gerapporteerd 'dat de orgelmaker Muller aan hun hadt gecommuniceert, dat het bij hem aangenomen werk door hem conform aan de conventie was afgedaan en het bovenwerk gemaakt, zodanig als hij zig hadde verbonden, mitsgaders het rugpositief, of onderwerk gestelt in dien staat, dat het zelve voor zoo verre het van wind was voorzien met het bovenwerk kon worden gepaart...'.

Op 17 april besloot men het werk te laten keuren door twee neutrale liefhebbers en kenners, Lambert ten Kaaten en de 'beijde Heeren Blankenhagen', 'nadien men zig op het rapport van orgelmakers niet zeker kon betrouwen, of vasten staat maaken.' In de volgende vergadering, van 22 april meldden de drie dat ze 'den orgel in 't geheel en zulks zoo wel het onder als bovenwerk hadden geinspecteert, dat haar alle de registers hadden geëxamineert en zoo gecombineert als ijder afzonderlijk hadden gehoort..., dat zij na examen van alles hadden bevonden, dat de orgelmaker Muller niet alleen aan zijn bestek had voldaan maar ook de schikkinge en gemaakte verandering aan het bovenwerk door hun Ed. zoo zeer wierd geapprobeert dat zij vermeijnden dat hetzelve althans in een zeer goeden staat was, merkelijk verschillende van het werk zodanig als 't zelve bevorens was geweest en dat huns oordeels een ijder daar in genoegen zoude neemen, dog egter met dese bijvoeginge, dat

---

27 GAA NA 5830, d.d. 5 april 1723.

nadien de orgelmaker Muller hen hadt aangetoont, dat het onderwerk, of
rugpositief zoo compact was gemaakt, en zoo weijnig wind kon geeven dat het
niet meer als drie van de agt registers van genoegzaame wind wierden voorzien,
men tot completeringe van 't geheele werk en om het onderwerk met het
bovenwerk egaal te maaken, behoorde te resolveeren om met den orgelmaker
Muller over de verandering, bij hem omtrent het onderzoek voorgeslagen, te
handelen ten eynde het onderwerk van behoorlijke wind voorzien en op eene
andere wijze geschikt en hermaakt konde werden...'. De kerkeraad gaf de
commissie wederom volmacht tot het laten uitvoeren van het door Müller
voorgestelde, 'wanneer zulcks buijten last der Kerke konde geschieden.'

Het zal duidelijk zijn dat de oordelen van Moreau en Müller tamelijk
vernietigend zijn voor de reputatie van Thomas Weidtman. De werkzaamheden die Müller, op eigen voorstel, nu ging uitvoeren, zijn nogal ingrijpend
geweest. Ook het daartoe afgesloten contract zal ik hier doen volgen.

'In den jaare 1724 op den. 1 Junij, en eenige volgende dagen, tot den 7. incluijs,
compareerden voor mij David Walschaart, Notaris public &c. de H^n. Pieter
Schabaalje, Gerard Verpoorten, Gerard Muijser en Paulus van den Ende, als
Opzienderen van de Remonstrantsche Kerk binnen deese stad, ende de E.
Christiaan Muller, Orgelmaaker alhier, ter andere zijde; alle mij Notaris
bekend, ende verclaarden de voorn. opzienderen met den zelven Muller te
zijn geconvenieerd en overeengecomen, dat hij Muller, voor primo October
aanstaande, in het orgel van de voors. kerk zal maaken de volgende
veranderinge en verbeteringe, raakende het rug-positijf, als
1 Een nieuw secreet, of windlade; van goed droog eijkenhout; ende voorts
alles wat tot het zelve secreet ap- en dependent is, hetzij registratuur, of wat het
andersints weesen mag, tot het zelve secreet betrekkelijk zijnde.
2 Een nieuw prestant van agt voeten, waar van twee octaven dubbeld zullen
zijn voor de regterhand; ende de onderste octave, wegens gebrek een hoogte,
gedekt. Tot het voorn. register zullen de buijtenstaande pijpen spreeken, de
welke van Engelsch tin zullen gemaakt werden. De overige pijpen van dit
register, welke binnen komen te staan, zullen gemaakt werden van gemengde
specie; naamentlijk drie vijfde loot, en twee vijfde tin.
3 Nog een nieuw register genaamd Mixtuur; van drie of vier pijpen sterk, van
gemengde specie, als voren.
4 De tegenwoordige holpijp zal tot een Roerfluijt gemaakt werden.
5 Wijders zal de aanneemer de overige registers componeren, ten besten
intoneren ende in behoorlijke order brengen uijt de inweesen zijnde pijpen,
zullende het voorn. Rugpositijf, veranderd en hermaakt zijnde, als dan
hebben de nagemelde registers, als

1 Prestant   8 voet, regterhand dubbeld
2 Roerfluijt   8 voet
3 Octaaf   4 voet

4 Quint	3 voet gehalveerd; de onderste helft gedekt.
5 Octaaf	2 voet, rechterhand dubbeld
6 Mixtuur	3 a 4 pijpen sterk
7 Sexquialter	4 pijpen sterk, voor de regterhand.

6 Alle toevallen in het voorn. te maaken werk zullen zijn voor rekeninge en risico van den aanneemer Muller, die mede gehouden zal zijn de vereijschte materiaalen, op zijne costen, te leveren.

7 Waar voor, ende voor alle des laatsten comparants moeijten, arbeijdsloonen, oncosten, ende wat eenigsints tot de gezeyde veranderinge en verbeteringe van het gemelde rugpositijf, als voren, vereijscht werd, de voorn. opzienderen aan hem zullen voldoen de somme van vier honderd vijftig guldens, naamentlijk vier honderd guldens, zoo haast dit bestek voldaan zal zijn; ende de overige vijftig guldens zes maanden daar na, geduurende welken tijd de aanneemer gehouden zal weesen het voorn. hermaakte werk in goede order te houden; ende, na expiratie der zelve zes maanden, zoodanig wel gesteld te leveren.

Beloovende de comparanten elkanderen den inhoude deeses te doen genieten, onder verband als na regten. Aldus gedaan en gepasseerd binnen Amsterdam in presentie van Gerard Vercolje ende Paulus Barij als getuijgen.

(was getekend:)	Christian Müller	Pieter Schabaalje
	Orgelmaker	Gerard Verpoorten
G. Verkolje		Geeraerd Muijser
P. de Barij		Paulus van den Ende

D. Walschaart Notaris publ.'[28]

In november 1724 was Müllers werk aan het rugpositief gereed en kreeg hij het hem toekomende geld alsmede een verering van *f* 12 voor zijn knecht(en).[29] Blijkens de kasboeken verrichtte hij daarna geruime tijd het jaarlijks onderhoud voor *f* 30, zonder dat er enige reparatie van betekenis moest worden uitgevoerd.[30] De verdere geschiedenis van het orgel van de Remonstrantse Kerk doet hier niet zo zeer ter zake; alleen zij vermeld dat het binnenwerk in 1908/9 vervangen werd door een pneumatisch instrument van P.J. Adema en Zonen te Amsterdam.[31]

---

28 GAA NA 5831, d.d. 7 juni 1724.

29 GAA PA 612 inv.nr. 321: 30 nov. 1724.

30 GAA PA 612 inv.nr. 322. Memoriael (1725-1739): betalingen onder meer op 7 aug. 1727, 5 aug. 1728, 2 aug. 1731 en 16 juli 1733. In 1750 was het onderhoud in handen van Matthias Schulze te Amsterdam (PA 612 inv.nr. 323).

31 GAA PA 612 inv.nr. 442. Stukken betreffende herstellingen en vernieuwingen van het orgel 1763-1909. Zie voor de verdere geschiedenis van dit orgel het artikel van G. Verloop in: *De Mixtuur*, tijdschrift voor het orgel. nr. 7, juli 1972. Op de omslag van dit nummer van het tijdschrift prijkt een foto van de bewaard gebleven orgelkas.

Bovenstaand relaas voert ons tot *een aantal conclusies*.

1 De geschiedenis van de bouw van het orgel van de Remonstrantse Kerk te Amsterdam moet gezien worden tegen de achtergrond van die van het orgel in de Nieuwe (Ronde) Lutherse Kerk in die stad.

2 De keuze van de onervaren orgelmakers Hoornbeeck en Weidtman als bouwers van de nieuwe instrumenten in de respectievelijk Lutherse en Remonstrantse Kerk is een gevolg van het ontbreken van ervaren en gerenommeerde orgelmakers die in de Hollandse traditie werkten.

3 Het orgel van de Remonstrantse Kerk van Amsterdam kan sinds 1724 niet meer een Weidtman-orgel genoemd worden. Het is veeleer het eerste Müller-orgel te noemen, aangezien deze een nieuwe windvoorziening (vergroting en vermeerdering van de balgen en geheel nieuwe windkanalen door het hele orgel), nieuwe windladen, nieuwe speel- en registermechaniek (inclusief nieuwe klavieren voor manuaal en pedaal) en een belangrijk deel van het pijpwerk vervaardigde, en daarenboven het orgel herintoneerde.

4 De Remonstrantse gemeente van Amsterdam heeft de wrange vruchten geplukt van het feit dat zij, zonder grondig onderzoek in te stellen naar de antecedenten van een veraf wonende orgelbouwer, zonder vergelijkbare offertes en zonder deskundig advies, op voortvarende wijze een contract sloot met de ongetwijfeld te goeder trouw handelende orgelmaker, die echter niet op de hoogte was van de eisen welke men hier te lande aan een kerkorgel voor de calvinistische eredienst stelde, noch aan de voorwaarden wist te voldoen om in een kleine orgelkas, op een ongunstige plaats, een goed functionerend instrument te realiseren.

5 Het boekwerk van Jakob Germes *Die Ratinger Orgelbauerfamilie Weidtman (1675-1760)* behoort niet ongewijzigd herdrukt te worden, aangezien enige aanvulling en correctie vereist is.

6 De orgelkeurders E.E. Veldcamps, Q. van Blankenburg en J.J. de Graaff hebben hun werk ten aanzien van het orgel voor de Remonstrantse Kerk te Amsterdam niet erg zorgvuldig gedaan.

7 Het is niet geheel duidelijk of het door Weidtman en de orgelkeurders gehanteerde bestek in overeenstemming was met het notarieel contract terzake.

Qu'il est difficile d'être sûr des descriptions d'orgues anciennes

Pierre J. Hardouin

Les faits sont têtus, les hommes faillibles. L'historien se doit de corriger le témoignage de ceux-ci par les leçons de ceux-là. Il devrait en être particulièrement ainsi en histoire de l'orgue. La connaissance des orgues des époques anciennes se fonde en effet essentiellement sur des textes et dépend de leur interprétation.

Pendant longtemps les historiens de l'orgue, plutôt littéraires ou musiciens de formation que connaisseurs en facture, s'en sont tenus à la lettre apparente des documents; abusés par leur lecture, ils ont constitué une tradition erronée, en quelque sorte livresque qu'on recopiait de génération en génération. Un des aspects de l'organologie récente a été de se fonder d'abord sur la logique des techniques, de démystifier les invraisemblances de la tradition par une nouvelle et plus critique analyse des sources et d'élaborer ainsi une histoire peut-être moins merveilleuse mais plus vraie.

Ce fut par exemple Jean Perrot (*L'orgue de ses origines...au XIIIe siècle* 1965) exorcisant des élucubrations séculaires sur les orgues antiques, ou l'article de F. Douglass et M.A. Vente ('French organ registration...', *Musical Quaterly* LI, 4, 1965) posant comme il le fallait le problème des appellations de jeux au XVIe siècle et commençant à le résoudre. Ce travail est loin d'être achevé, sans parler de la persistance des pires légendes réactualisées sans cesse pas des lecteurs naïfs d'auteurs archaïques: on trouve encore la vapeur d'eau (issue d'une erreur de traduction du Grec en Latin) dans L. Ausseil ('Orgues de Catalogne', *Recherches,* XII, 1972!). Combien de compositions d'orgues publiées ont dû être revues, sont encore à revoir parce qu'on a cru que 'grosse tierce' signifiait 3⅕' dès le début du XVIIe! Or les compositions énoncées sont les fondements des ouvrages de synthèse. La comparaison de six compositions proposées par les auteurs, d'Y. Rokseth à celle que N. Dufourcq (*Livre de l'orgue* III, 1, p. 79) m'attribue par je ne sais quelle erreur, pour l'orgue 1510 de Saint Michel de Bordeaux, est caractéristique. La suspicion d'erreur doit être constante et n'épargner aucun texte, car la présence d'erreurs chez les meilleurs auteurs de seconde main, prouvée par la vérification aux sources, donne à penser que les mêmes causes produisant les mêmes effets, les documents eux-mêmes peuvent nous tromper de la même façon.

Nous rechercherons donc d'abord systématiquement les causes d'erreurs grâce à des exemples patents pris dans les ouvrages de seconde main. Nous les puisons un peu partout car nul n'est à l'abri de l'erreur et si le plus grand nombre renvoie au *Livre de l'orgue français* de N. Dufourcq (N.D.: I Sources; III, 1 et 2, la Facture) c'est que ces volumes faciles à atteindre contiennent à eux seuls plus de textes ou de descriptions que tous les autres ouvrages réunis. Nous appliquerons ensuite aux documents l'espèce de méthode dégagée de cette première étude, notamment en annexe à trois exemples importants non français.

I Le premier doute porte sur la foi à accorder aux assertions de l'organologue présentant une synthèse. Inutile de rappeler les naïvetés techniques qui gâtent tant d'ouvrages anciens: Ch. Mutin paraît ne pas savoir que 'BfaBmy' désignait une seule note (*Commentaire sur le devis de St. Jacques de la Boucherie* 1588) et L. Ausseil (*op. cit.,* p. 121) sépare encore 'Bfa' en Si et Fa. Ou d'incriminer la hâte ou l'inadvertance qui font l'erreur facile au plus soigneux des auteurs: *erreurs de prénom*: pour Ingout, orgue de la mission du Mans, (N.D., *Esquisse...,* 1934) signalée par M. Vanmackelberg (*L'orgue,* no. 139, p. 102); *erreurs de calcul*: 38 jeux dont 4 de pédale à St. Jean de Caen (Noisette de Crauzat, *Recherches,* XII, p. 43) alors que le texte donne 5 d'où 39; *erreurs de date*: Amiens 1459 pour 1549 (N.D., I, p. 578) d'où le classement au XVe; 1120 pour 1420 (Hamel, *Manuel du facteur d'orgues,* 1849) pour St. Nicolas d'Utrecht; *erreurs d'interprétation*: 'Flageo-let *ou* Sifflet' est présenté comme un choix (N.D., III, 1, p. 132) alors que ce sont les noms français et belge du l'comme le prouve dans le texte 'autrement dit'; *erreurs techniques*: P. Williams (*The European Organ,* p. 297) voit d'après Adlung dans 'Vogelgesang durch ganz Klavier' une Zimbel ou un Flageolet au lieu d'un Rossignol joué par une barre qu'abaisse toute note du clavier.

Les trahisons par traduction sont fréquentes 'Tyrrhenos', traduit par 'de Tyr' au lieu d'étrusque (J. Perrot, p. 831), attribution à des personnalités de commandement de capacités en facture par traduction littérale de 'fecit' au lieu de 'fit faire'. La visite d'un anonyme 'une personne' a fait naître là un organiste, ici un facteur du nom de Personna (Raugel, *Orgues de S. et M,* p. 63). Le recours aux dictionnaires peu au courant des termes techniques a souvent trompé: 'ventalles' (N.D., I, p. 84) n'est pas 'treillis', mais l'adaptation du Ventil germanique (soupape); 'Roure' (Barcelone, P. Williams, p. 237) n'est pas l'allemand 'Rohr' (cheminée) mais le français 'rouvre' (chêne). Une simple mollesse dans une traduction peut gâter le sens: un actif pour un passif et l'air de l'hydraule n'est plus comprimé *par* l'eau (J. Perrot, p. 75/275). La fureur imaginée (subjonctif) du cymbaliste jaloux devient fait réel (futur) (id., p. 280). 'Orgue plé et flahutes misturables ab hun registre' n'est pas 'Plenum et mixture avec un registre' (L. Ausseil, p. 120), mais 'Plenum et Flûte séparable grâce à un registre'. 'Quinzenes ab les flahutes senars et vint hi dues flahutes ab 3 registres' n'est pas 'Quinzaine avec les flûtes opposées et 22 flûtes avec 3 registres', (id.) mais '3 Flûtes sur 3 registres' (Octave, Quinzième, Vingtdeux-ième); 'sera complet l'orgue de fornitures ainsi que s'appartient' (bonne lecture du texte de Bordeaux, cf. F. Douglas et M.A. Vente, *op. cit.*), interprété en anglais 'the *orgue de fornitures* will be completed as required' est à comprendre au contraire: 'l'orgue sera complet en fait de rangs (fourniture) comme il convient'. La traduction des unités de mesure facilite les erreurs: 'principal de 7 palms' (L. Ausseil, p. 124) traduit 8′ au lieu de 4′, entraîne toute la composition.

C'est une manière de traduction aussi et dangereuse que de transcrire systématiquement en abréviations. Nous l'avons fait pour les compositions tirées des papiers Molard (*Ren. de l'orgue*, no. 7 et 8) et le Hautbois de Récit de St Gervais a disparu tandisqu'un Clairon surgissait au positif de St. Victor! N. Dufourcq (III, 1 et 2) reprenant le principe en grand tant il avait de compositions à donner a couru d'autant plus de risques. Disparitions: Tierce à Paris St. Leu (III, 2, p. 42), Quarte à Paris St. Sauveur (p. 188), Plein-Jeu à Clermont-Ferrand (p. 199), etc. Fantômes: Cromorne à Paris St. Martin (p. 194), etc. La moindre coquille fait les 2 erreurs d'un coup: *Ct*(Cornet) pour *Cr*(Cromorne) à Roquemaure (p. 187) et Paris St. Martin (p. 194) *T*(ierce) pour *Tr*(ompette) à Paris St. Marcel (p. 39), *Ft*(Flageolet) pour *Fl*(ûte) à Reims St. Rémi (p. 41). Le nombre limité des abréviations nuit à la précision: *Q.* au *G.O.* et *Qr.* au *positif* désignant la 'Quinte-Doublette' d'Arras St. Géry (p. 197). La réduction aux hauteurs multiples de 2 fait apparaître à Notre Dame de Paris en 1730 une Flûte 16′ de pédale (p. 53/137/197) au lieu des deux Flûtes 8′ ravalées au Sol de 12′ dès 1672 et au Fa en 1691. Par contre la Bombarde de 1730 commençait au La de 18′.

Faute de méthode et grave, de répéter comme issus d'un documents des renseignements reçus de seconde main, mais qui ne l'a fait! Ainsi répète-t-on la composition d'Alkmaar St. Laurent (XVIIe) d'après Havingha (1727) avec au positif et au G.O. deux 1⅓′ (Quintanus et Nasat; Nasat et Gemshorn) alors qu'il y a des Tierces 1⅗′. Les Nasat sont donc des Nasards 2⅔′ peut-être dits 1⅓′ parce que bouchés au grave; quant au Gemshorn il a toutes chances d'être de 2′. N.D. (III, 1, p. 176) recopie sur J.C. Gigot (*Cerca*, 20, p. 160) la composition de Thuir 1610 sans la Cymbale III nécessaire qui figure dans le texte (L. Ausseil, p. 123).

L'organologue peut aussi se laissser emporter par son sujet et infléchir ses lectures selon des vues à priori. J'ai lu 'sous le grand sommier' au lieu de 'sans' (St. Jean en Grève, 1626), croyant à un Echo, alors que le Cornet dit plus tard 'en perspective' était un 'Récit séparé', le premier peut-être. La confiance en un 'Brescian type' très répandu a conduit H. Klotz (*Über die Orgelkunst...*, p. 117) et P. Williams (p. 173) à des erreurs différentes pour l'orgue de St. Michel de Bordeaux (1510). A Tournon (Collège) un registre portait 'Tiers 8', on y vit une Tierce parce qu'il y avait un Nasard à côté, alors que vers 1819, ce ne pouvait être qu'un troisième 8′ – défaut inverse: le même type de jeu (petit Cornet d'echo II) est dit Clavier d'echo, Sesquialtera ou Cornet II dans les trois orgues frères d'Avignon 1691 (N.D., III, 2, p. 191) – c'est aussi l'interprétation aventurée: le 'Dessus de Clairon jusqu'en mi b3' de l'orgue de J. Racquet (N.D., III, 2, p. 41) est une basse sur la chape du Cornet qui descend au mi 3. Quand De Villers passe un clavier de 38 touches à 48, il n'ajoute pas aux basses La Sib. Do Ré Réd. Mi (III, 1, p. 115) mais Do Ré Mib. Mi Fad. Sold.

Souvent on se trompe et trompe le lecteur en complétant un nom de jeu par sa hauteur supposée: le positif de Cherbourg (III, 2, p. 41) a Montre 4′ et non 8′; de même Paris St. Martin (III, 2, p. 194); à Montivilliers (p. 239) la Flûte 4′ est un Dessus de 8′. Inversement Raugel donne pour St. Michel en Thiérache deux Flûtes 8′ qui sont de 4′ pour J. Perrot (L'orgue, no. 49); en fait l'une est de 8′, l'autre de 4′. Aux Jacobins de Toulouse en 1678 (N.D., III, 2, p. 189) Tiercette ⅘′ est contraire au texte qui donne 'Tiercelette II' (probablement 1⅗′ et 1′ comme les Sesquialtera bourguignonnes du temps). La présence d'un clavier de Récit n'impose pas l'existence d'un Cornet Séparé aux Jacobins de Paris (p. 41); ni un Cornet surélevé, un clavier de Récit (Langhedul pour Gand, 1590, M.A. Vente, *Die Brabanter Orgel*, p. 119).

Une erreur fréquente et plus lourde de conséquences est de dater la composition d'un orgue de la première intervention anterieure *connue* souvent fort éloignée dans le temps parce qu'on ignore les opérations intermédiaires. Le plus bel exemple en est la plaque apposée à St. Jacques de Compiègne faisant remonter des parties de l'instrument à l'orgue de Pépin. C'est ainsi que Begin (d'aù Y. Rokseth) datent de la construction en 1537 le clavier de 48 notes du petit orgue de Metz décrit au XVIIIe. Nous-même avons imputé la Bombarde de St. Nicolas-des-Champs à L.A. Cliquot (*Ren. de l'orgue*, no. 2 et 5) faute de savoir le détail des travaux de son fils; et la suppression des Pleins-Jeux à celui-ci, ignorant ceux de Dallery.

Beaucoup de ces erreurs pourraient être moins nocives si les auteurs prenaient la précaution de distinguer typographiquement les renseignements issus des documents, les conclusions qui ne peuvent faire doute et leurs hypothèses. Heureusement il est loisible de se reporter aux 'Sources', mais pour un recueil abondant (N.D., I) qui groupe près de 50% des textes connus sur l'orgue français, que de publications éparses (Bibliographie incomplète encore dans le même I, p. 578 à 608) dans des revues souvent introuvables.

II Les textes publiés ne sont pas entièrement sûrs non plus: rares sont les fac-simile ou photocopies et l'imprimerie est une fabrique de coquilles d'autant plus abondantes que la langue employée est plus ancienne, plus technique ou étrangère. En outre la correction des épreuves est souvent insuffisante, le relecteur n'étant pas plus spécialiste que le typographe et l'attention de l'auteur du manuscrit étant mal exercée à ce travail. Même, s'il est assez pointilleux pour son texte, il perd rarement beaucoup de temps à relire les documents justificatifs.

Les coquilles d'orthographe sont de peu d'importance: 'flûte en plomb avec un jeu d'étain' (N.D., III, p. 124) est vite corrigé en 'peu'. Celles sur les chiffres sont plus graves. Il y a heureusement peu de chiffres dans les documents, les nombres s'y présentant en toutes lettres. Mais l'éditeur traduit en chiffres; dates, hauteurs de jeux en pâtissent. Il y a aussi au VXIe les chiffres romains joints à la numération gauloise qui les complique encore. De là, l'apparente incohérence de certains nombres de tuyaux de l'orgue d'Amiens au XVIe. On a vu le poids des coquilles portant sur les abréviations modernes; c'est déjà un défaut de Mersenne chez qui elles abondent, corrigées parfois sur son exemplaire personnel (base de la réédition récente): dans le Grand-Jeu (registration II), S(Clairon) a sauté comme le prouve l'édition latine; dans celle-ci, il faut y lire L(Tierce) au lieu de I(Flûte 4′). Dans le jeu de Tierce (registration V) c'est le L essentiel qui manque, tandis que le latin redouble le E par erreur ou à la place d'un G qui manquerait dans l'autre édition?

L'accident le plus fréquent à l'impression est la disparition d'une partie du texte. La duplication qui l'accompagne parfois est plus facilement décelable. Elle peut néanmoins tromper: 'Tierce à l'octave du gros' (Baffert, *Les orgues de Lyon*, cahier de *l'orgue*, 11, p. 21) n'a pas de sens; la pièce justificative (id., p. 43) lève le mystère: 'Nasard à l'octave du gros, Tierce plus haut que le 2″. Mot sauté: 'souder icelle montre (*et*) à la Fourniture' (N.D., III, 1, p. 61) est absurde sans le *et* et les mots suivants (qui ont disparu). Rue (*neuve*) Sr. Laurent trompe sur l'adresse de L. Clicquot (N.D., *Les Clicquot*, p. 68), une ligne fait disparaître la Cymbale III de Thuir (J.C. Gigot, *op. cit.*; d'où N.D., III, 1, p. 176). L'accident se produit le plus souvent entre deux groupes semblables: 'de noier (*une couche aussy neuf de bois de noier*), un lict…'; 'tappis (*vert servant à mestre sur la table et 2 petits tappis*) de Judé' (M.A. Vente, *Proeve*… p. 209); 12 trompes (*audict corps et 6 trompes*) hors dudict corps (Chartres, 1479, Metais cité par F. Sabatier. *Notes sur le G.O.…Jeunesse et Orgue*, 1977, p. 4, texte complet dans P. de Fleury *Dictionnaire…*). Un item entier peut manquer de la sorte: les deux prestants de St. Jean en Grève (P.H., *Orgues au XVIe,* Rev. de Musicologie, 1966, p. 182).

L'imprimeur a aussi reçu un texte douteux, parfois mal lisible; la machine à écrire (encore y a-t-il les fautes de frappe) n'a pas accès aux salles d'archives. D'où le jeu dit 'un damaris' (C. Noisette, *Orgues de Caen*, p. 16); sans doute de dictée; 'Montants' pour Montres (id., p. 125). Chez Mersenne s'expliquent ainsi 'deux' pour demy (hauteur de Cymbale), le signe 'et' pour H (Cymbale dans le Plein-Jeu) ce qui fit croire à un Plenum sans Cymbale (N.D., III, 1, p. 152), la Tierce de 10 pouces (⅘′ font plutôt 9) pour 19 pouces (1¾′). Bien des noms propres deviennent méconnaissables comme 'Tauchoy' qui est 'Tanilou' à quelques lignes de distance (C. Noisette, *op. cit.*, p. 29-30), les mots étrangers se confondent: 'tapis de dames' ('Damas'; M.A. Vente, *Proeve*…, p. 109), les mesures flottent: Hamel lit dans son Prétorius (lequel?) que le 31′ d'Halberstadt a 3 pouces ½ de diamètre (pouce sans doute marqué par″) alors que le texte donne '4 schuh ½ de circonférence'.

Ce manuscrit est en outre l'oeuvre d'un organologue obligé à la brièveté. Il tronque ou découpe pour ne donner que l'essentiel. Tombent les formules juridiques, les titres, des noms de contractants, l'échéancier, toute une graisse souvent superflue, parfois nécessaire au sens. Donnée sans le commentaire (P. Williams, p. 237) fourni par M.A. Vente (*Die Brabanter Orgel*, p. 158) 'o per millor dit dezinovena' la *docena nazarda* de St. Jean de Barcelone devrait avoir 2⅔'. '2 portes de bois fermant' (Baffert, *op. cit.*, p. 21) a un autre sens que le texte complet (p. 43) 'de bois *et de toile imprimée toute prête à peindre* fermant', ce sont des volets. Une liste de jeux, d'après les item dégraissés de leurs détails et réclassés, est-elle fiable? La composition de Notre Dame du Havre ainsi présentée par Ch. Legros donne 'Nasard, Grosse Quinte, petite Flûte Quarte', les autres orgues de Lesselié nous invitent à penser qu'il n'y a là que deux jeux avec deux appellations chacun.

Le chercheur qui a copié le texte n'a pas toujours la double qualification de paléographe et d'organologue suffisante. D'où la fiabilité diverse des textes des recueils. Des lecteurs ont péché sur les deux tableaux: les appointés de L. de Laborde fouillant les registres des paroisses parisiennes (disparus en 1871) ont fait bien des erreurs parfois évidentes comme l'enterrement de Nicolas Pescheur (mort en 1616) en 1603; ce devait être celui d'un de ses enfants. Ou l'attribution à Ch. Richard des fonctions de son père Pierre à St. Jean en Grève.

Que de lectures erronées: 'quatorze pieds' (N.D., I, p. 124) pour' 'qu'à douze pieds'; 'deux' pour 'dits' (p. 144), 'pieds' pour 'poids' et 'deux' pour 'escus' (p. 499); 'le plomb' pour 'l'aplomb' (p. 525) et 'cent' pour 'gros' (tuyaux) (p. 540). Plus dangereux les mots courants mal écrits: St. Sulpice et St. Germain pour *en*: un seul orgue (N.D. Galpin S.J., X, p. 75); 'de la Voix humaine de 8″' pour '*du 8″*' (I, p. 401): 2 jeux différents (cf. Corbes, *Orgues des Côtes-du-Nard*, I, p. 14). Les noms propres sont toujours difficiles: Roch, Roul et Paul D'Argillières ne sont qu'un seul facteur. La confusion de l'*f* et l'*S* ancien donne 'Séfaut' pour 'Ffaut'; 'es hauta' pour 'et flauta' (R. Ardourel, *Millau, l'orgue*, no. 1500, p. 41). Lecture difficile du latin: 'parisius' pour 'Parisiis' (N.D., I, p. 25) et le célèbre XX modi (p. 28) source unique des 20 jeux de l'orgue XVIe d'Angers, qu'il faut lire *hujus ecclesiae!*

Le paléographe en revanche est trompé par les termes techniques: 'à serrer à ressorts' pour '*secret à ressorts*' (I, p. 111) a conduit pour trouver un sens à lire 'sommier à serrer ressorts' (N.D., III, 1, p. 119); 'deuement' pour 'demeurent' (N.D., I, p. 99); 'Dolcine' pour *Doublette* (E. Martinot, O. et O. de Troyes). Trop sûr de lui il ponctue ou accentue à tort: 'emboitez; enlever coffres' (p. 69) pour emboités en leurs coffres; 'et sera comme est dict; l'autre' pour 'comme est dit l'autre' (p. 310). Et comment ponctuer 'double principal tout seullet(;) quand on voudra(;) avec un jeu de hautbois' (p. 40)?

Toutes ces erreurs sont ou seraient décelables et corrigibles par le recours à l'original, au fac-simile ou la photocopie. Malheureusement bien des documents ont disparu depuis leur publication: guerres, incendies, usure... ou restent introuvables faute de référence précise ou exacte. La moisson d'exemples sûrs est du moins assez considérable pour montrer les aspects de l'erreur possible et inviter à étendre aux autres une juste suspicion.

III A bien des égards les textes authentiques sont soumis aux mêmes risques d'erreur, Mais la preuve est plus difficile; les recoupements sont rares et on est souvent réduit à suspecter sans pouvoir affirmer ou même proposer de correction.

Le document est en général l'oeuvre d'un scribe de métier greffier de chapitre, secrétaire de communauté, clerc de notaire le plus souvent; il écrit sous la dictée ou copie. Il est de ce fait suspect de divers types d'erreurs: de lapsus: 'deux' dicté demi, Flûte ½′ (P. Salies, *Du nouveau sur... les Jacobins (de Toulouse)*, Auta, no. 292, p. 72). '8' dicté ou plutôt mal copié 3 pour la Montre de de Beaucaire (N.D., I, p. 459); de mots sautés: 40 touches pour 49 (p. 196) comme le montre le nombre des tuyaux; mais 39 marches pour 30 (p. 512-513) à la pédale à cause des 49 qui précèdent; 'Cent' a sauté devant nonante deux à la Fourniture de Carpentras (p. 466). Ne manque-t-il pas au devis du buffet de La Flèche (N.D., *L'orgue du Prytanée*, p. 48) entre 'le corps d'en bas/et le reste aura 12′′ quelque chose comme 'aura X pieds'?

Ailleurs des paragraphes ont sauté: l'article 7 à Béziers (*Recherches,* XII, p. 278) par saut du même au même: noyer/*un Bourdon de 4 bouché sonnant 8 on fera a neuf et de bois de chesne ou noyer*/ce qui est prouvé par l'allusion ensuite à ce Bourdon 8′. Même cas à Ste. Croix de Rouen (N.D., I, p. 111-112): 'fourniture/reprenant de quinte en quarte', il manque *'reprenant d'octave en octave...Cymbale'*, lacune prouvée par le fait que lors de l'utilisation du devis pour St. Godard on a soin de la faire remarquer (p. 112). Des groupes de mots semblables peuvent être déplacés: à Trèves 1537 (H. Klotz, *Niederländische Orgelbauer... Musikforschung*, 1949) l'indication 'pédale et manual' a glissé de la Hohlflöte à la Zimbel, erreur prouvée par la liste des registrations, mais elle a quand même fait naître chez les commentateurs une Flûte 2′ de pédale au lieu de 8′.

Des paragraphes erronés ou refusés n'ont pas été rayés ou marqués du deleatur: le devis de l'orgue de la Chapelle du Château de Versailles (N.D., *Rev. musicale,* 1934, p. 286) stipulait au G.O. deux jeux à un autre diapason (Bourdon 8′ et Flûte 4′ les jeux d'accompagnement indispensables), 'accordés de sorte que l'ut sonne le ré de l'orgue' ce qui ferait une différence d'un ton alors qu'on voulait seulement parler d'un décalage d'un tuyau (½ ton) en l'absence de premier ut dièse. Pour corriger l'erreur, le paragraphe a été refait en fin de contrat après le Positif, dans les mêmes termes sauf 'de sorte que le ré sonne le mi bémol de l'orgue'. Le premier texte n'ayant pas été supprimé on a cru à 2 tons de chambre et 4 jeux d'accompagnement, disposition invraisemblable et incompatible avec la suite de l'histoire de cet orgue.

Le scribe est aussi mal à l'aise à l'égard des termes techniques: ses orthographes ne sont que savoureuses: presse tant ou temps, cinq balles ou symbales (d'où l'étymologie de Gastoué par sumballein), lei (laye), tremblant avant couvert; elles peuvent égarer: 'Trecyne' pour 'Traversine' (et non tierce; N.D., I, p. 140). Il ne recule pas devant l'absurde: Bourdon 4 sonnant 16 (Baffert, p. 44) par confusion avec le Bourdon 4 sonnant 8 qui suit; Bourdon 8 sonnant de 8 au positif de St. Maximin (N.D., *Orgues Comtadines*) pour Bourdon 4; 'heire' pour 'Tierce' (Vanmackelberg, *Orgues d'Arras*, p. 176).

C'est enfin l'auteur même du texte qui peut se tromper. Ce n'est pas toujours un spécialiste: erreurs pour le prénom du facteur d'où l'apparition dans nos tables de Jean Carlier, de Jean I De Héman, de François Levasseur peut-être face à Ambroise? Il jongle surtout légèrement avec les chiffres: quand l'orgue de Chartres fut augmenté de 2 notes aiguës en 1481, elles furent 'fournies à proportion' des précédentes qui avaient 50 tuyaux. Il en fallut donc 105 en tout; le scribe (ou le lecteur moderne?) crut bon d'indiquer 105 pour chaque, et pis encore l'historien moderne (F. Sabatier, *op. cit.*) retombe dans le piège et parle de 210 tuyaux par note alors que le monstre d'Amiens n'en comptait tout de même que 91!

Souvent les totaux de tuyaux sont obtenus en multipliant le nombre de jeux par le nombre de notes sans souci de la réalité. Guillot de Montjoie pour Notre Dame de Paris (Raugel, *Orgues de la Seine*, p. 86) compte 34 touches de pédale et 34 tuyaux à tous les jeux alors que les anches partent du La (32 notes) comme il le confirme plus loin par la Bombarde de 18′. Le plus bel exemple est le devis pour la Cathédrale de Schwerin qui vaut un examen spécial (*Annexe* II). Ces maladresses peuvent s'accompagner d'un souci publicitaire de gonfler les résultats ce qui est patent pour la description des orgues Brebos de l'Escorial (*Annexe* III) et pour le poème de Wolstan (*Winchester Annexe* I).

Quant au facteur qui écrit ou dicte lui-même, il n'est pas sans risquer de se tromper. Par négligence: F.H. Clicquot grave à Versailles 'facteur d'orgue de l'orgue' (pour du Roy); cet autre laisse passer des lacunes comme l'absence de Prestant à St. Herbland de Rouen (N.D., I, p. 218) et le même texte est incomplet plus loin: soufflets de 6′ de long et (?) de large, ce qui a fait supposer des soufflets carrés! (N.D., III, 2, p. 140). Ainsi dans le devis des Invalides 1679 (Raugel, *Orgues de la Seine*, p. 260): IV claviers sont prévus (donc un Echo) mais le paragraphe désignant l'Echo s'est égaré dès l'origine et le devis fut signé sans lui! Au moment de la réception, les experts firent donc de l'Echo une 'augmentation' dont le facteur se garda de refuser le paiement disant même qu'il l'avait 'ajouté à la demande du Curé'. Le devis comportait aussi une Bombarde. Lebègue qui travaillait probablement sur une copie sans l'Echo mais où manquait aussi le dernier jeu du G.O. (la Voix humaine) proposa de remplacer cette Bombarde par une Voix humaine. Les experts constatèrent qu'il n'y avait pas de Bombarde mais la seule Voix humaine prévue au devis. C'est encore la Cymbale de Ste. Croix de Rouen pour St. Godard (cf. plus haut); le 17e jeu de St. Nicaise (N.D., I, p. 360), Dessus de Flûte 8′ annoncé puis oublié et signalé 'omise' lors de la récapitulation des jeux neufs (N.D., I, p. 361); ou la Cymbale de St. Dié (*Recherches*, XII, p. 177), 15e jeu annoncé et oublié. Dans le devis de

Paris St. Sauveur, L.A. Clicquot commet le lapsus 'Trompette' pour Cornet de Récit (d'où Récit à 2 jeux, III, 2, p. 198) et écrit aussi 'au Plein-Jeu sera rajoutée une touche' au lieu de 'au positif' avec mélange de deux item. Mot sauté sans doute dans le devis de Paris St. Merry 1647 (N.D., *N. Lebégue*, p. 144) 'Cornet commençant au second (octave?) en la clef d'Futfa'. Dans les 10 jeux de l'orgue de Fougères (N.D., I, p. 57), la 15e (Doublette) est à sa place, mais la Flûte 2' avait été oubliée; quand, à la fin du texte, on fit le compte, un 10e jeu manquait; mais on crut que c'était la Doublette d'où la définition mêlée: 'flûte doublette formant 15e s'accordant avec le Plein-Jeu'. A Paris St. Médard 1644, positif (M. Jurgens, *Documents du minutier*, II et N.D., III, 2, p. 38) un groupe de mots a dû sauter, comme ailleurs: 'Larigot, les pieds d'estoffe, les corps d'estain (*Cromorne, les pieds d'estoffe, les corps d'estain*) les anches de cuivre'. Mais le facteur ne signale que 10 jeux et ce Cromorne serait 11e. Il a dû compter sur le texte incomplet ou plutôt, voulant transférer au positif un Cromorne promis auparavant au G.O., il n'a compté que les jeux neufs?

On ne peut demander non plus à tous ces artisans la culture approfondie de certains. J.B. Lefèvre trébuche dans le décompte des jeux du positif de St. Nicolas de Rouen (N.D., I, p. 366): 6-2+3=8. Luck confond tuyau et touche (p. 403): 'fourniture de 48 tuyaux à 3 tuyaux par marche'. Peu de logique dans le vocabulaire: fin XVIIIe on dit Bourdon 16' et Bourdon 4' (sonnant de 8' sous-entendu) ce qui rend bizarre à première vue la composition de Caen St. Etienne (*Anonyme de Caen*, N.D., I, p. 664-665) où les Bourdons ont leur longueur réelle aux G.O. et Positif, et sonore à la Pédale; à la Bombarde c'est un 'Bourdon 16'' et il sonnait de 8' d'après la description de Dom Blanchard (Noisette de Crauzat, *L'orgue*, no. 154). En 1621, Jules Anthoni n'a pas encore assimilé les hauteurs en multiples de 2 et utilise 6', 3', etc., pour un clavier de 41 notes d'ut 1 à la 4, octave courte, induisant en erreur M. Vanmackelberg (*Orgues d'Arras*, p. 111-112). Quant à Florent Legris (Fougères, N.D., I, p. 57), il dit 'Solfaut', 'sans rien oublier' (que le C)!

La langue peut poser des problèmes au facteur grand voyageur et à nous en conséquence: le Français de Rabiny est presque incompréhensible (Baffert, p. 96): Bombre (Bombarde), Games (Gambe)... Les idiomes se mélangent: 'roure' (cf. plus haut); 'Diferencia decimal' (jeu de cymbale; Lerida, positif, 1573). 'Quinzaine' et 'Douzaine' sont courants pour 15e et 12e (N.D., I, p. 189), faisant confusion avec Douçaine. Qu'est-ce que 'l'escot' construit par les charpentiers à Alençon (p. 51), un escalier, un échaffaud, sûrement pas un Echo?

Ce sont surtout les langues elles-mêmes qui ne sont pas adaptées à l'expression des détails techniques s'ils sont nouvellement inventés, ce qui est si largement le cas au XVIe siècle. Ces nouveautés sont désignées par des créations ou des à-peu-près qui s'imposent peu à peu, mais différents selon les lieux (cf. notre 'Sémantique des jeux de l'orgue', *Acta organologica*, XXXIV, p. 162). La liste des amphibologies reconnues est impressionnante et d'autres nous échappent encore sûrement. Nous ne pouvons rouvrir ici ce gros dossier. Quand on franchit une frontière linguistique, la confusion augmente encore. C'est l'imbroglio des Cornets, Hörnli et autres Zink encore loin d'être totalement éclairci.

C'est pourquoi nous devons être prudents à nous servir des textes quand ils paraissent sortir de l'ordinaire des techniques, surtout s'ils sont seuls à donner le détail inconnu ou mal explicable (sans oublier que des textes qui se recopient ne sont qu'un seul témoignage). Un exemple suffira, celui des jeux octaviants dans l'orgue préclassique. Leur existence serait fondée *1* sur l'adjectif 'viollant' (de viole et non de violence) à Fougères 1594 (N.D., I, p. 57) mais il s'applique à tous les principaux; *2* à Rouen St. Cande (p. 345) 'Flûte de 8' bouché sonnant 4 en résonance' le mot 'bouché' prouve qu'il faut lire *Flûte de 2'*; *3* à Nîmes (N.D., I, p. 309–310) 'Flûte de 8' parlant de 4' (G.O.) et 'Flûte de 4' sonnant de 2' (positif), mais ce texte contient ailleurs des fautes (avril pour janvier, cinquième pour Quinzième, pièces pour pieds) qui peuvent permettre de croire à la classique faute de chiffre malgré le double exemple: ne devrait-on pas lire simplement Flûte 2' au G.O., de l' sonnant 2' positif ce qui convient à ce jeu indiqué comme tenant lieu de Flageolet (d'ordinaire l'ouvert). Mais il faudrait d'abord vérifier sur photocopies la lecture et la publication des deux exemplaires connus de ce contrat avant de fonder sur lui seul une invention hautement improbable à l'époque.

ANNEXE I

La description en vers latins (cf. J. Perrot, *op. cit.*, p. 406) par Wolstan de l'orgue de la Cathédrale de Winchester (datée aujourd'hui de 994) a longtemps été acceptée comme preuve d'une prodigieuse précocité de l'orgue britannique (suivie d'une interminable récession). Un article assez récent (James W. MacKinnon, 'The tenth century organ at Winchester', *Yearbook* V, 1974) a montré l'impossibilité historique et technique de l'interprétation au pied de la lettre de ce texte pour quatre raisons essentielles, fort pertinentes, sur lesquelles il est inutile de revenir. Les absurdités s'expliquent par une tendance à l'hyperbole constante chez Wolstan qui transforme des réalités vécues en merveilles aux réalités. L'orgue a une base double: soufflerie en deux étages, en haut 12 soufflets, en bas 14. Ces nombres sont acceptables, le dessin dans la Bible Harding d'un orgue unique, en gros contemporain, montre deux groupes de 6 soufflets. Les souffleurs sont 70, absurdité la technique impose 1 souffleur pour 2 soufflets soit 6 et 7 (des équipes se relayant serait une autre absurdité). On pourrait penser que 70 (comme plus loin 400) est une correction par un copiste médiéval connaissant les orgues du XVe; mais il faudrait restituer le mot d'origine et 'sex septemque' n'est guère acceptable métriquement (il est vrai que septuaginta n'est pas fameux non plus). Il est plus probable que

Wolstan ou un 'correcteur', embarrassé comme chaque fois par les difficultés métriques des noms de nombre a pris le premier multiple passable (x 10) que son excès rendait à la fois inoffensif et merveilleux. Sur le sommier 'sola' (unique plutôt que chaque?), 400 tuyaux (nature non précisée car à cette époque 'musa' n'est pas limité aux anches). Ce 'Quadringenti' pourrait encore être une correction pour 'quadrageni' (40 chaque) mais résulte de la fausse multiplication ci-dessous et vaut 40 (par orgue ou en tout). Deux organistes ont chacun son clavier ou plutôt sa série de tirettes (alphabet). C'est bien le clavier de l'orgue Harding aux 8 tirettes marquées de C à H. On remarquera que le dessin a été calqué et reproduit à l'envers (basses à droite) tandisque les lettres ont été mises après coup dans le sens normal donc à l'inverse des tuyaux. L'orgue est coupé par le cadre à droite et si somme il est probable, il était symétrique par rapport à la soufflerie, il manque 2 tirettes aiguës (total 10). Tel devait être chacun des claviers de Winchester peut-être bout à bout. Puis est décrite la mécanique, on peut proposer la traduction nouvelle suivante en lisant 'quater-denis' en 2 mots, le 1r portant sur le verbe: 'Il y a 4 fois des trous (gravures) recouverts par 10 languettes (notes) chacun'; ce que le vers suivant reprend différemment: 'et ces trous contiennent, chacun dans son alignement les 10 languettes'. Soit 10 notes à IV rangs = 40 tuyaux, ce qui est déjà beau pour l'époque. L'interpretation 40 x 10 et les 400 t. plus haut ne seraient qu'une correction tardive à contre-sens. Les deux orgues de Winchester, semblables de structure devaient différer de tessiture puisque leurs souffleries sont différentes. Quel était l'écart? N'est-il pas probable qu'ils se faisaient suite? La seule innovation due à la réfection sous Elphège aurait été ce clavier double d'étendue, précurseur des deux octaves et quelques notes qui seront de règle dès les siècles suivants jusqu'à l'incorporation des Bourdons en troisième octave au grave au XIVe siècle.

ANNEXE II

Le contrat passé entre le Duc de Mecklembourg et Antoine Mors pour l'orgue de la Cathédrale de Schwerin en 1555 (publié par Haacke, *Die Entwicklungsgeschichte des Orgelbaus...*, 1935) est clair en apparence: 3 claviers de 52 notes, 21 registres (18 jeux et 3 accessoires) pour 100 registrations (environ bien sûr) Dans la liste des jeux une anomalie saute aux yeux (cf. M.A. Vente, *Die Brabanter Orgel*, p. 119-120) le Nachthorn a 312 tuyaux, 6 x 52′. C'est évidemment un Cornet VI calculé d'après l'étendue du clavier en ne tenant pas compte que ce n'était qu'un dessus. Du coup la véritable étendue du jeu ne nous est pas donnée. Or le nombre des tuyaux des autres jeux est toujours établi par la même multiplication par 52 du nombre des rangs. Il est pourtant probable que la Mixture à 416 tuyaux (VIII rangs) était progressive de V à VIII par exemple. Le procédé de calcul étant donc tout à fait mécanique, la plupart des chiffres du contrat deviennent suspects. 52 n'est que le nombre de touches du grand clavier. L'exemple de Trèves 1537 avec 5 fa plus une Tierce (fa-la 4), 50 à 53 notes selon les feintes manquantes fait écarter notamment la possibilité (M.A. Vente) d'une superposition du manuel et de la pédale. Encore 2 étendues sont-elles possibles: fa-la 4 avec toutes les feintes sauf sold 4, ou ut-la 4 avec octave courte, pas d'utd l ni sold 4. Aucun indice dans le texte pour choisir. Ce clavier suppose une Montre (premier jeu) de même étendue dont on a bien des exemples contemporains; la pédale est suspendue ou comporte comme à Trèves double registration de certains jeux (fonds 16, 8, 4, Trompette). De là la formulation de l'item: 'Bourdons d'étain ou grandes tuyaux de basse' faisant un jeu 'de 8' de long'. Donc pas de Bourdon 16', mais Montre 8' de l'ut 1 avec ravalement en 16' peut-être en tours. Ensuite le nombre de 52 n'est plus que répétition sans valeur. L'exemple d'orgues comme Trèves légitimerait que le ravalement concerne aussi le Bourdon 8' (2), le Prestant (5), la Trompette (9) tandisque Mixture (4), Cymbale IV (3), Flûte 4' (8), Flûte 2' (7) et Petite Quinte 1⅓' (6) ne devaient commençer qu'à l'ut 1 conformément aux hauteurs qui les désignent. Pour le Chalumeau 4' (10) cf. plus bas. A cet ensemble manque une partie de la batterie; Mors la promet à un autre étage (en fait la pièce surélevée classique) avec le Nachthorn (Cornet VI; 12) et son 'bouquin', Chalumeau 4' (11) peut-être sonnant de 8'. Tout cela ainsi que 2 jeux destinés à un autre clavier: Traversine II (2⅔'+2' ou 2'+1⅓'?; 13) et Flûte ouverte 2' (14), est payé par la matière de 5 petits orgues remis au facteur. Il promet ensuite de 'rénover le vieil orgue'(?) et d'en tirer pour l'autre clavier 3 anches: Cromorne 4' (son-nant 8'; 21), Chalumeau 4' (sonnant 8'? cf. plusbas; 20), Régale 1' (sonnant 8'; 19) et un 'Barempfeife 4'' (18), nom rarissime que les auteurs interprètent un peu au hasard. Numérotés de 15 à 17 les 3 accessoires, Tambour, Rossignol, Tremblant. Il existe pour cet orgue une liste de jeux à la console, à peu près contemporaine (gâtée par la pluie et recopiée tardivement). Elle paraît si différente qu'elle a été suspectée ou censée prouver que l'exécution fut très peu conforme au devis. En fait il n'en est rien et elle nous éclaire sur les inconséquences que nous avons soupçonnées. Les jeux y sont classés avec référence aux sommiers: sommier inférieur du G.O. (donc à ravalement) le Plenum; jeux 1, 3, 4, 5; auxquels se joint la Trompette 9 logée à part par exception indiquée; 2 sommier supérieur du G.O. (sans ravalement): jeux 2, 6, 7, 8, 15; 3 sommier 'du milieu' (au niveau du) positif (intérieur): jeux 12, 11; 4 sommier inférieur du positif (intérieur): jeux 13, 14, 19, 20 (dit Trompette) et jeu 21 (ce registre à part avec le 9 mais sans indication de sommier). Ainsi se retrouvent tous les jeux du contrat sauf les jeux 10 et 18. Le chalumeau du G.O. (10) est remplacé par un 'Walthorn' qui est sûrement autre chose; mais au devis l'item qui le donne n'est que la répétition de l'item suivant (11), faute classique. Qu'était ce 'Cor de chasse'? La comparaison avec les compositions 'belges' ferait penser à un Cromorne ou à la Régale qui deviendra la Voix humaine française. Le 18, Barem 4' est ici dit Quintadine 4', le nom flamand de la même chose. 'Barem' serait faute de lecture pour Bardun ou Bauer? Le jeu ne fait pas de doute. Enfin la rénovation du vieil orgue (qui a déjà donné ses anches au positif intérieur) apparaît sous la forme du 3e clavier: positif de dos, sans anche, mais typique par ailleurs, à 10 jeux. Il est vrai que la composition donnée peut résulter d'un agrandissement un peu postérieur puisque le contrat de Mors ne nous dit rien à ce sujet. L'ensemble est un orgue Belge: 2 claviers et pédale suspendue à l'un des sommiers de G.O., grossi d'un Brustwerk, il annonce donc déjà l'orgue de l'Allemagne du Nord.

ANNEXE III

Les 4 instruments construits pas Gilles Brebos dans la chapelle de L'Escorial nous sont connus par une 'Declaracion' (publiée par Van den Straten, *La Musique aux P.B.,* VIII) dont les 2 exemplaires ne sont que des copies de la fin du XVIIIe(?). Elle paraît d'une remarquable précision: emplacement des portes et des parties, énumération des jeux aux sommiers et à la console par un dessin, nombre de tuyaux par catégories et au total. Le résultat est moins sûr qu'il ne paraît puisque les organologues offrent des divergences sensibles au milieu d'une unanimité (fallacieuse) en traduction allemande (M.A. Vente suivi avec quelques réticences par P. Williams, française (Chapelet, *Orgues historiques*, no. 14 p. 28), en étude des noms espagnols (G. Bourligeux, *L'orgue*, no. 127 et surtout H. Klotz, p. 268 avec traduction allemande où il manque déjà un jeu, p. 185). Ce dernier fait justement remarquer des 'Ungereimtheiten' dans les listes et les calculs de la Declaracion. Ce sont des traces de calcul automatique, une précision illusoire des itinéraires, une incertitude dans le vocabulaire espagnol adapté à des objets flamands. Ces défauts n'apparaissent pas dans la description des orgues 'moyens' plus faciles à visiter: clavier de 41 notes (ut 1-la 4-octave courte, pas de sold 4, coupure à 20 dessus soit entre ut 3 et utd 3) 14 jeux, 8 complets = 328 tuyaux, 2 lleno à 123 = 246, un dessus de chirumbela III = 60,3 anches = 123, total 757. Seule bizarrerie: côté Prieur, le total est de 756! Les jeux s'identifient presque tous facilement: Flautado mayor (Montre 8'), Lleno men. (Cymbale III), Lleno may. (Fourniture III), Flautes ou Ohlpipe coupé (Bourdon 8'), Flautas 'bouchées puis demi bouchées pour l'égalité du timbre' (Flûte à cheminées 4'), Trompette coupée; Chirumbela III dessus (Cornet que H. Klotz suppose 4'; 2⅔'; 1⅗' puisque les registrations se font avec le Bourdon 8' comme fondamental (dessus) et accompagnement (basses). Deuxième sommier: Quincenas (Doublette) 'sur laquelle se fait la partition', Sifflet 1' (flamand plutôt que 1⅓', Chapelet), Flûte bouchée-fifre dans le dessus (ce jeu joue le rôle du Prestant, basses bouchées faute de place), Quintas 'à son de Orlos utilisable dans le Cornet' (Nasard comme celui d'Entrevaux 'tirant sur le Hautbois' preuve de plus que les Hautbois du XVIe n'étaient pas des anches), les trois anches portent des noms espagnols, Orlos (ce doit être le

Cromorne) Dulzainas (la Régale) Cornetas (à-peu-près pour Chalumeau 4′).
Les deux grands instruments sont semblables entre eux sauf différence de
diapason, celui du Vicaire 1 ton ½ plus haut que les trois autres. Leurs deux
claviers ont aussi 41 notes. En haut (sommier du bas), positif intérieur de 12
jeux très comparable aux orgues moyens; il n'y manque que la Montre 8′, la
Trompette et le Cornet. Ce dernier est remplacé pas des 'Cascabelados'
(grelots); ceux de Millau 50 ans plus tard sont bien des grelots pour
accompagner le Tambour de basque; ici ils comptent comme jeu complet,
vérité ou erreur due au calcul automatique? Cymbale I (H. Klotz), Flûte 4′
(Chapelet) sont hypothêses d'autant plus en l'air que ces jeux ne manquent pas
dans la composition. Au clavier d'en bas 2 sommiers: en haut 5 jeux (et non 6
M.A. Vente): Flautado (Principal 8′), Flautas tapadas (Bourdon 8′) et 3 Flautas,
abiertas, quintas (ou requintas), quintas abiertas. Le classement différent aux
deux orgues ne correspond pas à l'ordre au sommier, on peut donc donner
Flûte 4′ (2′, H. Klotz), Nasard 2⅔′, Larigot 1⅓′, composition très normale
d'Oberlade. Sommier d'en bas: Flautado mayor (Montre 16′), Bordun (Bour-
dun 16′), Octave du Principal (Prestant), Lleno may. (Fourniture), Leno men.
(Cymbale), Chirumbela III à basse de Flûte I, Trompette 8′, 'Bombarda',
Chirimia (Clairon 4′). Les Lleno sont dits à 400 tuyaux, les commentateurs
ajoutent 'chacun' d'où un Plein-Jeu de XX rangs. Vérifions les comptes: 5 jeux
complets = 205+9 dont 6 complets = 246, Chirumbela I/III 21+60 = 81, total
532 plus Lleno = 932 ou 1332. Le Déclaracion donne 1126 (Prieur) et 1120
(Vicaire) par disparition du mot 6. Il ne peut y avoir confusion entre 900 et 1100,
mais de 1100 à 1300 c'est la perte du mot 3 des centaines. D'ailleurs c'est 1326
qui sert à la suite des calculs: 1326+657 (positif) +687 (pédale) = 2670. Dans la
Déclaracion 2674 pour chaque orgue. Chaque Lleno est donc compté à 400 et
les commentateurs ont eu raison. Mais que vaut cette arithmétique? Elle se
révèle parfaitement absurde au sujet de la pédale: 687 tuyaux! C'est comme
aux autres claviers la multiplication par 41 des 7 jeux = 287 plus le Lleno 400,
total 687. Comme l'ont senti M.A. Vente et H. Klotz les 41 notes du pédalier
sont impossibles tant pour les Brebos que pour toute l'histoire de l'orgue
(l'exemple indéniable de St. Laurent à Paris en 1684, la-ut 4 avec tous les demi
tons est un monstre unique et peu durable). En fait nous en ignorons
l'étendue (M.A. Vente 23, H. Klotz 21, ne peuvent être qu'hypothétiques)
cachée par l'automatisme du calcul. Quant à la composition, l'auteur de la
Declaration l'a lue aux consoles: Flautado maj., Bordun, Octave, les 3 anches,
1 seul Lleno (groupement des 2 en un registre?) et un Flautado men. (8′) dit
aussi Flautas abiertas (Vicaire). C'est la liste des jeux de basse du grand
sommier, ce Flautado men. n'étant pas celui de l'autre sommier (H. Klotz)
mais les Flautas qui servent de basse à la Chirumbela. Il est évident que les jeux
de Pédale ne sont que le double usage des basses du grand sommier; le nombre
réel des tuyaux de la pédale = 0. Que dire alors des Lleno? Dans les orgues
moyens et les positifs le nombre de tuyaux est donné par Lleno, 123 puis pour

l'ensemble 246; au grand clavier 400 est le seul nombre, arrondi, non multiple de 41. L'auteur n'a compté ni les tuyaux ni les rangs, il a reçu le total tout fait qu'il répète encore bêtement pour la pédale. C'est pourquoi il l'a multiplié par 2, le nombre des registres. En fait, pour un Brebos (cf. Cathédrale d'Anvers) il serait absurde qu'à un Plenum de positif à VI corresponde un G.O. à XX dont la composition aurait d'ailleurs été impensable selon les schémas de cette école. Le nombre normal est de X en tout (Fourniture IV, Cymbale VI) et il ne peut en avoir été autrement ici. *Enfin*, le fait que la Bombarda s'appelle Orlos à la Pédale fait penser à un Cromorne 8′ très normal dans la répartition des anches des orgues 'belges' (Trompette, Cromorne, Clairon) ce qui n'est pas sans nous inquiéter sur telle autre Bombarde étonnante à St. Waast d'Arras, orgue de 8′ (1585).

Faburden Compositions in Early Tudor Organ Music

Frank Ll. Harrison

The literature on *fauxbourdon*/faburden is extensive: many articles and at least three books with the term in their title.[1] It is not intended to give a complete list here. A short survey of relevant pre-sixteenth-century usages in English music may, however, provide some chronological and technical background to the present essay.

Continuing study and some current publications of English fourteenth-century polyphony are furnishing evidence for a technique of parallelism which the present writer, in connection with certain motets, has termed 'proto-faburden'.[2] During the fourteenth century motets with this feature have two voices moving in parallel sixths, very occasionally in parallel fifths, cadencing in an octave, above and below a tenor using a *cantus prius factus*. In the non-motet repertory this kind of parallel writing most often involves three voices, the middle voice being constantly a fourth below the top voice when the interval between the outer voices is a sixth or an octave.

At some point in time, probably in the late fourteenth century, procedures of this kind were systematised into a rule-of-thumb method of extemporaneous polyphony, applied, on the evidence of later sources, mainly to the choral performance of processional psalms, office hymns, the processional hymn *Salve festa dies*, rogation litanies (which were sung in outdoor procession), the *Magnificat* and the *Te Deum*. The earliest surviving prescription for adding an improvised faburden to a plainsong is in an English-language treatise in the same manuscript as a discant treatise in the vernacular by Leonel Power (d., Canterbury, 1445).[3] This has instructions for a 'faburdener', who should begin an octave below the plainsong, proceed in sixths below it and end with an

---

1 Manfred Bukofzer, *Geschichte des englischen Diskants und des Fauxbourdons*, Strassburg, 1936, reprint Baden-Baden, 1973; Heinrich Besseler, *Bourdon und Fauxbourdon*, Leipzig, 1950; Ernest Trumble, *Fauxbourdon: an historical survey*, I, New York, 1959.
2 Frank Ll. Harrison, '*Ars nova* in England: a new source', *Musica Disciplina*, XXI, 1967, p.72. See also ibid., *Motets of English Provenance*, Polyphonic Music of the Fourteenth Century, XV, Monaco, 1980.
3 Text and translation in Brian Trowell, 'Faburden and fauxbourdon', *Musica Disciplina*, XIII, 1959, p.47-48.

Faburden Compositions in Early Tudor Organ Music

Frank Ll. Harrison

The literature on *fauxbourdon*/faburden is extensive: many articles and at least three books with the term in their title.[1] It is not intended to give a complete list here. A short survey of relevant pre-sixteenth-century usages in English music may, however, provide some chronological and technical background to the present essay.

Continuing study and some current publications of English fourteenth-century polyphony are furnishing evidence for a technique of parallelism which the present writer, in connection with certain motets, has termed 'proto-faburden'.[2] During the fourteenth century motets with this feature have two voices moving in parallel sixths, very occasionally in parallel fifths, cadencing in an octave, above and below a tenor using a *cantus prius factus*. In the non-motet repertory this kind of parallel writing most often involves three voices, the middle voice being constantly a fourth below the top voice when the interval between the outer voices is a sixth or an octave.

At some point in time, probably in the late fourteenth century, procedures of this kind were systematised into a rule-of-thumb method of extemporaneous polyphony, applied, on the evidence of later sources, mainly to the choral performance of processional psalms, office hymns, the processional hymn *Salve festa dies*, rogation litanies (which were sung in outdoor procession), the *Magnificat* and the *Te Deum*. The earliest surviving prescription for adding an improvised faburden to a plainsong is in an English-language treatise in the same manuscript as a discant treatise in the vernacular by Leonel Power (d., Canterbury, 1445).[3] This has instructions for a 'faburdener', who should begin an octave below the plainsong, proceed in sixths below it and end with an

---

1 Manfred Bukofzer, *Geschichte des englischen Diskants und des Fauxbourdons*, Strassburg, 1936, reprint Baden-Baden, 1973; Heinrich Besseler, *Bourdon und Fauxbourdon*, Leipzig, 1950; Ernest Trumble, *Fauxbourdon: an historical survey*, I, New York, 1959.

2 Frank Ll. Harrison, '*Ars nova* in England: a new source', *Musica Disciplina*, XXI, 1967, p.72. See also ibid., *Motets of English Provenance*, Polyphonic Music of the Fourteenth Century, XV, Monaco, 1980.

3 Text and translation in Brian Trowell, 'Faburden and fauxbourdon', *Musica Disciplina*, XIII, 1959, p.47-48.

octave 'at the laste ende of a word', probably implying at the last syllable of a text-phrase. While moving in sixths under the plainsong, the faburdener may 'as ofte as he wil to touche the plainsong [i.e., to sing an octave below the plainsong] and voide ther fro [i.e., return to parallel sixths] excepte twies togedir [i.e., twice in succession] inasmoche as... $2^=$ perfite acordis of one nature may not be sung togeder in no degre of descant'.

It is not intended to discuss here Dufay's use of *fauxbourdon* in relation to the English practice of faburden. English evidence of the second half of the fifteenth century shows that faburden both remained an improvised practice (it was still described as such by Thomas Morley, though no longer practised), and also became an element in written composition. Among witnessess to the former is the account by William Wey, Fellow of Eton College, of how he and his pilgrim-companions sang devotional chants as they visited sacred places in the Holy Land in 1462. They sang some chants in faburden: these were the respond *Miles Christi gloriose* at the place where St.George was beheaded, the *Magnificat* on the spot where had taken place the visitation of Elizabeth by the Virgin Mary, the antiphon *Beata Dei genitrix Maria* in the chapel where Christ was said to have appeared to his mother and the hymn *Vexilla regis prodeunt* on the mount of Calvary. Other chants mentioned in Wey's account were presumably sung in plainsong.[4] That improvised faburden was also practised in choir by professional singers appears from a series of complaints, in 1481, 1484 and 1490, by some of the vicars-choral of Southwell Minster that their fellow-vicar Thomas Cartwright caused discord in choir by his outlandish way of singing in faburden.[5] This suggests that normally such improvisations worked harmoniously.

This writer has elsewhere presented evidence of notated items to show that the application and development of the faburden idea in vocal music took the following main directions: *1* some stylising of the improvised form; perhaps it was by going in this direction that Cartwright left his fellow-singers behind; *2* elaboration of the improvised voices and the addition of an unbound middle voice; *3* use of the faburden tune-line, divorced from its combination with the plainsong and more or less elaborated, as a basis for polyphonic setting of the plainsong's text; and *4* elaborated faburden, similarly divorced, as a monophonic setting of the text of the plainsong from which it was derived.[6] These last two exemplify the peculiarly English feature of the use of the faburden parted from its musical union with the plainsong, which in its

---

4 Text in Frank Ll.Harrison, 'Faburden in practice', *Musica Disciplina*, xvi, 1962, p.24-25.
5 Ibid., *Music in medieval Britain*, 2nd.ed., London, 1963, reprint, Buren, 1980, p.174.
6 Op.cit. (footnote 4), p.11-34; see also ibid., 'Music for the Sarum rite', *Annales Musicologiques*, vi, 1958-1963, p.120-121.

keyboard form became a unique characteristic of early Tudor organ music.

A second historical antecedent of Tudor keyboard music was the use of a plainsong *cantus firmus* disposed in constant *breves*. While a rhythmically patterned *cantus prius factus*, most often derived from plainsong, was characteristic of motets, a monorhythmic disposition is found in such strictly ritual genres as Mass-ordinary, Mass-proper and Magnificat. This could occur in homorhythmic settings in which the kind of parallelism we have termed 'proto-faburden' was also a feature, as in the first strain of a fourteenth-century *Agnus Dei*:[7]

Musicnotation 1

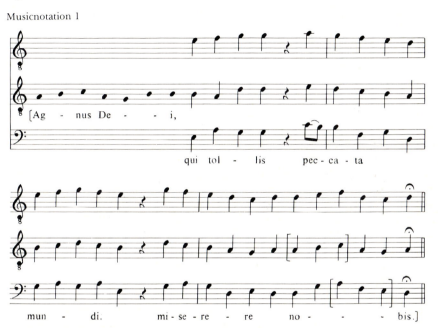

These two particularly English traits in the vocal treatment of certain chants were the two lines of evolution that culminated in the faburden compositions of early Tudor organ music. A significant intermediate step was the separation of the faburden from its chants and its use as structural material in its own right. Exemplifying this in the second half of the fifteenth century is a vocal monophonic setting of all three verses of the hymn *O lux beata trinitas* by a composer named 'Johannes Tuder' in the manusscript.[8] Since the whole text

7 Durham, Cathedral Library, MS *A.III.ll*, f.1. The text is missing, but the identification is certain.
8 Cambridge, Magdalene College, Pepys Library, MS. *1236*, f.61-61v. Complete transcription in 'Music for the Sarum rite' (see footnote 6), p.143-144.

was set, one presumes that the music, with its three different elaborations of the faburden of the tune, was sung in place of the plainsong itself. The first line of each verse is shown, with above the first line of the tune (notated in the upper octave) and its faburden:

Musicnotation 2

This trio of verses can manifestly be described as a set of three variations on a tune. The particular method of making them assumes the conceptual framework of the monorhythmic faburden, in the sense that the 'breaking' (to use Thomas Morley's term) of its every note is contained within the value of a single time-unit.[9] Here it is a perfect *brevis* in the first verse, an imperfect *brevis* in the second and a perfect *semibrevis* in the third. The principle was followed throughout all three variations. It persisted as a principle in early Tudor organ music (with an exception to be noted later), whether the particular item was based on the plainsong or on its faburden.

Though there is abundant archival evidence of the existence and liturgical use of the organ in English church institutions in the fifteenth century, no notations of organ music have survived between the fourteenth century and c.1530, the approximate date of the manuscript Royal Appendix 56 in the British Library, which has some liturgical contents. These are three settings of *Felix namque* and one of *Beata viscera*, the offertory and communion respectively of the Lady-Mass, the hymn *A solis ortus cardine* for Lauds of Christmas, the psalm-antiphon *Miserere mihi* for Compline and a *Kyrie* and *Christe eleison*. All are based on the plainsong except the Kyrie and Christe, which are based on the tunes called 'squares' that were used for movements of the Lady-Mass.[10] Some of the archival evidence referred to provides specific information both about the liturgical occasions on which an organ was used and the name of the player concerned. These are shown in *Table* I, where it may be seen that the chief occasions were high Mass and first and second Vespers on Sundays and principal festivals, the daily Lady-Mass, i.e. votive Mass of the Virgin Mary, and the Friday votive Jesus-Mass.[11] The liturgical genres of which instances (in some cases incomplete) occur in the surviving organ repertory correspond in a general way to the archival evidence. The genres include: a Mass-proper for Easter day, a Mass-ordinary with offertory for Trinity Sunday, offertories for some feasts; *Te Deum, Magnificat*, psalm-antiphons and hymns (numerically the largest category) for the offices; and for Lady-Mass the offertory *Felix namque* (many settings), the communion *Beata viscera* and presumably the *Kyrie* and *Christe eleison* just mentioned.

From the surviving repertory as a whole it can be deduced that in no case was the organ used for accompaniment.[12] Its intervention in the liturgy was based on the concept that in certain cases substitution of both text and plainsong by a

---

9 See footnote 19.
10 See John Caldwell, *English keyboard music before the nineteenth century*, Oxford, 1973, p.23-25.
11 Only those entries that give the name of the player are given here; for further evidence see *Music in Medieval Britain* (shown in the *Table* as MMB), Chapter IV, passim.
12 This is also implied in the duties, to 'sing and play' (surely not simultaneously).

Table I

Place and date	Name and duties relevant to the organ	Page of MMB
Durham, 1447	John Stele; to play the organ and sing the tenor part at Mass and Vespers in choir when requested, and to sing and play at services in the Galilee (Galilea).[1]	41, 187
Ripon, 1447-1448	Thomas Litster, chaplain; paid ten shillings 'pro missa cantanda in capella beate Marie infra ecclesiam Ripon et ad ludendum super organicis per annum'.	175, n.6
Salisbury, 1463	John Kegewyn; 'Et quod servabit missam beate Marie cum organis ad eandem et alias antiphonas in omnibus temporibus'.	178
Windsor, 1461-1463, 1469, 1477-1484	Thomas Rolfe; to play the organ *in choro* and *ad missam beate Marie virginis*.	174, 462
Worcester, 1484	John Hampton succeeded Richard Greene as *organista*[2] in the Lady-chapel.	41
Durham, 1496, 1502, 1513, 1536-1537	Thomas Foderly, John Tildesley, Thomas Hashewell (Ashwell), John Brimley respectively; these four had similar duties, namely, to teach those monks assigned to them by the Prior, and the eight boys 'tam ad modulandum super organa, quam ad planum cantum et organicum...', to sing and play the organ daily in the monks' choir, and to participate daily in the Lady-Mass in the Galilee[1]; Brimley also played for the Friday Jesus-Mass, when the musicians occupied the gallery on the north side of the nave.	41, 187-189, 429-430
Muchelney, c. 1500	Ralph Drake; to attend daily Lady-Mass and high Mass and Vespers on festivals, and to teach four boys and some monks to play the organ (*pulsare organa*).	43
Wells, 1507	Richard Bramston; to 'keep and play the organs' in choir and Lady-chapel.	180
Winchester, 1509	Edmund Pynbrygge; to attend daily Lady-Mass in the Lady-chapel, Friday Jesus-Mass in the nave, Vespers in choir on Saturday, High Mass and Vespers on Sunday, and first and second Vespers and High Mass on double feasts, *cantando et psallendo vel organizando*[2] as directed by the precentor.	190-191
Winchester, 1510	Thomas Goodman; as Edmund Pynbrygge.	190-191
Worcester, 1522	Daniel Boys, 'le Organe pleyr'; to keep daily Lady-Mass *cum canticis planis, fractis et organis*, and to teach any chorister who desired 'erudicionem canticorum vocatorum Descant, *tam in cantacione quam in ludicione super organum*'.	
St. Mary's, Crail, Scotland, 1522	William Turnour; to play the organ 'in the quire, at daily mattins, the Lord's mass [? *recte* Lady-Mass], *Ave gloriosa* [an antiphon of the virgin Mary], high mass and vespers'.	176
Lincoln, 1524	John Gilbert; to play the organ at Lady-Mass and on Sundays and principal double feasts.	177
Glastonbury, 1534	James Renynger; to sing and play the organ at Mass, Offices and votive Antiphons ('Anteymes') daily in the Lady-chapel, on festivals in choir, and to teach six children 'pricke songe and descaunte' and two of them to play the organ, the monastery providing 'clavyngcordes'.	44, 191

Lincoln, 1535	Robert Dowffe; to play the organ at Lady-Mass and Jesus-Mass.	177
Winchester, 1538	Matthew Fuller; to sing and play the organ (*in cantando et organizando*[2]) in choir at High Mass, processions and both vespers on double feasts and ferias, at other times as requested by the precentor, and at Lady-Mass and Jesus-Mass.	44,191
Lincoln, 1539	James Crawe; *pulsans organa* at Lady-Mass and in choir on double feasts, feasts of nine lessons and Sundays, and at commemorations [i.e., special service with votive antiphon] of the virgin Mary and St.Hugh [patron saint of Lincoln]; also to teach the choristers to play the organs and two or three selected choristers to play the clavichord.	177-178
Chichester, 1544	William Campyon; to play the organ in choir and Lady-chapel.	182
Durham, c.1545	John Brimley; to play the organ for daily Lady-Mass in the Gallilee[1] and Friday Jesus-Mass in the gallery on the north side of the nave.	189

---

1 The chapel at the west end of the monastic cathedral where daily Lady-Mass was sung.
2 Since the term *organista* was used both for a singer of polyphony (as at St.Alban's in 1423, see MMB, p.42) and a player on the organ, it is not possible to be certain, unless the context decides (as under Winchester, 1538) that it denotes an organ-player. Under Worcester 1484 this remains in doubt, as it does in the early instance of William *le Organistre* at Glastonbury in 1322 (see MMB, p.40).

---

polyphonic piece for organ musically related to the chant was a valid procedure in the ritual sense; a concept already inherent in some of the earlier organ repertory.[13] Organ-sound could thus be substituted *1* for a complete liturgical item (examples here are offertory, communion and psalm-antiphon) or *2* for alternating sections of liturgical genres whose form was stanzaic (hymns), or alternating psalmodic (*Te Deum, Magnificat*) or to which *alternatim* performance could be applied (*Kyrie, Gloria, Sanctus, Agnus Dei*). In English usage the kind of musical relation to the plainsong understood as validating the allowance of substitution was extended to include the detached faburden (plain or elaborated) as well as the chant itself (also either plain or elaborated).

The chief object of the present essay is to examine some techniques involved in the use of faburden in pre-Reformation compositions for the organ contained in the only substantial manuscript to have survived, namely British Library, MS *Additional 29996*.[14] The total surviving repertory of faburden

---

13 See, e.g., Willi Apel, *Keyboard music of the fourteenth and fifteenth centuries*, Corpus of Early Keyboard Music, I, Rome, 1963.
14 For a theory as to its origin, see John Caldwell, *op.cit.* (footnote 10), p.31-32.

settings consists of the *Te Deum* (4), the *Magnificat* (1), hymns (28 in faburden, 4 partly so) and one offertory. The most numerous category is that of the hymn, whose surviving faburden settings consists of twenty-one items, all anonymous, that were written in the order of the liturgical year into the manuscript just mentioned, six hymns in a non-liturgically ordered section of the same source, three of which are by John Redford and the others anonymous, and five hymns by Redford in the manuscript known as *The Mulliner Book*. Each of the hymns in the first-mentioned group consists of a set of three to five settings (which may conveniently be called 'verses') based on the faburden of its plainsong tune. Though the last, i.e., the twenty-first, of the series is a fragmentary setting, it may be assumed to have belonged to a set. Of the eight items by Redford, who was active both before and after the liturgical changes at the Reformation, three are sets that are not entirely on the faburden, while those in *The Mulliner Book* are single verses. Since the twenty complete liturgically ordered sets are consistent in style and design, that of a brief set of variations of a special kind, they will form the main material of this discussion. It is possible that they are by one composer, and also possible that that composer was Thomas Preston. The remaining three anonymous hymns, those by Redford and the *Te Deum* and *Magnificat* settings will be briefly discussed.

The twenty complete hymn-settings concerned and one incomplete are listed in *Table* II in the liturgical order in which they appear in the manuscript. Also shown are the number of the item in the modern edition,[15] the number of verses, the number of voices (this term is here used of the strands of a polyphonic texture) in each verse and, in brackets after that the number of the voice, reading downwards from the top voice, that is based on the faburden. This is always the lower voice in two-voice settings. It will be noticed that the faburden-based voice is never the top voice, whereas with a plainsong or plainsong-based structural voice this could be so. It will also be observed that all sets begin with a two-voice verse (these may have a third voice momentarily, e.g., at cadences), while in three sets a two-voice verse follows this. Three-voice verses are the most frequent (39 cases); four-voice verses are relatively infrequent (9 cases).

To indicate the manner of using the faburden as structural basis, the forms of the faburden of *A solis ortus cardine* used in the four verses of the set are shown in parallel in musicnotation 3. In the top line is the plainsong according to the Hymnal of Salisbury Use printed in 1525.[16] The second staff has the plain

---

15 *Early Tudor organ music 1: music for the office*, Early English Church Music, 6, ed. John Caldwell, London, 1966.
16 As printed in Caldwell, *op.cit.*, p.155. Hymn-plainsongs in this essay are taken from the transcriptions in that volume, p.154-179.

Table II

Title	Number in EECM, 6	Number of verses	Number of voices in each verse and voice based on faburden (in brackets)			
Conditor alme	39	3	2	2	3(2)	
Verbum supernum	62	3	2	2	3(2)	
Vox clara	65	3	2	2	3(2)	
Veni redemptor	59	4	2	3(3)	4(3)	3(2)
Salvator mundi[1]	55	3	2	3(3)	4(4)	
Christe redemptor	37	4	2	3(3)	4(4)	3(2)
A solis ortus	24	4	2	3(3)	4(4)	3(2)
Sancte Dei	56	4	2	3(3)	4(4)	3(2)
Bina celestis I	31	3	2	3(3)	4(4)	
Bina celestis II (a different tune)	32	3	2	3(3)	4(4)	
Hostis Herodes I	44	3	2	3(3)	3(2)	
Hostis Herodes II (a different tune)	45	3	2	3(2)	3(2)	
Deus creator	41	4	2	3(3)	3(2)	3(2)
Primo dierum	50	5	2	3(2)	3(2)	3(2) 3(2)
Eterne rerum	27	4	2	3(2)	3(3)	3(2)
Lucis creator	48	3	2	3(3)	4(4)	
Ex more docti	43	5	2	3(2)	3(2)	4(3) 3(2)
Christe qui lux	35	4	2	3(2)	3(2)	3(3)
Summi largitor	57	3	2	3(2)	3(3)	
Audi benigne	30	3	2	3(2)	3(3)	
Ecce tempus	Appendix II	1 (incomplete)	2			

1 Verses I and II are also in Paris, *Bibliothèque du Conservatoire*, Réserve 1185 (deposited in the Bibliothèque Natioale), whose chief compiler is thought to have been John Bull (see *Musica Britannica* XIX, xvi). All other items are *unica*.

faburden realised according to the treatises; double notes indicate alternatives of sixth or octave that are used in one or more of the elaborations, which are indicated by Roman numerals, as in the modern edition (the reference numbers are to minims, equivalent to the *breves* of the original, except in verse IV)[17] (see musicnotation 3).

The rhythmic character of the plain or elaborated faburden differed according to the style of the variation. In a two-voice variation the rhythm is usually commulative. The second organ-verse here has two imitative voices over the elaborated faburden as bass, which does not participate in the imitations. In

17 Ibid., p.44-47.

Musicnotation 3

Plainsong

I. A   so - lis   or - - tus   car - - -

Faburden

I

II

III

IV

Plainsong and faburden
probably sung thus

di - - ne   Ad   us - - que   ter -

I

II

III

IV

verse III the elaborated faburden is the bass of a four-part texture in an imitative style corresponding to that of the Italian ricercar, and does participate in the points of imitation. The plain faburden in monorhythmic imperfect *semibreves* in verse IV is the middle voice of a texture exhibiting proportions, the uppermost voice moving in four *seminimae* to each imperfect *semibrevis*, while the lowest voice has two perfect *semibreves* to three imperfect. The proportions are thus 12:3:2 (see musicnotation 15).

The differences in the notes on which the elaborations of the faburden are based conform to the procedure described in the treatise quoted earlier. Accordingly, the faburden of a given plainsong tune was not totally fixed, but varied, within this prescription, even in the course of one set of verses. Sometimes a note in the faburden is not sounded at that point in the elaboration. For example, the faburden-based voice in verse III does not sound either alternative at the twenty-third *brevis* nor the faburden note at the twenty-seventh and fifty-third *breves*. These departures were presumably made to facilitate the working of the imitative texture. Similar textural considerations apparently underlie the 'irregularities' in verse I at *breves* 41 and 56 and in verse III at *brevis* 44.

The cadential idiom used in verses II and III at *breves* 9 to 12 and again at *breves* 55 to 58 was probably derived from vocal practice. Morley, in his

retrospective explanation of faburden, gave just such a formula, noting that 'he
who sung the ground [i.e., the faburden] ...sometimes would break some notes
in division, which they did for the more formal coming to their closes'. The last
line of his example, giving the plainsong and faburden of the hymn *Conditor
alme siderum*, reads thus:

Musıcnotation 4

Hymnus

The Faburden of
this hymn

And Morley continued: 'And though this be pricked a third above the
plainsong yet was it always sung under the plainsong'.[18] Morley also described
for his pupil Philomathes 'a way of breaking the plainsong' in which 'one rule is
to keep the substance of the note of the plainsong', which was explained as:
'you sing either your first or last note in the same key [i.e., pitch] wherein it
standeth, or in his octave'.[19] His examples follow this requirement, and also
the principle of containment of the 'breaking' within a single time-unit, which
is observed in the organ repertory under discussion, though there the note of
the faburden is not always the first or last note of the 'breaking'. Change of
octave may be observed in our elaborations, most extensively in verse III.

Two-voice verses have this 'breaking in division' throughout, in an
idiomatically keyboard form that exhibits a spirit of fantasy allied to stylistic
distinction and structural conformity. They have predominantly a non-vocal
tune-style in non-imitative counterpoint. While the tune material of each voice
is most often differentiated, momentary imitation or imitations as a feature of a
section do occur. Most two-voice verses are sectioned rhythmically, with a
particular figure reiterated in each section. The first line of verse I of *Conditor
alme siderum* may indicate the style[20] (see musicnotation 5).

Subsequently in this verse the rhythm of dotted-quaver-plus-semiquaver (in
terms of the transcription) is reiterated from *brevis* 20 to 23, that of dotted-
quaver-plus-semiquaver-plus-quaver, in cross-rhythm with the lower voice,
from *brevis* 25 to 28, and that of triplet quavers to the crotchet from *brevis* 29 to
31, the last before the final *longa*. This is a relatively short specimen of hymn-

18 This harks back to the device of 'sights', used in instruction in improvised descant; see *Appendix*.
19 Thomas Morley, *A plain and easy introduction to practical music*, ed. R.A.Harman, London, 1952, p.
178.
20 Caldwell, *op.cit.* (footnote 15), p.76.

Musicnotation 5

etc.

verse; by contrast verse I of *Bina celestis* II, with a relatively extended plainsong, has 88 *breves*, with eleven rhythmically distinguishable sections, the last two of which are rhythmically similar to the last two sections of verse I of *Conditor alme siderum*.[21]

This faburden begins, in all three elaborations, with a sixth, not with the usual octave, has then an octave and thereafter sixths until the closing octave. Morley's form of the tune and faburden of *Conditor alme siderum* agrees with that in our notation; nevertheless, his modern editor mistakenly emended the second note of the faburden to E.[22] Differences of the kind discussed in connection with musicnotation 3 occur between Morley's version and ours, and likewise between verse III and the previous two verses of our setting.

---

21 Ibid., p.62-63.
22 *Op.cit.* (footnote 19), p.207.

The name of Thomas Preston has been mentioned as possibly the composer of this group of hymns. Most of the surviving authenticated compositions of this outstanding craftsman of organ-music of his time (he is thought to have flourished in the fifteen-forties and fifteen-fifties) are for the Mass, and include eight settings of the Lady-Mass offertory *Felix namque*, all based on its plainsong. A passage from the lengthy setting of the Easter Day introit *Resurrexi* which bears his name in the same manuscript as our group of hymns (it is the first item in an incomplete organ-Mass) may be quoted for comperison of its style with that of the two-voice verses of the hymns. The lower voice is based on the plainsong:[23]

Musicnotation 6

---

23 *Early Tudor organ music, II: Music for the Mass*, Early English Church Music, 10, ed. Denis Stevens, London, 1969, p. 21-22.

This extract as transcribed has thirty-three-and-a-half minims (*breves* of the original); the plainsong corresponding to it has thirty-three notes.

   Three-voice verses in these hymn-settings may be divided into those in imitative style (25 instances), those with an element of *moto perpetuo* (7), those with proportionate rhythms (2) and those with both of the last two features (5). In the first category there are instances in which two voices are imitative while the faburden-based voice is independent. The composer of one such verse displayed particular ingenuity in devising a series of points that work throughout in canon at the fourth (the faburden is on the tune at a fifth below its usual pitch). The G in the elaboration at *brevis* 10 is a departure from the faburden alternatives, presumably to fit with the maintenance of the canon:[24]

Musicnotation 7

In a texture of this kind the composer in some cases devised points of imitation that could be used, strictly or loosely, in all three voices, e.g.:[25]

---

24 Caldwell, *op.cit.* (footnote 15), p.113. The original notes on the lower staff from *brevis* 8 to *brevis* 15 are missing from *Add.29996*. Thomas Tomkins, who owned the manuscript, supplied notes that do not all agree with the faburden. The notes here given are as in the Paris Conservatoire manuscript that is thought to have been largely compiled by John Bull (see *Table* II above, footnote 1).
25 Ibid., p.103.

Musicnotation 8

Plainsong

1. Pri - mo   di - e - rum   o - mni -

Faburden

II

um,   Quo

II

etc.

In three such verses one point is maintained throughout, with more or less constant participation of the three voices, as in this example, whose composer showed admirable skill in maintaining the point and also the *brevis*-to-note relation to the faburden, though allowing himself two departures from its pitch-outline (one of these is at *brevis* 7)[26] (see musicnotation 9).

The devices of sequence (persistent repetition of a motif at varying pitches) and *ostinato* (the same at unvarying pitch) were used in three voice texture. Again there is momentary licence, at *breves* 4 and 9, in this demonstration of sequence combined with canonic imitation[27] (see musicnotation 10).

26 Ibid., p.131.
27 Ibid., p.87.

Musicnotation 9

Musicnotation 10

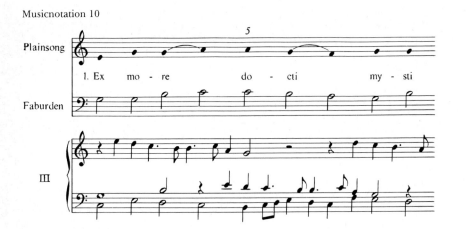

Musicnotation 11

Here the composer devised a single point that works for a time in canonic imitation between the highest voice and the elaborated faburden. Following the canon, the highest voice has this point in five further statements in sequence, while the two lower voices are independent.

In the single instance of *ostinato* in these settings the composer deployed the *ostinato* motif in seven statements in two alternating pitch-positions[28] (see musicnotation 11).

For a parallel usage in vocal polyphony, one may note that John Taverner, whose compositions date from *c.*1520 to *c.*1535, wrote some intriguing passages involving sequence or *ostinato*. The first section of the *Sanctus* of his 'Western Wynd' Mass, for example, has an ingenious *ostinato* bass under the *cantus firmus* tune, albeit it has a varying rhythm:[29]

Musicnotation 12

28 Ibid., p.69.

29 *John Taverner, Part 1*, Tudor Church Music 1, ed.Percy C.Buck and others, London, 1923, reprint, New York, n.d., p.16 (the outer voices only).

The general distinction implied in the terms non-vocal (or keyboard) and imitative (or *ricercar*) style may with due reserve be applied to the whole keyboard repertory of this period. In that context three-voice verses with *moto perpetuo* or persistent cross-rhythm, or both, may be considered to use specifically keyboard-style. Four of the seven instances of *moto perpetuo* have triplets to the *semibrevis*, the other two have *semiminimae*. One of the former begins thus (the composer changed the first note, in this variation only):[30]

Musicnotation 13

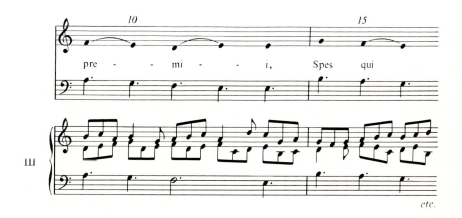

etc.

---

30 Caldwell, *op.cit.* (footnote 15), p.120.

And it continues with those rhythmic patterns to the end. While the verses with *semiminimae* have *moto perpetuo* movement in one voice only, a verse of *Ex more docti mistico*, in a section based on the faburden of the second and part of the third line, has a double-note *moto perpetuo* in four *minimae* to the *brevis*:[31]

Musicnotation 14

etc.

---

31 Ibid., p.86.

Verse IV of *Deus creator omnium* is a straightforward essay in virtually monorhythmic cross-rhythm:[32]

Musicnotation 15

Elements of both *moto perpetuo* and proportion appear in the texture of verse IV of *A solis ortus cardine*; the rhythmic proportions are 12:3:2, as already noted:[33]

Musicnotation 16

32 Ibid., p.82.
33 Ibid., p.47.

di - - ne   Ad   us - - (que)

etc.

Table III

Title		Number in modern edition(s)	Number of verses	Number of voices in each verse and voice based on faburden (in brackets)			
Salvator mundi I	Anon	EECM 6, 53[1]	3	2(2)[2]	4(1)	2(2)[3]	
Salvator mundi II	Anon	EECM 6, 54[7]	3	2(2)	2(2)	3(2)	
Te lucis ante terminum	Anon	EECM 6, 58	2	2(2)	3(2)		
Christe qui lux	Redford	EECM 6, 36; MB I, 31[4]	4	2(2)	3(0)	3(0)	3(0)
Eterne rerum	Redford	EECM 6, 28[5]	4	2(2)	2(2)	3(0)	2(0)
Verbum supernum	Redford	EECM 6, 63; MB I, 66[6]	3	2(0)	2(2)	3(0)	
O lux beata trinitas	Redford	MB 1, 28	1	3(3)			
Salvator mundi I	Redford	MB 1, 36	1	3(3)[7]			
Te lucis ante terminum	Redford	MB 1, 38	1	3(1)[2]			
Iste confessor	Redford	MB 1, 63	1	3(3)			
Salvator mundi II	Redford	MB 1, 72	1	3(3)[7]			

1 On the faburden transposed down a second from the usual pitch.
2 Begins with second line; first line was sung.
3 A third voice below the faburden voice is brought in for the last line.
4 Verse IV only.
5 Verses I-III occur at folio IIv, verse IV at folio 18 of *Additional 29996*; Verse III is also in *Additional 15233*, from before 1550, which has organ music by Redford, his *Play of Wit and Science* and poems by him and others.
6 Verse III only.
7 On the faburden transposed down a fifth from the usual pitch.

Finally, all nine four-voice verses are in *ricercar* style, with a succession of points. In all but one instance, verse III of *Salvator mundi*, there is participation by the elaborated faburden in one or more of the points. Verse III of *Lucis creator optime* is the only case of one motif as point throughout:[34]

Musicnotation 17

34 Ibid., p.101.

In *Table* III the same categories of information as in *Table* II are given concerning the remainder of the faburden-hymn repertory. The modern edition shown as MB I (= *Musica Britannica I) is that of The Mulliner Book*.

The two anonymous settings of *Salvator mundi* show a level of craftsmanship comparable with the compositions so far discussed. The two verses of *Te lucis ante terminum* are less striking. Redford's accomplishment in this form of hymn-setting is variable in interest, so far as it survives. None of his three sets that survive complete (*Eterne rerum* is divided in the manuscript) is entirely on the faburden; of the eleven movements involved, four are faburden-based. On the whole, these sets do not show the technical resource in keyboard terms of the sets in the liturgically ordered section. *The Mulliner Book* contains no hymn-sets; while is some cases Mulliner selected a single verse from a set to copy (e.g., in the two instances shown in *Table* III) it is not now possible to determine whether such single verses as these five by Redford came from sets or were independently composed, perhaps for non-liturgical use or use as 'voluntaries' after the change to the English liturgy. Three of the five are in vocal style. The idiomatic keyboard style of *Te lucis ante terminum* involves two active non-imitative voices under the virtually monorhythmic faburden in *breves*. That of *O lux* has two highly idiomatic *moto perpetuo* voices over the consistently monorhythmic faburden in perfect *breves*. Its third line may be quoted:[35]

Musicnotation 18

---

35 *The Mulliner Book*, Musica Britannica, I, ed. Denis Stevens, London, 1951, p.23-24.

Redford was the composer of two of the surviving *Te Deum* settings; the others are by Avery Burton, whose name appears in Chapel Royal documents up to 1542, and William Blitheman. All four are for *alternatim* performance, the organ supplying the first verse, less the words *Te Deum laudamus*, which by ceremonial rule were sung by the senior person present, and alternate verses thereafter. Thus all four may safely be assumed to have been composed for the Latin Liturgy. While the keyboard techniques used correspond to those already elucidated for the hymns, these sets are drawn on a much larger canvas, since there were sixteen organ sections to be composed for a complete setting. The musical character of the verses and their disposition are therefore significant for the coherence and balance of the whole. In this sense it is notable that Redford's setting in *Additional 29996* has two-voice verses only, and that in contrast to the two-voice verses in his hymn-sets the style of all but three of these tends to the imitative. However, Redford's setting transmitted in *Additional 15233* and those of Burton and Blitheman have many ideas idiomatic to the keyboard, in sections well contrasted with those in imitative texture. The former category may be exemplified by the settings of the verse *Tu ad liberandum* by Burton and Blitheman; the faburden in both is based on the plainsong a tone lower than the usual pitch[36] (see musicnotation 19).

By relating these two organ-settings of the same verse to each other and to the plainsong as found in the liturgical sources, it is possible to derive the form of the plainsong and the form of its faburden that was used by each composer. These and other substitute verses for the *Te Deum* show that the number of syllables in the verse's text was scrupulously observed in the organ-verse, and that the principle of equal time-value for each plainsong note was also strictly held to, whether the notes were broken in division or not. This writer has elsewhere pointed out that in vocal polyphonic settings of the *Te Deum* the cadences of the chant from the verse *Tu rex glorie* onwards were changed, for reasons of polyphonic cadencing, from the notes F-F-D (at the pitch transposed down a tone) to F-D-E. The cadence-treatments in these two organ verses show that this ending was a convention in organ-settings also, and occasioned corresponding modification of the cadences of faburden-based verses.

That the only surviving set of organ-verses for the *Magnificat*, which is indicated in the manuscript as 'The viij tune in C faut', is based on the faburden of that tune (i.e., tone), is at once evident from the first three pitches in the lower of the two voices in the first organ-verse. These are A-G-C, and as such they correspond to those of the faburden at that point as they were conventionalised much earlier in time in vocal polyphonic settings. In those settings the odd-numbered verses were sung in plainsong, the even-numbered in polyphony. In the organ-set, however, the first word '*Magnificat*' was sung in plainsong by the beginner, the organ began with the remainder of the first verse and substituted for the odd-numbered verses thereafter. While this means that it is not possible to make direct comparisons between vocal polyphonic and organ verses, the same faburden-basis may nevertheless be discerned in both. The following musicnotation shows the sixth verse of the canticle to the eighth tone, below it the plain faburden as one may imagine that it may have been sung, for example, by William Wey's party at the site of the Visitation, and below that again the tenor of Nesbett's five-voice setting of the same verse[37] (see musicnotation 20).

---

36 Caldwell, *op.cit.* (footnote 15), p.5; Stevens, *op.cit.*, p.56.
37 *The Eton Choirbook III*, Musica Britannica XII, ed.Frank Ll.Harrison, London, 1961, p.64-65.

Musicnotation 19

Musicnotation 20

The name J.Nesbett appears in the manuscript from which the second musicnotation in this essay was taken; some of his activity is therefore dateable around the fourteen-eighties.[38] Insular *Magnificat* settings from *c*.1450 onwards (a five-voice setting by Dunstable was lost from the Eton Choirbook) were composed in spacious dimensions, whose verse-lengths were not bound to the number of notes of the plainsong. The liturgical background to this musical development was the ceremonial requirement that the members of the community should be censed during the *Magnificat* at first vespers on festivals. Thus, though the vocal polyphonic *Magnificat* was faburden-based, its composer was not structurally bound to a brevis-to-note relation with the faburden. This usage was carried over to organ-verses of the canticle, to judge by this one surviving set, giving a degree of freedom not given to other genres in the faburden-based repertory. While, for example, the fifth verse of the canticle has twenty-nine plainsong notes, its substitute setting has one hundred and seventy-two time units of a perfect *semibrevis* each, becoming a rhapsodic keyboard paragraph with the faburden-basis largely left behind. The quotation following is of the second half of the seventh verse, where the faburden's presence, under the quasi-canonic figuration, is clear, though its note-units are not exactly observed. The transposition takes the final down to C faut, as noted in the manuscript's title:[39]

Musicnotation 21

38 He must be identical with the John Nesbett who was master of the singing boys and clerk of the Lady-chapel of Canterbury Cathedral (Benedictine) from 1474 to 1488; see Roger Bowers, 'Some Observations on the Life and Career of Lionel Power', *Proceedings of the Royal Musical Association*, 102, 1976, p.116.
39 Caldwell, *op.cit.* (footnote 15), p.26.

The solitary faburden-based setting of an offertory, Robert Coxsun's *Veritas mea*, which is also the only surviving faburden-based setting of a Mass-item, is a worthy finale to this series of instances. Two organ offertories by this composer survive; however, nothing is known of his life. The plainsong of *Veritas mea* has ninety-four notes, according to a standard *Use of Salisbury* source.[40] The beginning i.e., the word '*veritas*', with seven notes, was not set, being sung in conformity with liturgical usage. Each of the eighty-seven notes of the faburden, as the lower voice in a two-voice texture, was given the length of a

---

40 Quoted in D.Stevens, *op.cit.* (footnote 23), p.139.

perfect *brevis*, with breaking or note-repetition within that value. The *brevis* is broken, at various stages of the composition, into three, four, six, nine, twelve, eighteen or twenty-four notes, in a brilliant exhibition of rhythmic resources, figural fantasy and structural precision. The quotation is of bars 48 to 57 (the faburden is based on the plainsong transposed up a fifth; the bar-lines appear to be original, see plate):[41]

Musicnotation 22

41 Ibid., p.114.

etc.

Charles van den Borren based his pioneer study in this subject, to which he gave the title *Les origines de la musique de clavier en Angleterre*,[42] on material that had been published in modern editions by the date of his book (1912), notably the rich contents of the early seventeenth-century *Fitzwilliam Virginal Book*, properly Francis Tregian's virginal book.[43] In discussing the style of the plainsong-based compositions Van den Borren expressed the opinion that many such pieces seemed to be no more than 'de purs exercices de scolastique contrapuntique et figurative' adding that 'dans le plus grand nombre d'entre eux règne une figuration mieux adaptée au clavier qu'à l'orgue'.[44] Certainly, these compositions could not have been used liturgically during the period of Edward VI's English prayer-books of 1549 and 1552, nor after Elizabeth I's final imposition of the English liturgy in 1559, thus only before 1549 or during the reign of the Catholic Queen Mary (1553 to Novembre 1558). This fact is not seriously compromised by some secret and some tolerated continuance of the Latin liturgy after 1559.[45] The liturgically ordered section of the manuscript *Additional 29996* must clearly have been written when the Latin liturgy was in use. Thomas Mulliner's anthology did not have the Latin liturgy in view, though it contains some items composed for it and a considerable number that, while plainsong-based, did not have a liturgical *raison d'être*, among them the settings of *Gloria tibi Trinitas*, on the same tune as those already called *In nomine* in the same collection. Single hymn-verses, for example those of Redford and Thomas Tallis, may have been abstracted from liturgical hymn-sets (three such cases appear in *Table* III above), but a liturgical context in which they could be used as substitute-verses no longer existed. It is therefore incorrect to use the term 'liturgical' in discussing such post-Reformation

---

42 Brussels, 1912.

43 *The Fitzwilliam Virginal Book*, ed.J.A.Fuller-Maitland and W.B.Squire, 2 vols., London, 1894-1899, reprint New York, 1964.

44 *Op.cit.* (footnote 41), p.101.

45 See Frank Ll. Harrison, 'Church Music in England', *New Oxford History of Music*, London 1968, p.468-469.

plainsong-based compositions. Their use must have been as house-music on virginals, regal or chamber organ, as incidental music in the English rite, notable in the Chapel Royal, and possibly, but less probably, as an element in services in a household chapel of the very few recusant Catholic families who could have sponsored such elaboration. Van den Borren's opinion that the figuration used in most items in the repertory was better adapted to a stringed keyboard instrument than the organ was given without a knowledge of pre-Reformation organ-techniques based on plainsong and on faburden; as was the question he posed concerning the antecedents of that figuration, with particular reference to Tallis's two settings of *Felix namque* that are expressly dated 1562 and 1564: 'c'est-ce Tallis qui a imaginé toutes ces combinaisons, ou bien avait-il déjà en Angleterre une tradition figurative qu'il n'a fait que suivre et dévelloper?'.[46]

The period when such a 'tradition figurative' was initiated may have been the fifteen-twenties and early fifteen-thirties, though as we have seen specific liturgical uses of the organ are documented from *c*.1450. An evidence from Scotland that points to the period suggested is a comment by Thomas Wode, vicar of St.Andrews, writing in 1592, that the poet-musician 'Sir' (i.e., 'a papeist priest', in Wode's words) John Fethy (?*c*.1480-?*c*.1570), who from 1542 or earlier had held responsible musical positions in the Scottish Royal Chapel at Stirling, in Aberdeen and in Edinburgh, was 'the first trim organeist that ever was in Scotland' and 'the first organeist that ever brought to Scotland the curious new fingering and playing on organs, and yit it is mair nor threescore yeiris since he cum hame'. Thus Fethy introduced the new organ techniques to Scotland around 1530.[37]

Some years earlier the widespread custom in English institutions, both secular and monastic, of celebrating daily Lady-Mass with elaborate polyphony and organ was critically and somewhat ironically commented upon by Desiderius Erasmus. Some of his comments, the result of three extended sojourns in England between 1499 and 1514, are germane to the present subject, less for Erasmus's ambivalent views on church music and its performers than for his observations on English practice. We give two extracts in the original Latin and in a new translation into English. One is from his commentary on a passage in his edition of the Greek and Latin texts of the epistles of Paul to the Corinthians, published in Basle in 1519.[48] This concerns

---

46 *Op.cit.* (footnote 41), p.104.
47 John Macqueen, 'Alexander Scott and Scottish Court Poetry of the Middle Sixteenth Century', *Proceedings of the British Academy, LIV, 1968*, London, 1970, p.100-101.
48 Quoted here from *Desiderii Erasmi Opera Omnia*, ed.Joannes Clericus, VI, Leiden, 1705, reprint Hildesheim, 1962, cols.731-732, footnote 26.

the twenty-sixth verse of the fourteenth chapter of the first epistle, which in Erasmus's Latin text begins: 'Quid igitur est, fratres? quoties convenitis, unusquisque vestrum canticum [the Vulgate has 'psalmum'] habet, doctrinam habet', etc. In the English translation authorised by King James I this reads: 'How is it then, brethren? when you come together, every one of you hath a psalm, hath a doctrine', etc.

'...Et in hunc usum magnis salariis aluntur organorum opifices, puerorum greges, quorum omnis aetas in perdiscendis hujusmodi gannitibus consumitur, nihil interim bonae rei discentium...
Haec adeo placent, ut Monachi nihil aliud agant, praesertim apud Britannos, & quorum cantus debuit esse luctus, hi lascivibus hinninibus & mobili gutture Deum placari credunt. In hunc usum etiam in Benedictinorum Collegiis apud Brittanos aluntur ephebi puerique & vocum artifices, qui mane Virgini matri modulatissimo vocum garritu ac musicis organis sacrum decantent. Hujusmodi choros Episcopi coguntur alere domi. Atque his rebus occupati, nec attingunt bonas literas, nec audiunt quibus in rebus sita sit vera religio. Jam qui crassiores sunt quam ut artem musicam queant perdiscere, non putant satisfieri festo diei, nisi depravatum quoddam cantus genus adhibeant, quod illi *Faburdum* appellant. Id nec thema praescriptum reddit, nec artis harmonias observat...'

'And in this exercise [i.e., 'theatram musicam in sacras aedes inducere', as Erasmus has just expressed it] performers on the organ are supported with large wages, as also are troops of boys, whose whole boyish lifetimes are consumed in gaining a thorough knowledge of yelpings of this kind; meanwhile they learn nothing of value... These things get so much applause that monks, especially British ones, do nothing else, whereas their singing ought to be of mourning. They believe God to be pleased with licentious neighings and rapid throat-work. In this exercise, even in the Benedictine communities in Britain, youths and boys and adult vocal performers are supported to sing the morning service to the Virgin mother with extremely elaborate garullity of voice and with organ-music. These are the kinds of choirs to which bishops are constrained to give nourishment in their home. Fully occupied with these affairs, those people neither concern themselves with humane letters, nor hear the things that are basic to true religion. Those who are too dense to be able to gain a thorough knowledge of the art of music do not consider themselves satisfied on a festal day unless they add a certain degenerate kind of singing that they call *Fauburdum*. This neither resembles the prescribed plainsong theme nor observes the harmonic conventions of the art...'

The other passage occurs in the *Dialogus de recta Latini Graecique sermonis pronunciatione*, whose dedication to Maximilian is dated 1528.[49] The dialogue is between Ursus and Leo:

'*Leo*: Credo, sed plures sunt, qui recte scripta legant perperam. *Ursus*... num puer habuisset praeceptorum, qui parandae copiae gratia iussisset illum aliis verbis efferre quod legeret, aut num quid aliud accidisset simile... Nam est huiusmodi musices genus apud Britannos, ut multi inter se concinant, quorum nullus eas sonat voces quas habent codicum notulae.'

'*Leo*: I believe that; but there are many who read wrongly things that are written correctly *Ursus*:... but I wonder whether a boy might have a teacher who on account of having a number of things to prepare might order him to utter different words from those he read, or perhaps something different but similar that he should light upon. ...For there is a genre of music among the Britons such that many singers concord mutually although none makes those sounds that are signified by the notes written in the book.'

While satirising the caracteristically florid style of early Tudor choral music, Erasmus was scandalised by the custom in larger Benedictine communities of supporting a choir of boys and professional laymen, led by a lay director-organist, to perform the daily Lady-Mass with polyphony and organ. This was done not in the monastic choir (where in some cases the lay director-organist also functioned) but in a chapel set apart for the purpose. (Of the institutions listed in *Table* I above, Durham, Winchester and Worcester were Benedictine cathedral-abbeys, Muchelney and Glastonbury were independent Benedictine communities.) The custom seems not to have obtained in Benedictine monasteries elsewhere, and manifestly offended Erasmus's ideal of the monastic life.

Erasmus's technical awareness of music caused him to be disturbed by faburden (latinised as Fauburdum!) in the form in which he heard it in circles less musically exalted than those of the larger foundations. This was on two grounds: the absence of any resemblance in sound to its plainsong basis; and its basic departure from the concept of choral texture inherent in the Netherlands style as he knew it from his youth. By the particular genre of music customary in Britain that he described in the second extract he seems to have meant faburden *super librum*, as performed by a choir who having before them the plainsong book sang faburden upon a chant there notated.

---

49 Quoted here from *Opera Omnia Desiderii Roterodami*, I-4, ed.M.Cytowska, Amsterdam-Oxford, 1977, p.42.

Some of the composers active in the pre-Reformation phase of the 'tradition figurative' discussed by Van den Borren have been mentioned earlier in this essay. Among post-Reformation practitioners of keyboard music it may be appropriate here to single out William Blitheman (at Christ Church, Oxford, 1564; at the Chapel Royal as organist, 1585; d.1591), not only as composer of the faburden-based *Te Deum* already noticed, certainly for the Latin rite, and of six settings of *Gloria tibi Trinitas* and other items, all contained in *The Mulliner Book*, but also as teacher of John Bull. Bull was deputy to Blitheman at the Chapel Royal from 1588 and his successor there in 1591; he left England for his Catholic beliefs and in 1617 became organist at Antwerp Cathedral, where he died in 1628. The editors of Bull's keyboard music observed that Thomas Preston's keyboard music was 'purely liturgical in function and therefore presumably intended for the organ; yet, like Blitheman's organ music, it anticipates many of Bull's techniques for embroidering a plainsong, and it is scarely less difficult to play'.[50] The further history of these technical antecedents as an element in Sweelinck's keyboard style has long since been magisterially expounded by Van den Borren in his discussion of Sweelinck's double artistic lineage, from Italy and England.[51]

The kinds of keyboard technique that Bull's editors found in Preston, and in their subsequent development in Blitheman and Bull, were common to structures based on the plainsong and on the faburden, with some minor differences previously noted. However, as a method of using a *cantus prius factus* as structural basis for a composition, the use of the faburden had the advantages for the composer of a degree of flexibility of note-content, and an *ad hoc* tune-contour stylistically unrelated to the plainsong though ultimately derived from it by a rule-of-thumb process. While as a structural method it came to a virtually total end with the 1559 establishment of the English liturgy, the figurative idioms that it shared with plainsong-based organ music went into a further era of development, in terms of British history, in the keyboard repertoire of the post-Reformation age and of the first half of the seventeenth century, culminating in the work of Thomas Tomkins (d.1656). In terms of musical history generally, it may be suggested that faburden-based composition was not an entirely isolated phenomenon, in the sense of using as structural framework a bass-line abstracted from its tune-line. In principle, it was in this respect analogous to the *passamezzo antico* (whose written appearances date in the fifteen-forties) and *moderno*, the *romanesca* and the *folia*. Unlike these formulaic genres, however, the social and institutional changes of the

---

50 *John Bull, Keyboard Music 1*, Musica Britannica XIV, ed.John Steele, Francis Cameron and Thurston Dart, London, 1960, p.xiii.
51 Charles van den Borren, *Les Origines de la musique de clavier dans les Pays-bas jusque vers 1630*, Brussels, 1914.

mid-sixteenth century rendered faburden obsolete after a relatively short flowering, which at least in its choral and keyboard manifestations may well be described as brilliant.

APPENDIX

NOTE ON THE EARLIEST INSTRUCTIONS FOR MAKING A FABURDEN (C.1400).

In the English-language terminology of instruction in improvised descant, which at the teaching level was always note-against-note, the term 'sight' denoted an imagined notation by which the singer descanted within the pitch-range of his type of voice (called 'degree') while keeping the imagined notation within the four-line staff of the plainsong (or teaching formula) before him. It was envisaged that when trained he would be able to improvise *suber librum*, with the liturgical book before him. The writer of the treatise referred to in the above essay provided instruction in this skill for six different degrees (also called 'sights' by extension). Out of the nine intervals ('acordis') overall whose sound was admissable – namely unison, third, fifth, sixth, octave, tenth, twelfth, thirteenth and fifteenth - each singer used those applicable to his degree. Thus the (boy-)singer of the quatreble degree imagined a notation at the unison if he wanted to sound a twelfth above the plainsong, and notated mentally in the same way for his other four possible intervals, octave, tenth, thirteenth and fifteenth. Similarly, for the treble degree his unison in sight was an octave above in sound ('voise'); for the mean ('mene') it was a fifth above in voice; for the countertenor a unison in sight was a unison in voice, for the counter it was a fifth below the imagined notation in voice. The sixth of the sights (degrees) was faburden. Whereas the other degrees had from five to nine intervals usable 'properli', i.e., while keeping the 'sight' within the plainsong staff, the 'faburdener' had only two. This pedagogical apparatus underlay the earliest surviving written instructions how to make a faburden.

Picture 1.
British Library, Manuscript Additional 29996, folio 44: part of Veritas mea, by 'Robert Coxsun' (see also Music-Notation 22).